오십에 읽는
손자병법

오십에 읽는 손자병법

손무(孫武) 지음
진차훈 옮김

孫子兵法

발간사

　코로나19로 인하여 세상살이가 많은 변화를 겪었다. 덕분에 두문불출하게 된 나는 평소에 관심을 갖고 있던 책 쓰기에 몰두할 수 있는 계기를 마련했다.

　처음에 『손자병법』은 듣기만 해도 부담감이 생겼다. 원문이 한문으로 되어 있기 때문이다. 그렇지만, 여기에 도전해 보고자 하는 마음과 정년퇴직 후의 시간적 여유가 합쳐서 기회를 만들었다.

　우리는 참으로 급변하는 세상에 살고 있다. 지금은 모든 정보가 핸드폰이라는 기기 안에 들어가 한눈에 보고 듣고 알 수 있는 세상이 되었다. 4차 산업혁명의 시대에 우리는 이런 변화에 어떻게 대응하며, 상황을 슬기롭게 헤쳐나갈 것인가를 생각하지 않을 수 없다.

　그동안 필자는 군 생활과 사회생활 속에서 익힌 체험을 토대로 23만 자를 직접 노트북에 타이핑해서 써보았다. 여기에 소개하는 『손자병법』을 통하여 수백 년, 수천 년의 비바람에도 견디어 온 선인들의 유산이 물질만능주의 사회를 헤쳐나가는 빛나는 지혜로, 인생의 지침서로, 윤리와 도덕의 규범으로, 혹은 마음의 위로와 양식으로 축적되어 독자분들의 삶에 보탬이 되었으면 한다.

　『손자병법』은 전쟁에서 패배하지 않는 방법을 알려주는 책이다. 전쟁이 곧 삶이었던 그 시대에 손무는 용병과 전쟁의 기술에 관하여 6,109자 정도의 짧은 내용으로 전략의 핵심을 담아냈다. 『손자병법』은 『한서』 예문지에 82편, 도록 9권이라고 기록되어 있으나, 현재 남아 있는 송본에는 총 13편만이 전해지고 있다. 1972년 산둥성에 있는 전 한시대 묘에서 죽간으로 된 『손자병법』 13편이 출토되었는데 기본적으로 송본과 같다고 한다.

이 책을 쓸 수 있는 동기부여와 기회를 제공해 주신 노병천 박사님께 심심한 감사를 드린다. 그는 손자병법의 대가이며, 3만 번의 원문 통독을 해내신 최고의 전문가다.

스스로를 보전하며 완전한 승리를 거둔다는 자보이전승(自保而全勝)의 원리와 이길수록 더 강해지는 승적이익강(勝敵而益强)의 원리를 담고 있는 손자병법의 깊은 철학을 마음에 새기면서 온전히 독자 여러분의 것으로 만들 수 있기를 기대한다.

2023년 봄
편역자 진차훈 배상

중국고대 역사 기행

중국의 고대 왕조, 하·은·주

중국의 고대 역사는 삼대(三代)라 불리는 하·은·주 세 왕조에서 시작된다. 하 왕조는 물길을 다스린 공적으로 임금의 자리에 오른 우(禹)가 세운 나라로, 우 임금은 척박한 자연환경에 적응하며 중국문화의 터전을 마련하였다. 하지만 하 왕조는 역사적인 기록이 전혀 남지 않은 전설적인 나라이다.

하 왕조의 뒤를 이은 은나라는 유목 생활을 하던 부족국가로, 자연에 적응하던 시기를 벗어나 신에게 의지하는 종교적인 문화를 형성하였다. 하지만 마지막 임금인 주왕의 폭정으로 멸망하고 만다. 주나라는 실질을 숭상하는 하나라와 종교적인 은나라의 장단점을 고루 살려 '민심이 곧 하늘의 뜻'이라는 인문주의를 발전시키고, 봉건제도를 실시하여 나라의 안정과 평화를 되찾았다.

중국의 봉건제도

드넓은 중국 땅을 왕이 혼자 다스릴 수 없기 때문에, 주나라는 왕조 건립에 공을 세운 신하들과 지방 세력들에게 영토를 나누어 준 뒤 독자적으로 다스리게 하였다. 그런데 초기에 영토를 나누어 준 71개국 중 주 왕실과 성이 같은 나라가 53개국이나 되었다. 이렇게 주나라의 봉건제도는 혈연관계를 중심으로 이루어졌다.

주나라의 군주는 '천자'였고, 다른 작은 나라의 군주는 '제후'였다. 제후는 나라의 규모와 세력에 따라 '공' '후' 등으로 불렀다. 주나라의 봉건제도는 전통적인 가족의 모습과 비슷한데, 아버지는 열심히 일하여 재산을 늘리고 땅을 사들인 뒤, 죽으면서 맏아들에게 대부분의 재산과 땅을 물려준다. 다른 아들들에게는 땅을 조금씩 나누어 주게 된다. 그러면 맏아들과 다른 아들들도 열심히 일해서 각 각 재산을 늘리게 된다. 그리고 아버지와 마찬가지로 자기 맏아들에게 대부분의 땅을 물려주고 다른 아들들에게는 약간의 재산을 나누어 주게 된다.

이렇게 여러 대를 이어가다 보면, 집안이 되고 마을이 생기게 된다. 그렇게 이루어진 마을에서는 평소에 각자 자기 집안을 돌보며 지내다가도 제사나 결혼 같은 집안의 큰일이 생기면 종가(宗家)를 중심으로 단합하여 처리하게 된다. 이런 구조가 나라에 그대로 적용된 것이 주나라의 봉건제도이다.

봉건제도를 지탱하기 위한 질서, 예(禮)

주나라는 크고 작은 일에 예를 적용하여 왕이 할 수 있는 일, 제후가 할 수 있는 일, 신하가 할 수 있는 일을 정해 놓았다. 그리고 예에 어긋나는 행동을 하면 가차없이 그에 따른 처벌을 내렸다. 한 마디로 예는 지금의 헌법이나 마찬가지였다.

하지만 시간이 흐르면서 주나라 왕실의 힘이 약해져 제후들이 예를 벗어나는 일이 많아졌다. 저마다 자기 영역을 넓히고 세력을 키우려고 다투게 되었다. 형식적으로만 주나라 왕실을 섬기면서 자국의 이익을 위해 전쟁을 일삼은 시기를 '춘추전국시대'라고 한다. '춘추시대'라는 말은 공자가 편찬한 역사책인 『춘추』에서 따온 말로, 주나라가 낙양으로 도읍을 옮긴 때(기원전 770년)부터 진(晉)이 한(韓), 위(魏), 조(趙) 세 나라로 갈라진 때(기원전 403년)까지이다. '전국시대'는 한나라 때 유향이 편찬한 『전국책』에서 따온 말로, 기원전 403년부터 진(秦)나라가 중국을 통일한 기원전 221년까지이다.

춘추시대의 절대 강자, 춘추 5패

주나라 왕실의 권위가 떨어지면서 중국은 혼란의 시대가 된다. 제후들은 주변의 작은 나라를 집어삼키려고 전쟁을 일으켰다. 본래 외국과 전쟁을 벌이고 제도를 새로 만들고 바꾸는 일은 천자만이 할 수 있었다. 하지만 춘추시대가 되면서 힘이 센 다섯 나라의 제후들이 제후국들의 크고 작은 분쟁을 조정했는데, 그들이 유명한 '춘추 5패'이다.

춘추 5패가 누구였느냐에 대해서는 여러 설이 있지만, 제나라의 환공(齊 桓公), 진나라의 문공(晉 文公), 초나라의 장왕(楚 莊王), 오나라의 왕 합려(吳王 闔閭), 월나라의 왕 구천(越王 句踐)이 가장 유력하다. 춘추시대(기원전 770년~기원전 403년)에는 패자들이 형식적으로나마 주 왕실을 떠받들며 국가 간의 정치 질서를 조정하였지만, 전국시대로 접어들면 주나라가 망하고 수백 개나 되는 제후국들이 세력 다툼을 벌인다. 전쟁의 양상도 갈수록 치열해진다. 전쟁은 수많은 사람들의 목숨을 앗아 갔지만, 한편으로는 무기 제조술과 전술·전략이 크게 발달하게 되었다.

『손자병법』의 저자

『손자병법』의 저자에 관해서는 익히 알려진 손무 외에, 그의 후손인 손빈이 지었다는 설과, 삼국시대 위나라 조조가 편찬했다는 설이 있다. 그러나 1972년 은작산의 한나라 무덤에서 엄청난 양의 죽간이 발견됨으로써 『손자병법』과 『손빈병법』이 다르다는 것이 밝혀졌다. 이후에 연구를 통해 손무의 기록이 『손자병법』의 원본이고, 손빈의 것은 제나라의 『손빈병법』이라는 것이 현재까지의 연구 결과이다. 다른 한편으로는 손무가 지었으나 손빈이 완성했다는 주장도 있다.

전한(前漢) 말기에는 두 종류의 '손자'가 있었다. 당시의 도서목록에 의하면 『오의 손자병법』 82권과 『제의 손자병법』 89권으로 기록되어 있다. 그런데 최근에 발견된 『손빈병법』은 『제의 손자병법』 89권 중 일부 일 가능성이 크다. 따라서 손빈이 자기의 선조인 손무의 병법을 수정·보완하여 현재에 전해지고 있는 손자병법 13편으로 정리했을 것이라 추정되고 있다.

그러나 『손자병법』의 원본은 손무가 춘추시대에 저술했고 그것을 전국시대에 와서 손빈이 보완한 것으로 손무가 저자인 것에는 변함이 없다. 『손빈병법』은 『손자병법』 등 초기 병서의 군사사상을 발전시키고, 전국시대 전기의 풍부한 실전 경험을 흡수하고, 중기의 신흥 지주 계급의 이익과 정치 경향 등을 반영시킨 것으로, 이전의 『손자병법』과는 별개의 것으로 볼 수 있다.

손무(孫武)

기원전 6세기 경, 약 2천5백 년 전, 춘추 전국 시대 남쪽에 있는 오

(吳)나라에 손자라는 사람이 나타났다. 그는 뛰어난 전략가(戰略家)였을 뿐만 아니라, 중국 역사상 첫손에 꼽히는 병학(兵學) 사상가이다. 사마천의 『사기(史記)』와 조엽(趙曄)의 『오월 춘추(吳越 春秋)』는 손자의 사적(事蹟)을 비교적 자세하게 기록하고 있다.

한(漢)나라 이전의 책에는 손자에 대한 기록이 드물다. 『순자(筍子)』의 『의병편(議兵篇)』과 『한비자』의 『오두편(五蠹篇)』, 『국어(國語)』의 『위어편(魏語篇)』에는 모두 손자가 병법에 뛰어났다고 적고 있다.

『손자병법』의 저자인 손자의 이름은 손무(孫武)이다. 자(子)라고 하는 것은 선생님을 공손히 높여 부르는 것이며, 예전 사람의 글을 옮겨 쓰는 것이 아니라 자신의 창작물을 쓰는 사람을 가리키는 것이다.

손무의 확실한 출생 연대와 생애와 가문과 출신 등에 대해서도 기록이 없다. 중국은 헌원 황제(軒轅黃帝)가 나라를 세운 뒤부터 춘추시대까지 2천년 동안 수많은 전쟁을 치르며, 쉴새없이 분열과 합병을 계속했으며, 전쟁 경험이 풍부했다. 손무는 그러한 전쟁 경험을 자료로 삼아 『손자병법』 13편을 완성시켰다. 이것은 중국 역사상 첫 번째의 완벽하고 체계적인 군사 전략서이다. 전쟁의 원리와 원칙에 대해 서술하고, 많은 항목을 열거하며 세밀한 부분까지 언급하였다.

손무는 제(齊)나라 사람이었으나 일찍 병법서를 쓴 그는 『병법』 13편을 오(吳)나라 왕 합려(闔閭)에게 보이고 오나라 왕에게 발탁되어 오나라의 장군이 되어서 초나라를 무찔렀다. 사마천의 『사기』에는 제나라에서 망명한 손무가 오 왕에게 발탁되는 과정과 손무의 재능을 다룬 이야기가 나와 있다. 제나라에 내란이 일어나자 손무는 고향을 떠나 오나라로 갔다. 한동안 숨어 살던 손무는 오나라 대신이던 오자서의 추천으로 오 왕 합려를 만나게 된다. 오 왕은 손무의 병법을 보고는 크게 마음에 들어했다. 그러나 한편으로 그가 실전에서도 그렇게 할 수 있을지 의문이 들었다.

"부녀자들도 훈련시킬 수 있겠소?"

오왕은 어명을 내려 궁녀 180명을 불러모았다. 그래서 손무에게 자신의 궁녀들을 데리고 훈련을 해보라고 명했다. 손무는 궁녀들을 두 진영으로 나누고 맨 앞에 있는 두 명의 궁녀를 대장으로 삼았다. 그리고 손무가 명령하는 데로 움직이라고 일렀다. 그러나 궁녀들은 새로운 놀이를 하듯 웃고 서 있을 뿐, 손무의 명령대로 움직이지 않았다. 그러자 손무는 "군령이 분명치 못하고 전달이 불충분한 것은 장수의 죄지만, 이미 군령이 분명히 전달되었는데도 병졸들이 규정대로 움직이지 않는 것은 대장된 자의 죄다"라고 말하고, 대장을 맡은 두 궁녀를 그 자리에서 참수하려 하였다. 이에 오 왕은 손무에게 자신이 총애하는 궁녀이니 살려 달라고 간절히 부탁하였다. 그러나 손무는 "장수가 군에 있을 때에는 임금의 명령을 받들지 않을 수도 있다"며 끝내 두 궁녀를 참수하였다. 손무는 새로운 궁녀 둘을 대장으로 삼았다. 그리고 다시 훈련을 시작하자 궁녀들은 마치 군사들처럼 훈련에 열중하였다. 그 모습을 본 오 왕은 손무의 능력을 크게 인정하여 그를 장군으로 삼았다.

손무는 규율과 기강이 바로 선 군대를 만들어 오 왕이 초나라, 제나라, 진나라를 제압하는 데 큰 공을 세웠고, 변방의 작은 나라였던 오나라를 7년 만에 중원의 강대국으로 만들어 놓았다. 이처럼 오나라를 굳건히 세우는 데 기여했다.

손무는 전쟁을 하지 않고도 나라에 이익을 가져다 주고, 언제나 미리 준비된 자세로 적의 공격을 좌절시킴으로써 국가를 지키며 전쟁을 최소화하는 것을 중요하게 생각했다. 또한 그렇게 하기 위해서는 사전에 미리 준비해야 한다는 것을 병법을 통해서 강조하고 있다. 동서고금의 군사들은 손무를 '병법의 시조'라고 칭하며 그의 사상과 병법을 중시하였다. 『손자병법』은 현대에도 다양한 분야를 통해 많은 영향을 끼치며 꾸준히 사랑받고 있다.

- 중국 역사를 통틀어 군사학을 논하는 데 있어 『손자병법』을 내세우지 않는 자가 없다. 명나라 때의 모원의(茅元儀)는 이렇게 말했다. 「손자보다 앞서 나왔던 병학의 정의를 『손자병법』에서는 한 가지도 빠뜨리지 않고 수록하고 있다. 그리고 손자 이후의 병학가들이 병학을 논할 때도 『손자병법』의 범위를 넘지 못하고 있다.」 그러므로 손자야 말로 중국의 선인(先人)을 계승하고, 후세를 깨우치는 병학대사(兵學大師)라 할 수 있다.
- 사기(史記) : 한(漢)나라 때 사마천(司馬遷)이 지은 역사서.
- 오월 춘추(吳越 春秋) : 후한(後漢)의 조엽(趙曄)이 지음. 춘추시대 오나라와 월나라의 흥망(興亡)을 적은 책.

그리하여 손자는 후세 사람들이 길이 기억할 명언을 남긴다.

"백 번 싸워 백 번 이기는 것이
최선이 아니다
싸우지 않고 적을 굴복시키는 것이
최선 중의 최선이다."

百戰百勝
백 전 백 승

非善之善者也
비 선 지 선 자 야

屈人之兵而非戰
굴 인 지 병 이 비 전

善之善者也
선 지 선 자 야

『손자병법』에 대하여

시대를 초월한 병법의 경전, 『손자병법』!「논어」「노자」「주역」과 함께 중국 4대 고전 중 하나인 『손자병법』은 중국 고대 군사학의 명저이자, 동양 최고의 병법서이다. 춘추전국시대 말기의 병법서인 『손자병법』은 「한서」 '예문지'에는 82편, 도록 9권이라고 기록되어 있지만, 지금 남아있는 송본에는 시계(始計)·작전(作戰)·모공(謀攻)·군형(軍形)·병세(兵勢)·허실(虛實)·군쟁(軍爭)·구변(九變)·행군(行軍)·지형(地形)·구지(九地)·화공(火攻)·용간(用間) 13편만 전해지고 있다.

『손자병법』은 용병의 경전이요, 손자는 용병술의 성인(聖人)이라고 불린다. 손자는 자신의 병법에서 '용병(用兵)'이라는 말을 사용했는데, 손자의 용병술은 '전승(全勝)'의 추구로 집약된다. 전승하는 최상의 방법은 '싸우지 않고도 적을 굴복시키는 것'이고, 이에 수반되는 전략의 요점은 심리적인 공격을 동반한 능동적인 공격과 방어이다. 그러나 하루도 전쟁이 끊이지 않았던 춘추전국시대에는 국가 자체의 존립과 보존이 최우선이었으므로, 공격보다 방어가 우선이며 이기는 것보다 패하지 않는 것을 중요하게 여겼다.

손자의 용병은 군사력, 심리전, 외교 등을 모두 포함하는데, 전쟁이 있든지 없든지 적국과의 경쟁 속에서 국가의 안위와 이익을 추구하는 방법을 아우르고 있다. 따라서 그는 적을 굴복시키는 데 의미를 둘 뿐, 적을 완전히 섬멸하거나 적국을 초토화하려 하지 않는다. 전쟁을 수행하고 그것을 수습하는 데 드는 비용을 최소화하는 것도 용병의 큰 목적이기 때문이다. 따라서 손자는 물리적인 접촉을 통한 싸움보다 승패에 관계없이 양측이 모두 큰 손실 없이 최대의 이익을 얻을 수 있는 모략의 운용을 첫째로 꼽았다. 『손자병법』은 춘추시대에 생존을 위한 병법서로 널리 활용되었다.

손자는 전쟁에서의 생존을 위해 장수가 반드시 알아야 할 것으로 도(道), 천(天), 지(地), 장(將), 법(法)의 다섯 가지를 들었다.

'도(道)'는 백성이 기꺼이 윗사람과 더불어 생사를 함께하고자 하는 것으로 위태로워도 두려움이 없는 것을 말한다. 이는 백성을 다스림에 있어 바르고 정당한 원칙이 있어야 얻을 수 있는 것이다. 전쟁 또한 정당한 원칙이 있어야 백성이 공감할 수 있고 사력을 다해 싸울 수 있기 때문이다.

'천(天)'이란 음과 양, 추위와 더위처럼 하늘에서 비롯된 자연의 이치이며, '지(地)'는 땅이 만든 지리적 조건으로 지형, 지세나 전쟁을 하는 당사자 간의 거리 등을 말한다. 이는 기후나 지리 등 자연현상을 잘 살펴 이를 적절하게 이용할 줄 아는 것으로, 전쟁의 승패를 결정하는 중요한 항목이다.

'장(將)'은 군을 통솔하는 장수의 능력을 말한다. 장수는 지혜, 신망, 인애, 용기, 위엄을 갖추어야 한다는 것이다. 전략을 세우고 성공시키기 위해서는 지혜로워야 하며, 상벌의 공정성을 위해서는 신망이 두터워야 한다. 인애가 있어야 부하를 아끼고 사랑할 수 있고, 용기가 있어야 부하를 이끌고 나아가 적을 무찌를 수 있기 때문이다.

'법(法)'은 군대의 건전한 조직과 제도를 갖추고, 체계적으로 운용할 뿐 아니라 군사들의 기강을 확실하게 잡기 위해 필요하다.

손자는 이 다섯 가지를 이해하게 되면 언제 용병을 해야 하고, 해서는 안 되는 것인지 알게 된다고 하였다. 『손자병법』의 용병술과 전략은 인류가 겪어 온 과거와 현재의 수많은 전쟁을 통해서 현대적으로 새롭게 재해석되고 있다. 특히 현대에 들어와서는 국가와 군대를 위한 용병과 전략서라는 관점에서 벗어나, 개인의 인생을 위한 지혜서나 기업 경영에 활용하는 실용서로도 그 명성을 이어가고 있다.

손자의 전략사상

- **싸우지 않고 이긴다 : 부전승사상(不戰勝思想)**

손자는 싸우지 않고 이기는 것을 가장 중요하게 생각했다. 싸워서 이기는 것보다 싸우지 않고 이기는 것이 가장 이로운 싸움이다. 전쟁을 하더라도 싸우지 않고 적을 온전한 상태로 굴복시키는 것이 최선이며, 적과 싸워서 이기고 굴복시키는 것은 그 다음이다. 백 번 싸워서 백 번 이기는 것보다 싸우지 않고 적을 굴복시키는 것이 더 낫다.

전쟁의 가장 큰 목적은 적을 공격함으로써 그들에게 공포와 절망, 괴로움을 주어 굴복시키는 것이 아니라, 적의 의지를 무너뜨리는 것이다. 적국을 황폐하게 만들고 그곳을 점령한다면 큰 이득이 없다. 그곳의 막대한 피해와 원망이 고스란히 자신에게 돌아올 뿐이다. 따라서 가능한 싸우지 않고, 피해를 최소화하는 방법으로 적국을 물리치면 그것이 가장 좋은 병법인 것이다.

- **이기게 해놓고 싸운다 : 만전사상(萬全思想)**

전쟁을 하려면 미리 만반의 준비를 해두어야 한다. 전쟁을 결정하고 준비에 들어가는 것은 이미 늦은 것이다. 따라서 항상 적의 공격에 대한 준비가 되어 있어야 한다. 당장 평안하고 전쟁의 위험이 보이지 않는다고 안심하고 아무런 준비를 해두지 않으면, 갑작스럽게 전쟁을 해야 하거나 적이 공격해 왔을 때 손 쓸 틈이 없기 때문이다. 또한 평상시에 국방을 튼튼히 해두지 않으면 쉽게 공격의 표적이 된다.

대국일수록 내부의 치안을 든든히 하고 외부의 공격에 더욱 철저하게 대비하게 마련이고, 힘이 없는 나라일수록 국방이 허술할 수밖에 없다. 따라서 국방은 군사적인 문제에 국한되는 것이 아니라, 국가적

인 전략으로 봐야 한다.

- **모략으로 이긴다 : 모공사상**(謀攻思想)

　전쟁에는 국민의 생사와 국가의 존망이 달려있다. 따라서 가능하다면 전쟁을 하지 않으면서 안전하게 나라를 지키는 것이 좋다. 전쟁을 하지 않기 위해서는 적의 의도를 미리 좌절시키거나, 전쟁이 아닌 다른 방법으로 적을 굴복시켜야 한다. 전쟁을 할 경우에 최선의 병법은 적의 모든 책략을 모략과 지혜로 분쇄하는 것이다. 그 다음이 적의 외교를 파괴하는 것이고, 그 다음이 무기로 적을 정복하는 것이다.

　마지막 최하의 방법은 적의 성을 공격하는 것이다. 이것이 모략으로 적을 공격하는 모공의 병법이다. 모공의 병법에서 최상은 적의 의도가 무엇인지를 알고 미리 분쇄하는 것이다. 이것이 모략으로 적을 공격하는 모공의 병법이다.

　이것은 머리로 하는 싸움이다. 적이 어떠한 책략을 쓸 것인지, 어떠한 방법으로 할 것인지를 미리 읽어낼 수 있어야 하고 그에 대한 대응 방법을 알아야 한다. 이렇게 미리공격을 막을 수 있으면 전쟁을 시작하기도 전에 적의 사기를 떨어뜨리게 되고 큰 피해를 입지 않고도 승리할 수 있게 된다.

　적의 외교와 유대 관계 등을 끊어 고립시키는 방법도 모공의 한 계책이다. 적국이 외교관계를 통해 제3국의 도움을 받게 되면 아군이 불리하게 된다. 그러므로 적국과 외교관계를 맺고 있는 제3국과의 사이를 분리시키는 것이다. 이 전략이 성공하면 적은 고립되거나 약해지고 싸움에서 지게 된다. 그 다음에 마지막으로 사용하는 방법이 무력이다. 그러나 적의 성을 직접 공격하는 것은 승리를 예견하기가 어려울 뿐만아니라, 승리하더라도 많은 희생이 따를 수 있는 것으로 가장 하위의 방법이다.

- 빨리 끝낸다 : 속전사상(速戰思想)

　전쟁을 하게 되었을 때는 빨리 끝내는 것이 가장 좋다. 전쟁을 오래 끌면 병사들의 체력이 저하되어 점점 공격력이 약화된다. 또한 군대가 오랫동안 밖에 있게 되면 국가의 재정에 압박이 온다. 전쟁을 지속하는 데는 막대한 비용이 들기 때문이다. 무기가 소모되고, 군사들의 사기가 저하되고, 공격력은 약화되고, 재정이 바닥나면 다른 제3국들에게 침략을 당할 수도 있다.

　또한 장기전으로 가서 승리하더라도 그 이득이 크지 않다. 오랜 전쟁으로 인해 병력을 쉽게 모을 수 없으며, 국가의 재정 또한 쉽게 채워지지 않는다. 오히려 그동안의 피해로 인해 더욱 힘든 상황을 가져올 수 있는 것이 바로 장기전인 것이다. 따라서 전쟁을 빨리 끝내는 것이 국가로서도, 백성들에게도 이익이 되는 가장 좋은 방법이다.

차례

발간사 • 4

중국고대 역사 기행 • 6

『손자병법』의 저자 • 9

『손자병법』에 대하여 • 13

손자의 전략사상 • 15

第 一 始計篇(시계편) • 19

第 二 作戰篇(작전편) • 43

第 三 謀攻篇(모공편) • 65

第 四 軍形篇(군형편) • 93

第 五 兵勢篇(병세편) • 115

第 六 虛實篇(허실편) • 137

第 七 軍爭篇(군쟁편) • 167

第 八 九變篇(구변편) • 191

第 九 行軍篇(행군편) • 205

第 十 地形篇(지형편) • 235

第 十一 九地篇(구지편) • 257

第 十二 火攻篇(화공편) • 299

第 十三 用間篇(용간편) • 315

『손자병법』의 영향을 받은 영웅들 • 335

제1 시계편

始計篇 第一

1 시계편 – 1죽

"먼저 헤아려라"

시계(始計)는 『손자병법』 13편의 처음이다. 원래 고본 병법(古本兵法)에는 「시(始)」자가 없이 다만 「계편(計篇)」이라고만 했다. 나중에 주석(註釋)을 다는 사람이 「시(始)」를 덧붙인 것이다. 「계(計)」의 뜻은 매우 광범위하다. 여기에서도 최소한 세 가지의 뜻을 내포하고 있다. 첫째는 계획·계략이고, 둘째는 계산·비교이며, 셋째는 예측·분석이다. 그 목적은 바로 전쟁 전의 여러 가지 준비를 설명하는 것인데, 전쟁의 승패는 특히 싸우기 전의 준비와 획책(劃策)에 달려 있다는 것을 강조하고 있다.

전쟁에는 국가의 흥망과 국민의 생사가 달려 있으므로 사전에 이를 신중히 검토해야 한다. 그러므로 손자는 다섯 가지 항목을 고려한 후 일곱 가지 계책으로 나와 상대방을 비교, 분석할 것을 제시하고 있다. 그는 또한 용병(用兵)이란 임기응변의 책략으로 적을 속이는 것이라고 하였다. 풍부한 식견과 예리한 분석력으로 전쟁의 본질을 말하고 있다.

＊＊＊

(始)시 : 처음 시. 시초라는 데서 비로소, 처음의 뜻을 나타내는 형성자이다.
(計)계 : 셀 계. 꾀 계. 계획. 세다. 언(言)과 십(十)의 합자, 말(言)로 묶음(十)씩을 헤아려 센다는 뜻이 합하여 계산 하다를 뜻함.
(篇)편 : 책 편. 책이나 서책, 편이라는 뜻. 竹(대나무 죽)자와 扁(넓적할 편)자가 결합한 모습이다. 여러 개의 죽간을 길게 엮어 놓은 것을 책이나 편이라 했다.

1 시계편-1죽

1. 전쟁은 국가의 중대사

손자(孫子)가 말하였다. 전쟁은 국가의 대사(大事)로서, 백성들의 생사(生死)와 나라의 존망(存亡)이 달린 길이니 신중히 살피지 않을 수 없다. 그러므로 먼저 다섯 가지 사항을 조사하고, 일곱 가지 계책을 비교하여 아군과 적군의 실정부터 정확히 파악해두어야 한다.

孫子曰 兵者 國之大事
  손자왈   병자   국지대사

손자가 말하였다, 전쟁은 국가의 중대한 일이다.

***

(孫子曰)손자왈 : 손자가 말하였다.
(兵)병 : 군사 병. 무기, 군인, 전쟁.
(者)자 : 놈 자. 사람.
(國)국 : 나라 국. 국가.
(之)지 : 갈 지. 가다, 이, ~의
(大事)대사 : 큰 일, 중대한 일.

死生之地 存亡之道 不可不察也.
  사생지지   존망지도   불가불찰야

백성들의 생사와 사직의 존망이 달려 있다. 따라서 이를 신중하게 살펴야 할 것이다.

***

(死生)사생 : 죽음과 삶. (地)지 : 땅 지. 처지.
(存亡)존망 : 존립과 멸망. (道)도 : 길 도, 이치
(不)불 : 아닐 불. 아닌가 부. (可)가 : 옳을 가. 가히.
(察)찰 : 살필 찰. 신중하게 살핌.
(也)야 : 어조사 야. 또,또한. 잇달다.

풀이 전쟁은 나라의 존망과 국민의 생사가 달려 있는 중대한 일이

다. 따라서 위정자는 이를 신중히 살펴야 할 것이다. 역사는 무모하게 전쟁을 일으켜 국토가 파괴되고, 백성을 살상과 굶주림의 생지옥으로 몰고 간 위정자들이 많음을 증언하고 있다.

故經之以五事 校之以七計 而索其情
고 경 지 이 오 사   교 지 이 칠 계   이 색 기 정

그러므로 다섯 가지 항목으로써 기준을 삼고, 일곱 가지 계책으로써 나와 상대방을 헤아려 그 실정을 찾는다.

＊＊＊

(故)고 : 옛 고. 옛.
(經)경 : 일정한 기준. 경서의 준말.
(以)이 : 써 이. ~로써. ~에서
(五)오 : 다섯 오.
(校)교 : 학교 교. 나와 상대방의 전력(戰力)을 비교함
(七計)칠계 : 일곱 가지 계책.
(而)이 : 말 이을 이. 접속사. 너
(索其精)색기정 : 그 실정을 탐색함.

'시계(始計)'는 '전쟁에 대해 맨 처음에 세우는 계획'이라는 뜻이다. 즉 전쟁에 대한 총체적인 전략이다. 손자(孫子)는 전쟁을 시작하기 전 반드시 아군과 적군의 군사력을 비교 검토하여 이길 수 있는 전략을 세우라고 역설하고 있는데, 이 총체적 전략에 관한 내용을 담고 있는 것이 '시계'편이다. 손자는 '시계'편 서두에서 전쟁의 중요성부터 밝히고 있다. 인류 역사상 동서양을 막론하고 중국 춘추전국시대는 단 하루도 전쟁이 일어나지 않는 날이 없는 최악의 암흑기라 할 수 있다. 주(周) 왕조가 시작될 무렵만 하더라도 1천여 개의 크고 작은 제후국이 존립해 있었는데, 5백여 년이 흐른 춘추시대 말기에 이르러서는 20여 개의 제후국으로 줄어들었을 정도다. 아침에 눈을 뜨면 나라 하나가 사라지는 세상이었다.

이러한 시대를 살아가야 하는 사람들에게 전쟁이란 필수적인 것이

었고, 당연히 각 나라의 정책 중 전쟁이 가장 많은 비중을 차지할 수밖에 없었다. 손자 역시 전쟁에 대해 분명히 말하고 있다.

1 시계편 - 1죽

2. 전쟁전에 반드시 헤아려야 할 다섯 가지 - 오사(五事)

전쟁 전에 반드시 헤아려야 할 일은 첫째는 도(道)요, 둘째는 천(天)이요, 셋째는 지(地)요, 넷째는 장(將)이요, 다섯째는 법(法)이다. 도(道)라 함은 군주와 백성이 한마음이 되는 것을 말한다. 군주와 백성이 함께 죽고 함께 사는 각오라면 어떠한 위태로움도 두려워하지 않게 되기 때문이다. 천(天)이라 함은 낮과 밤, 추위와 더위, 계절 등 시간의 변화이다. 지(地)라 함은 거리의 멀고 가까움, 지세의 험하고 평탄함, 지역의 넓고 좁음, 지형의 유리함과 불리함 등을 말한다. 장(將)이라 함은 장수의 지모와 신의와 용기와 위엄 등이다. 법(法)이라 함은 군대 편제와 명령 계통과 무기 식량 등의 보급체계를 말한다. 모름지기 이상의 다섯 가지는 장수된 자라면 반드시 알아두어야 한다. 이것을 아는 자는 승리할 것이요, 이것을 모르는 자는 승리할 수 없다.

一曰道 二曰天 三曰地 四曰將 五曰法
일 왈 도   이 왈 천   삼 왈 지   사 왈 장   오 왈 법

전쟁 전에 작전 전략을 수립할 때는 다섯 가지 항목을 고려해야 한다. 다섯 가지 항목이란 첫째는 도이고, 둘째는 하늘이며, 셋째는 땅이고, 넷째는 장수이며, 다섯째는 법이다.

***

(道)도 : 길 도. 이치. 근원, 사상

(天)천 : 하늘 천.
(地)지 : 땅 지. 처지, 처해 있는 형편.
(將)장 : 장차 장. 장수, 장군의 준말.
(法)법 : 법 법. 예의, 도리, 모범.

풀이 손자는 전략 수립의 근거로 도(道), 하늘(天), 땅(地), 지휘관(將), 법(法)의 다섯 항목을 들고 있다.

1 시계편 - 2죽

道者 令民與上同意也
도 자　영 민 여 상 동 의 야

도(道)란, 백성들로 하여 군주와 뜻을 같이하게 하는 것이다.

*　*　*

(道)도 : 길 도. 다스린다.
(令)영 : 영 령. 영, 우두머리, 명령
(民)민 : 백성 민.
(與)여 : 줄 여. 베풀다. 편을 들다.
(上)상 : 위 상. 임금. 하늘.
(同意)동의 : 같은 의미. 의견을 같이함.
(民與上同意) 민여상동의 : 백성과 군주의 뜻이 같다.

故可與之死 可與之生 而民不畏危也.
고 가 여 지 사　가 여 지 생　이 민 불 외 위 야

군주와 뜻을 같이하면, 죽음과 삶을 함께하므로, 위험도 두려워하지 않는다.

*　*　*

(可與之死)가여지사 : 함께 죽을 수 있다.
(可與之生)가여지생 : 함께 살 수 있다.
(畏)외 : 두려워 할 외. 으르다. 협박하다.
(危)위 : 위태할 위.

(不畏危) 불외위: 위태로움을 두려워 하지 않는다.

풀이 백성들로 하여금 임금을 위해 목숨을 바칠 수 있게 하기 위해서는 평상시 그 임금의 정치가 공명정대해야 하는 것이다. 즉, 공을 세운 사람에게는 반드시 포상을 하고 법을 어긴 자에게는 반드시 처벌이 따라야 한다. 또한 능력에 의해 인재를 등용하며, 만사를 잘 가려 그 근본을 다스려야 한다. 거짓을 버리고 진실을 밝히며 예의로써 백성에 임할 때 비로소 상하가 한마음, 한 뜻이 될 수 있다. 이제 백성들은 공동운명체에 대한 소속감으로 기꺼이 싸움터로 달려갈 수 있는 것이다.

1 시계편 - 2죽

天者 陰陽 寒暑 時制也.
천자　음양　한서　시제야

고려할 사항으로 천(天)이란, 하늘의 흐림과 맑음, 추위와 더위와 같은 계절과 기후의 변화에 따른 자연현상 전체를 가리키는 것이다.

* * *

(陰陽)음양 : 어둠과 밝음. 낮과 밤. 흐림과 맑음, 장마와 가뭄 등의 기후 변화.
(寒暑)한서 : 추위와 더위.
(時制)시제 : 계절의 변화. 시간의 상태, 변화.

풀이 계절과 기후의 변화에 따른 자연현상을 싸움에 적절히 이용한다.

地者 高下 遠近 險易 廣狹 死生也.
지자　고하　원근　험이　광협　사생야

지란, 즉, 땅이란 먼 곳과 가까운 곳, 험한 곳과 평탄한 곳, 넓은 곳과 좁은 곳, 죽는 곳과 사는 곳 등을 말한다.

***

(遠近)원근 : 멀고 가까움. 거리가 먼 지역과 가까운 지역.
(險易)험이 : 지세가 험난한 곳과 평탄한 곳.
(廣狹)광협 : 넓은 지역과 좁은 지역.
(死生)사생 : 물러날 수 없는 불리한 곳과 유리한 곳.

풀이 지휘관은 작전지역의 지형을 잘 연구하여 이를 공격과 방어에 최대한 활용해야 한다.

1 시계편 – 2쪽

將者 智信仁勇嚴也.
장자   지 신 인 용 엄 야

장수는 지혜, 신의, 인자, 용기, 엄정의 다섯 가지 덕목을 갖추어야 한다.

***

(將)장 : 장차 장. 장수, 장군의 준말.
(智)지 : 슬기 지. 지혜. 꾀. 모략. 선악을 잘 판단하고 처리하는 능력.
(信)신 : 믿을 신. 믿음성이 있고 성실함.
(仁)인 : 어질 인. 남을 사랑하고 어질게 행동하는 일.
(勇)용 : 날쌜 용. 과감하다. 용기의 준말.
(嚴)엄 : 엄할 엄. 엄하다.

풀이 손자는 장수가 갖추어야 할 다섯 가지 덕목에 대해 말하고 있다. 첫째는 지혜이다. 이는 전쟁의 본질이 사병들의 싸움이라기 보다는 장수의 두뇌 싸움이기 때문이다. 둘째는 신의이다. 신의를 저버리는 장수는 그 누구의 신뢰와 협조를 받지 못하게 될 것이다. 셋째는 인자함이다. 장수가 평소 부하들에게 인간적인 배려를 아끼지 않을 때 그들도 싸움터에서 그 보답을 하게 되는 것이다.

넷째는 용기이다. 장수는 불리한 환경에서도 용감히 싸워야 한다. 그러나 자신의 용맹만 믿는 저돌적인 장수에게는 큰 일을 맡길 수 없을 것이다. 이는 경솔하게 싸우는 자는 적의 계략에 쉽사리 말려들기 때문이다. 다섯째는 엄정함이다. 장수는 엄격하고 공정하게 부하를 통솔해야 한다. 장수가 부하들에게 베풀기만 하고 엄정하지 못할 경우에는 문제가 생긴다. 따라서 명령을 어기는 자에 대해서는 엄하게 처벌하여 군기를 바로 잡아야 한다. 이상의 다섯 가지 덕목과 자질을 갖춘 장수라면 군인이기 이전에 민간인으로서도 훌륭한 인물임에 틀림이 없을 것이다. 손자는 다섯 가지를 장수가 지녀야 할 도(道)라고 하였다. 그러나 이 다섯 가지를 모두 갖추는 것은 쉬운 일이 아니다.

명(明)나라 때 하수법(何守法)이 이 대목을 해석하면서 이렇게 말했다. 「지혜만 얻으면 도적이 되고, 신의만 지키면 어리석은 자요, 인(仁)만 베풀면 비겁자가 된다. 또 용맹만 믿으면 난폭하게 되고, 엄하기만 하면 잔인하게 된다.」

여기서 말하는 도적·어리석음·비겁자·난폭·잔인 등은 모두 지(智)·신(信)·인(仁)·용(勇)·엄(嚴)과 정반대이다. 통솔하는 장수가 일을 행함에 있어, 공정하지 못하고 정도가 가벼우면 명예가 실추되지만, 또 너무 심하면 군대를 잃고 나라를 욕되게 하므로 신중해야 한다.

1 시계편 - 2죽

法者 曲制 官道 主用也.
법자 곡제 관도 주용야

법에 의한 군의 편성과 인사제도, 군수품의 조달을 하기 위한 재정 등을 살펴야 한다.

＊＊＊

(曲制)곡제 : 군의 편성과 조직, 행정과 군사제도.

(官道)관도 : 군의 직무와 직위에 관한 제도. 인사와 수송. 군대의 명령계통, 규율.
(主用)주용 : 군수품의 조달과 관리. 군수품과 재정. 무기 식량 등 군수물품.

풀이 군의 편성과 조직을 극대화하여 전쟁에 임하여야 한다.

凡此五者 將莫不聞 知之者勝 不知者不勝.
　범 차 오 자　　장 막 불 문　　지 지 자 승　　불 지 자 불 승

무릇 이 다섯 가지 항목에 대해서는 장수라면 듣지 못한 이가 없을 것이다. 이를 제대로 이해하는 자는 승리하고, 알지 못하는 자는 승리하지 못한다.

＊＊＊

(凡)범 : 무릇 범. 무릇, 모두, 다, 합계.
(此)차 : 이 차. 이곳, 이, 이것, 이에, 그래서
(五者)오자 : 다섯 가지 항목.
(將)장 : 장차 장. 장수, 장군의 준말.
(莫)막 : 없을 막. 없다, 저물다, 해 질 무렵
(聞)문 : 들을 문. 듣다, 알다, 방문하다.
(莫不聞)막불문 : 알지 않으면 안된다.
(知之者勝)지지자승 : 아는 사람은 승리하고
(不知者不勝)부지자불승 : 알지 못하는 자는 승리하지 못한다.

풀이 이 다섯 가지 항목에 대해서는 장수라면 누구나 잘 알고 있다고 생각하는 것들이다. 그러나 이를 제대로 이해하고 실전에 응용한다는 것은 결코 쉬운 일이 아니다. 싸움터에는 그 많큼 변수가 많기 때문에 따라서 평소 병서를 많이 읽어 스스로 이론에 통달했다고 자부하는 자도 막상 실전에서는 참패를 당한 예가 많은 것이다. 그러므로 위정자는 탁상의 전술가와 실전을 감당할 인재를 가리는 안목을 갖추어야 한다.

1 시계편 – 3죽

3. 전쟁 전에 반드시 비교해야 할 일곱 가지
  – 칠계(七計)

일곱 가지 사항을 비교해 적군과 아군의 실정을 정확히 파악해야 한다. 어느나라 군주가 더 백성을 잘 다스리는가, 어느나라 천시와 지리가 더 유리한가, 어느나라 장수가 더 유능한가, 어느나라 법령이 더 잘 행해지고 있는가, 어느나라 군대가 더 많으며 강한가, 어느나라 사졸들이 더 훈련되어 있는가, 어느나라 상벌이 더 공명정대한가. 나는 이 일곱 가지로써 이기고 질 것을 안다.

故校之以七計 而索其情
  고 교 지 이 칠 계   이 색 기 정

그러므로 일곱 가지 계책으로써,
나와 상대방을 빈틈없이 비교하여 계획을 수립해야 한다.

* * *

(校)교 : 학교 교. 비교함.
(而)이 : 말 이을 이. 접속사. 너
(索其情)색기정 : 그 실정을 탐색함.

曰, 主孰有道 將孰有能 天地孰得.
  왈   주 숙 유 도   장 숙 유 능   천 지 숙 득

임금은 어느 편이 더 정치를 잘하는가? 지휘관은 어느 편이 더 유능한가? 기후와 지형은 어느 편에 더 유리한가?

* * *

(主)주 : 주인 주. 임금, 통치자.
(孰)숙 : 누구 숙. 누가, 누구, 어느, 무엇.
(主孰有道)주숙유도 : 어느 군주가 더 잘 다스리는가.
(天地)천지 : 천시(天時)와 지리(地利)

(得)득 : 얻을 득. 얻다, 이익, 이득, 유리함.

1 시계편 – 3죽

法令孰行 兵衆孰强 士卒孰鍊
법령숙행　병중숙강　사졸숙련

賞罰孰明 吾以此知勝負矣.
상벌숙명　오이차지승부의

법령은 숙지되며 행해지는가?
군대는 어느 편이 더 강한가?
사졸들은 어느 편이 더 잘 훈련되어 있는가?
상과 벌은 어느 편이 더 공정한가?
나는 이와 같은 것들로 미리 승부를 알 수 있다.

※※※

(兵衆)병중 : 군대.
(明)명 : 밝을 명. 분명함. 공정하다는 뜻.
(吾)오 : 나 오. 나, 자신, 그대
(勝負)승부 : 이기고 지는 것
(矣)의 : 어조사 의.

1 시계편 – 4죽

4. 형세는 유리함을 이끌어낸다

장차 위에서 열거한 계책을 채택하여 전쟁에 나가 실천한다면 반드시 승리할 것이니, 나는 이곳에 머무를 것이다. 그러나 나의 계책을 듣지 않고 전쟁에 나가 싸운다면 반드시 패할 것이니, 나는 떠날 수밖에 없다. 나의 계책이 이롭다는 것을 알고 채택하면 그것이 곧 하나의 형세를 이루어 전쟁에 크게 도움을 준다. 왜냐하면 형세란 유리함을 이끌어내 임기응변을 제어하기 때문이다.

將聽吾計用之 必勝留之.
장 청 오 계 용 지　　필 승 유 지

장수가 나의 계책을 듣고 이를 쓰면, 반드시 승리할 것이다. 그러므로 나는 머무르리라.

***

(將)장 : 장수. 여기서는 군주를 뜻 함.
(聽)청 : 들을 청. 듣다. 계책을 따름.
(用之)용지 : 쓰면, 채택하면.
(必勝)필승 : 반드시 이기게 함.
(留之)유지 : 머무르다.

將不聽吾計用之 必敗去之.
장 불 청 오 계 용 지　　필 패 거 지

장수가 나의 계책을 듣지 않고 이를 쓰지 않으면, 반드시 패할 것이니 따라서 나는 떠날 것이다.

***

(將)장 : 장수. 여기서는 군주를 뜻 함.
(聽)청 : 들을 청. 듣다. 계책을 따름.
(用之)용지 : 쓰면, 채택하면.
(必敗)필패 : 반드시 패함.
(去之)거지 : 떠나간다.

<u>풀이</u> 손자는 오왕 합려가 자신의 계책을 채택한다면 머무를 것이요, 채택하지 않으면 떠날 결심을 하고 있다. 이는 자신의 필승전략에 대한 확고한 신념의 피력이기도 하다. 그는 다른 나라에 가서라도 자신의 재능을 발휘할 길을 찾고자 한 것이다. 결국 손자는 합려에 등용되어 자신의 전쟁 철학을 시험할 기회를 얻게 된다.

1 시계편 - 4죽

計利以聽 乃爲之勢
계 리 이 청　　내 위 지 세

以佐其外 勢者 因利而制權也.
이 좌 기 외　　세 자　　인 리 이 제 권 야

계책으로 이로움이 있다고 판단하면 이를 따르고, 또한 이에 더하여 세를 이룸으로써, 그 이로움을 더욱 크게 한다. 세란 이로움을 바탕으로 권(임기응변)을 만드는 것이다.

　　　　　　　　　　＊＊＊

(計利)계리 : 계략을 이롭게 여긴다.
(乃)내 : 이에 내. 이에.
(爲之勢)위지세 : 형세를 이룸. 형세를 이롭게 만듦.
(佐)좌 : 도울 좌. 돕다, 원조하다.
(外)외 : 밖 외. 외국, 외부.
(佐其外)좌기외 : 전쟁에 도움이 된다.
(因利)인리 : 원인을 이루는 근본, 이로움.
(制權)제권 : 임기응변으로 일을 처리함. 권변(權變)을 다스림.
(因利而制權)인리이제권 : 유리함을 이끌어 내 임기응변을 누름.

풀이 전쟁이란 단순히 무력 충돌만으로 결판이 나는 것이 아니다. 사전에 유력한 나라와의 동맹관계나 국제 여론을 자국에 유리하게 조성하는 일도 승패에 큰 몫을 차지한다. 국제 여론을 자국에 유리하게 조성하여 전쟁에 큰 도움을 받은 나라도 적지 않다. 물론 이 일을 위해서는 외롭고도 타당한 명분을 내세울 수 있어야 한다. 이는 국가전략의 차원에서 철저한 준비를 필요로 하는 것이다.

5. 병법은 속임수이다

병법은 속임수이다. 손자는 적을 속이는 방법에 대해 열 네 가지 항목을 열거했다.

(1) 능력이 있으면서도 없는 것처럼 한다.
(2) 전술, 전략 등 작전을 사용하되 사용하지 않는 것처럼 해야 한다.
(3) 가까운 곳을 노리면서 먼 곳을 노리는 것처럼 한다.
(4) 먼 곳을 노릴 때는 가까운 곳을 노리는 것처럼 한다.
(5) 이득을 내세워 유인한다.
(6) 내부를 어지럽혀 그 틈을 공략한다.
(7) 적이 충실할 땐 물러나 방어한다.
(8) 적이 강할 땐 피한다.
(9) 적을 화나게 하여 흔들어놓는다.
(10) 저자세를 취하여 적을 교만하게 한다.
(11) 상대가 쉬려고 하면 피로하게 만든다.
(12) 적이 단결하면 이간질을 시킨다.
(13) 방비가 없을 때 공격하고,
(14) 뜻하지 않을 때 나가 허를 찔러라. 이것이 병가에서의 승리의 비결이니, 결코 사전에 누설되어서는 안된다.

兵者 詭道也.
병자　궤도야

병법은 임기응변의 속임수이다.

***

(兵)병 : 군사 병. 무기. 전쟁, 군사를 동원하는 것.
(詭道)궤도 : 속임수. 그때그때의 상황에 따른 속임수로 적을 제압함. 임기응변의 술책으로 적의 허점을 공격함.

풀이 '죽느냐? 사느냐?'를 판가름하는 전쟁은 어차피 상도(常道)에서 벗어난 행위이다. 따라서 필승을 위한 전략과 전술의 구사에는 수단과 방법을 가릴 필요가 없다. 다만 최소한의 희생으로 최대한의 전과를 거두어야 한다. 그러기 위해서 유능한 장수는 강한 적을 상대로 정면으로 승부를 가리고자 하지 않는다. 그는 늘 적의 방심을 유도해 그 헛점을 찌르는 것이다. 그러므로 손자는 용병이란 임기응변의 속임수라고 갈파하고 있다. 이는 곧 손자 열세 편의 핵심적 개념이기도 하다.

故能而示之不能 用而示之不用
고 능 이 시 지 불 능　　　용 이 시 지 불 용

그러므로 능하면서도 능하지 못한 것처럼 하고, 쓰면서도 쓰지 않는 것처럼 한다.

***

(能而示)능이시 : 능하게 보인다.
(不能)불능 : 능하지 않다.
(用而示)용이시 : 사용하게 보인다.
(不用)불용 : 사용하지 않다.

1 시계편 – 4, 5죽

近而示之遠 遠而示之近.
근 이 시 지 원　　　원 이 시 지 근

가까이 있지만 멀리 있는 것처럼 보이게 하고, 멀리 있지만 가까이 있는 것처럼 보이게 하는 것이다.

* * *

(近而示)근이시 : 가까이 있게 보인다.
(遠而示)원이시 : 멀리 있게 보인다.

풀이 그러므로 능하지만 능하지 않게 보이게 하고, 사용하고 있지만 사용하지 않는 것처럼 보이게 한다. 가까이 있지만 멀리 있는 것처럼 보이게 하고, 멀리 있지만 가까이 있는 것처럼 보이게 한다.

利而誘之 亂而取之
이이유지 난이취지

實而備之 强而避之
실이비지 강이피지

적을 이롭게 하여 꾀어내며, 적을 교란한 후 공격해 빼앗는다. 적이 건실하면 이에 잘 대비하고, 적이 강하면 싸움을 피해야 한다.

* * *

(利而誘)이이유 : 이로움으로 꾀어내다.
(亂而取)난이취 : 혼란할 때 취득한다.
(實而備)실이비 : 건실하면 잘 대비하다.
(强而避)강이피 : 강하면 피한다.

풀이 미끼를 던져 적을 유인하거나 적의 내부를 교란한 후 쳐서 빼앗는 것은 용병가들이 흔히 쓰는 술책이다. 또한 장수는 견실한 적에 대해서는 잘 대비하고, 적이 강하면 싸움을 피하며 약해질 때까지 기다려야 한다. 그리하여 아군이 전략적인 우위를 확보하게 되었을 때 총공격을 감행하는 것이다. 이를 위해서는 사전에 고도의 책략과 속임수를 구사해야 한다.

1 시계편 – 5죽

怒而撓之 卑而驕之
노이요지　비이교지

佚而勞之 親而離之
일이노지　친이리지

적을 성나게 하여 어지럽히고, 스스로를 낮추어 적을 교만하게 한다. 편안하면 수고롭게 하고, 친밀하면 이간하여 분리시킨다.

* * *

(怒)노 : 성낼 노. 성내다. 화내다.
(撓)요 : 어지러울 요. 어지럽다.
(卑)비 : 낮을 비. 낮다. 낮추다.
(驕)교 : 교만할 교. 교만하다.
(佚)일 : 편안할 일. 숨다. 실수.
(勞)노 : 일할 노. 일하다.
(親)친 : 친할 진. 친하다.
(離)리 : 떼놓을 리. 떼놓다. 가르다. 나누다.
(怒而撓)노이요 : 성나게 하여 어지럽게 하다.
(卑而驕)비이교 : 스스로 낮추어 적을 교만하게 하다.
(佚而勞)일이노 : 편안하면 수고롭게 하다.
(親而離)친이리 : 친하면 떨어지게 하다.

<u>풀이</u> 꽤 많은 장수는 아군의 도전에 응하지 않는 적장을 성나게 한 후 싸움터로 끌어들인다. 이럴 경우 냉정을 잃은 측이 손해를 보기가 쉽다. 따라서 적장이 침착하고 지모가 뛰어난 자라면 이런 술수에는 결코 말려 들지 않을 것이다. 또한 슬기로운 지휘관은 강한 적과는 정면충돌을 피한 채 스스로 비굴한 태도를 보인다. 그리고 값비싼 선물 등을 보내어 적장의 비위를 맞추어 준다. 이럴 경우 적장이 자부심이 강하고 또한 사려가 깊지 못한 자라면 적군을 멸시하는 마음으로 그 방비 태세를 소홀히 할 수도 있다. 만일 적에게 이와 같은 틈이 보이면 번개 같은 기습으로 적을 쳐부수는 것이다. 또한 적군의 피로와 해

이해 짐을 기다리고, 적들이 친밀하면 그 사이를 벌어지게 한다. 신뢰와 의리로서 맺어진 적의 인간관계를 무너뜨리는 것은 참으로 효과적인 전술이다. 이간책은 상대방의 내부에 불화를 조성하여 그 전력을 급속히 약화시키는 것이다. 속임수에 의한 작전은 의례 완벽한 승리가 된다.

1 시계편 - 5죽

攻其無備 出其不意
공기무비   출기불의

此兵家之勝 不可先傳也.
차병가지승   불가선전야

준비가 안 된 곳을 공격하고, 예상하지 않은 곳으로 공격한다. 이것이 병가의 승리이니(승리의 비결), 미리 전해 줄 수 없다.

***

(攻)공 : 칠 공. 치다. 공격하다.
(其)기 : 그 기. 그. 의.
(無備)무비 : 갖추지 않다. 방어 준비하지 않다.
(不意)불의 : 뜻하지 않음. 경계가 소홀하다는 뜻.
(先傳)선전 : 미리 알리다. 사전에 누설되다.

풀이 방어 준비가 안 된 곳을 공격하고, 경계가 소홀한 곳으로 나아간다. 이런 계략은 전쟁에 능한 자의 이기는 비결이다. 그러므로 적에게 알려져서는 안된다. 사실 아무리 완벽한 작전 계획이라도 일단 적에게 파악되면 이길 수 없다. 따라서 기밀 유지의 능력 여부가 곧 전쟁 수행 능력의 중요한 부분임은 재론할 필요가 없는 것이다.

1 시계편 – 6죽

6. 승산이 없으면 싸우지 않는다

그러므로 전쟁 시작 전에 열리는 조정의 군사회의에서 승리할 것이라 확신하는 나라는 그 만큼 이길 수 있는 조건과 항목을 많이 보았기 때문이며, 전쟁 시작 전에 열리는 조정의 군사회의에서 승리하지 못할 것이라 생각하는 나라는 그 만큼 이길 수 있는 조건과 항목을 찾아내지 못했기 때문이다. 승산이 많으면 승리할 것이고, 승산이 적으면 승리하지 못할 것이니 하물며 승산이 없다면 어찌될 것인가. 나는 이와 같은 기준으로 관찰하니 승패를 미리 예견할 수 있다.

夫未戰而 廟算勝者 得算多也.
부 미 전 이   묘 산 승 자   득 산 다 야

무릇 전쟁 전에 묘산(조정에서 미리 계산)하여 승리하면, 승산이 높다.

* * *

- (未戰)미전 : 전쟁 전에. 전쟁 시작 전.
- (廟算)묘산 : 군주와 신하는 출병에 앞서 종묘에 이 일을 고하고 전략에 관해 의논함. 종묘(宗廟)에서 상황을 판단함. 즉, 조정의 전략회의. 묘산은 이 때의 승리에 대한 산정(算定)을 가리킴.
- (得算多)득산다 : 득이 되는 계산 수가 많아진다. 즉, 승산이 많다.

未戰而廟算不勝者 得算少也.
미 전 이 묘 산 불 승 자   득 산 소 야

싸우기 전에 전략회의에서 전력이 미약하면 이길 확률이 낮다. 전력이 우세하면 이기고 전략이 미약하면 이기지 못한다.

* * *

- (得算少)득산소 : 득이 되는 계산 수가 적어진다.

1 시계편 - 6죽

多算勝 少算不勝 而況於無算乎
다산승　소산불승　이황어무산호

吾以此觀之 勝負見矣.
오이차관지　승부견의

승산이 높으면 이기고, 승산이 낮으면 승리할 수 없는데, 하물며 승산이 없는 경우에야 더 말할 필요조차 없다. 나는 이런 것으로 승패를 미리보는 것이다.

*　*　*

(多算勝)다산승 : 승산이 많으면 승리한다. 계산이 많으면 이길 확률이 높다.
(少算不勝)소산불승 : 계산이 적으면 이길 확률이 낮다.
(況)황 : 하물며 황. 하물며. 더구나. 이에. 설명하다.
(無算)무산 : 계산이 없다. 승산이 없다.
(乎)호 : 어조사 호. 구나. 인가.
(吾)오 : 나 오. 나. 자신.
(此觀)차관 : 바라보는 관점
(勝負見)승부견 : 이기고 지는 것을 알 수 있다.

풀이 옛날에는 출병하기 전에 임금과 신하가 이를 종묘에 아뢰고, 아국과 적국의 전쟁 수행 능력 및 전략에 대해서 논의하였다. 전력이 우세한 측은 이길 확률이 높고 열세한 측은 이길 확률이 낮다. 나는 이런 관점에서 승부를 알 수 있다.

1 시계편 - 6죽

어느 나라건 전쟁을 시작하기 전에는 반드시 조정에서 전략회의를 하기 마련이다. 그 회의에서 어떤 나라는 승리할 것이라 확신하고, 또

어떤 나라는 패할 것을 예감한다. 이러한 판단과 예감은 바로 앞서 얘기한 오사와 칠계를 상세히 검토하는 것에서부터 비롯된다. 즉 조정의 전략회의에서 승리할 것이라 자신하는 나라는 오사와 칠계를 통해 그만큼 이길 수 있는 조건과 항목을 많이 찾아냈기 때문이며, 전략회의에서 승리하지 못할 것이라 생각하는 나라는 그만큼 이길 수 있는 조건과 항목을 찾아내지 못했기 때문인 것이다. 즉 조정의 전략회의에서 승리할 것이라 자신하는 나라는 오사와 칠계를 통해 그만큼 이길 수 있는 조건과 항목을 많이 찾아냈기 때문이며, 전략회의에서 승리하지 못할 것이라 생각하는 나라는 그만큼 이길 수 있는 조건과 항목을 찾아내지 못했기 때문인 것이다. 승산이 많으면 승리할 것이고, 승산이 적으면 승리하지 못하는 것은 당연하다. 하물며 승산이 없다면 그 싸움은 해볼 필요도 없다고 손자는 부언하고 있다. 결론적으로 손자는 오사와 칠계를 통해 전쟁을 할 것인가 아닌가를 판단해야 한다면서 하나의 경구를 우리에게 던지고 있다.

"먼저 헤아리되, 승산이 없으면 싸우지 말라."

이것이 병법에 관한 손자의 기본사상이다.

제2 작전편

作戰篇 第二

2 작전편 – 7죽

"빠르게 승리하라"

작전편(作戰篇)은 전쟁이 국가와 백성에게 안겨 주는 무거운 부담을 설명하고 있다. 어떤 나라든지 장기전(長期戰)의 소모(消耗)와 시달림을 견뎌 낼 수는 없다. 그래서 전쟁은 빨리 승리를 거둘수록 자신의 손실도 감소시키면서 전과(戰果)를 올릴 수 있다. 그래서 손자가 특별히 강조하기를, 「군사 행동은 속전 속결(速戰速決)이 중요하며, 장기전은 좋지 않다.」라고 했다.

손자는 장기전이 이롭지 못함을 강조한다. 이는 국가 경제의 파탄과 병력의 소모 때문이다. 그리고 이럴 때에 제3국이 공격해 오면 막아낼 도리가 없다. 따라서 전쟁의 장기. 소모화는 여러모로 국익을 해친다. 그러므로 그것은 짧은 기간 내에 끝내야 하는 것이다.

손자가 말하였다. 무릇 전쟁을 하려면 전차 1,000대와 수송차 1,000대, 갑옷 입은 병사 10만에다 천 리나 되는 곳으로 군량을 보급해야 한다. 또한 국내외에서 쓰는 돈과 사신의 접대비, 아교와 옻칠의 재료비, 차량과 갑옷의 보충 등 매일 천금의 비용이 든다. 그러므로 이를 감당할 수 있어야만 비로소 10만 명의 병력을 일으킬 수 있다.

2 작전편 – 7죽

1. 십만 군사를 움직이려면

손자가 말했다. 모름지기 군대를 운용하기 위해서는 전투용 수레1천사(駟)와 수송용 수레 1천 승, 갑옷 입은 병사 10만 명, 천 리 길에 달하는 식량 수송 등 안팎으로 많은 경비가 필요하다. 또한 외교에 드는 비용, 아교와 옻칠 등 무기를 수리하는 데 필요한 재료, 수레와 갑옷의 보수 등 제반 경비가 하루에 1천금이 소요된다. 이런 준비를 해둔 후에야 10만 군사를 일으킬 수 있는 것이다.

孫子曰 凡用兵之法
손 자 왈   범 용 병 지 법

馳車千駟 革車千乘
치 거 천 사   혁 거 천 승

손자가 말하였다. 무릇 용병의 법은, 전차 천 대, 보급용 수레 천 대,

* * *

- (馳車)치거 : 속도가 빠른 전투용 수레. 빠르게 달리는 전차.
- (駟)사 : 말 네필. 네 마리의 말. 옛날에는 한 대의 수레에 네 마리 말을 했는데, 이 말들을 통틀어 사(駟)라고 하였다. 수레 1천 사(駟)는 곧 수레 1천 대이자 말 4천 필을 의미한다.
- (革車)혁거 : 가죽을 덮은 작은 수레. 보급용 수레. 소가죽을 덮어 씌운 군수품을 운반하는 수레.
- (乘)승 : 탈 승. 수레를 세는 단위다.

帶甲十萬 千里饋糧
대 갑 십 만   천 리 궤 량

則內外之費 賓客之用
즉 내 외 지 비   빈 객 지 용

무장한 병사 십 만, 천 리의 식량 수송, 즉 안과 밖으로 소비되는 비용과 빈객(손님과 외교사절)이 사용하는 것.

* * *

- (帶甲)대갑 : 갑옷을 입은 군사.
- (饋糧)궤량 : 먹일 궤. 양식 양. 군량미를 보낸다.
- (賓客之用)빈객지용 : 사신의 접대비.

膠漆之材 車甲之奉
교 칠 지 재 거 갑 지 봉

교칠의 재료 (아교와 옻칠), 전차나 갑옷 등

***

(膠漆之材)교칠지재 : 궁시(弓矢)와 갑옷 등을 만드는 데 쓰이는 아교와 옻칠.
(車甲之奉)거갑지봉 : 수레와 갑옷의 보충.

日費千金 然後十萬之師擧矣.
일 비 천 금 연 후 십 만 지 사 거 의

하루에 천금의 비용이 든다. 그러한 후에 십만의 군대를 일으킬 수 있다.

***

(日費千金)일비천금 : 하루에 천금의 돈이 든다.
(然後)연후 : 그러한 후에.
(師)사 : 스승 사. 군대.
(師擧)사거 : 일으키다.

풀이 전쟁에는 막대한 비용이 든다. 전차 1,000대와 식량과 무기의 조달, 이를 싸움터까지 운반하는 수레, 국내외에서 쓰는 돈과 외교사절에 대한 접대비 등 따라서 전쟁을 하기 전에 먼저 이와 같은 지출을 감당할 수 있는 경제력부터 길러야 한다.

2 작전편 - 8죽

'작전(作戰)'편 역시 시계(始計)편과 같이 총론적인 내용을 많이 담고 있다.
  손자는 '작전'편을 통해 경제력의 중요성과 속전속결에 대해 강조하고 있다. 전쟁을 하기 위해서는 많은 돈이 소요된다. 따라서 그 나라의 경제적 능력을 비롯한 여러 가지 사항이 뒷받침되지 않으면 전쟁을 효과적으로 수행할 수 없다. 설사 승리한다 해도 피해가 크다. 손자는 그러므로 전쟁 전에 무기, 식량, 군수물자 등을 충분히 준비해 두어야 하며, 일단 전쟁이 벌어지면 속전속결을 최선책으로 삼아야 한다고 역설하고 있다. 그는 예를 들어 10만 군대로 천 리 떨어진 나라와 전쟁하는 데 소요되는 경비를 구체적으로 산출해보았다.

전투용 수레 1천 사(駟)와 보급용 수레 1천 승, 갑옷 입은 병사 10만 명, 천리 길에 달하는 식량 수송 등 안팎으로 소비되는 경비와 외교에 드는 비용, 아교와 옻칠 등 무기를 제작하고 수리하는 데 필요한 재료, 수레와 갑옷의 보수 등 제반 경비를 합하면 하루 평균 1천금이 소요된다고 말하고 있다. 1천금이라면 요즘으로 치면 수억원에 해당되는 금액이다. 옛날이나 지금이나 전쟁은 경제력 싸움임에 분명하다.

• 춘추시대의 전쟁은 대부분 전차(戰車)를 이용한 전쟁이었다. 그래서 전차의 숫자로 한 나라의 힘을 가늠하기도 하였다. 그리하여 만승지군(萬乘之君)·천승지군(千乘之君)·백승지군(百乘之君)으로 구분되었다. 각 나라의 편제(編制)가 각각 다르기는 하였지만, 대개 전차는 두 종류로 나누어진다. 한 가지는 공격만 전담하는 것으로 치차(馳車), 공차(攻車), 또는 사차(駟車)라고 불렀다. 또 다른 한 가지는 군수품 수송을 전담하는 것으로 중차(重車), 수차(守車), 또는 혁차(革車)라고 불렀다. 공격용 전차에는 세 사람이 타며, 수레 왼편에서는 활만 쏘고 오른편에서는 창으로 공격하였다. 그리고 가운데 사람은 말을 몰았다. 이 밖에 다시 보병 72명을 배속시켜 전차와 합동 작전을 펼치도록 하였다. 그리고 보급을 전담하는 혁차에는 25명을 배치시켰다. 그 중 밥을 짓는 사람이 10명, 경비 5명, 짐승 관리 5명, 잡역부 5명이었다. 그래서 치차 천 대면 7만5천 명이 따르고, 혁차 천 대면 2만5천 명이 따르게 된다. 이렇게 해서 10만 군대가 되는 것이다.

2 작전편 – 8쪽

2. 전쟁의 기본은 속전속결

　전쟁을 함에 있어 신속한 승리처럼 귀중한 것은 없다. 전쟁이 장기간 지속되면 군대가 둔해지고 날카로움이 꺾이며, 성을 공격할 때에는 전투력이 떨어지며, 나라 재정이 부족하게 된다.

　군대가 둔해지고, 예기가 꺾이고, 전투력이 약화되고, 국가 재정이 고갈되면 주변의 다른 나라들이 그 피폐함을 틈타 침략하려 들것이요. 그리되면 아무리 지모가 뛰어난 자라도 수습할 수 없게 된다. 미흡하더라도 빨리 끝내야 한다는 말은 들어보았지만, 솜씨를 믿고 오래 끌어 좋게 끝나는 경우는 보지 못했다. 또한 전쟁을 장기간 지속한 나라가 이익을 본 예는 아직 있질 않다. 그러므로 전쟁의 해로움을 알지 못하는 자는 전쟁의 이로움도 알지 못한다.

其用戰也貴勝　久則鈍兵挫銳
　　기 용 전 야 귀 승　　구 즉 둔 병 좌 예

　전쟁을 할 때 승리하더라도 오래 끌면, 용병을 무디게 만들고 날카로움을 꺾는다.

＊＊＊

(用戰)용전 : 쓸 용. 싸울 전. 전쟁.
(貴勝)귀승 : 귀할 귀. 이길 승. 승리를 귀하게 여긴다. 여기서는 빠른 시일 내의 승리를 의미한다.
(鈍兵)둔병 : 군사들이 둔해진다. 병사들의 사기가 저하됨.
(挫銳)좌예 : 병사들의 날카로운 기세가 꺾임. 날카로움이 꺾인다.

2 작전편 - 8죽

攻城則力屈 久暴師則國用不足
_{공 성 즉 력 굴   구 폭 사 즉 국 용 부 족}

성을 공격하면 힘(전투력)이 약해지고, 오랫동안 군대를 부리면 국가의 재정이 부족해 진다.

***

(攻城)공성 : 성을 공격하다.
(力屈)력굴 : 힘이 굽히다. 힘이 다하다.
(暴師)폭사 : 군사를 오랫동안 싸움터에 내놓음.
(久暴師)구폭사 : 오랠 구. 사나울 폭. 스승 사. 군대를 오랫동안 밖에 드러내놓는다. 즉, 전쟁하기 위해 오랫동안 나라 밖에 나가 있다.
(國用不足)국용부족 : 나라 재정이 부족하다.

夫屯兵挫銳 屈力彈貨
_{부 둔 병 좌 예   굴 력 탄 화}

則諸侯乘其弊而起
_{즉 제 후 승 기 폐 이 기}

무릇 용병을 무디게 하고 날카로움을 꺾고, 힘을 소진하고 재정을 바닥내면 제후가 그 폐단을 틈타 일어난다.

***

(屈力)굴력 : 굽을 굴. 힘 력. 힘이 떨어진다.
(彈貨)탄화 : 재정이 바닥나게 됨.
(諸侯)제후 : 모든 왕.
(弊而起)폐이기 : 폐단의 기회 틈타 일어나다.

雖有之者 不能善其後矣
_{수 유 지 자   불 능 선 기 후 의}

비록 지혜로운 자가 있더라도, 그 후를 수습할 수 없다.

***

(雖有)수유 : 유능한.
(不能善其後)불능선기후 : 그 뒷수습을 잘할 수 없다. 후를 이끌어 갈 능력이 없다.

2 작전편 - 8, 9죽

故兵聞拙速 未睹巧之久也.
고 병 문 졸 속　　미 도 교 지 구 야

그러므로 용병에서 졸속은 들어도, 교묘히 오래 끌어야 한다는 말은 듣지 못했다.

***

(拙速)졸속 : 다소 미흡하더라도 빨리 마무리하는 게 좋다는 뜻.
(睹巧)도교 : 기교로 분별하다.
(巧之久)교지구 : 공고할 교. 갈지. 오랠 구. 교묘함이 오래간다.

夫兵久而國利者 未之有也.
부 병 구 이 국 리 자　　미 지 유 야

무릇 용병을 오래 끌어 국가에 이로운, 예는 없었다.

***

(兵久)병구 : 군사 병. 오랠 구. 전쟁을 오래끈다.
(國利)국리 : 나라에 이로움.
(未之有)미지유 : 아닐 미. 갈 지. 있을 유. 아직 있지 않음. 즉 아직까지 없다.

풀이　전쟁은 설사 이기더라도 장기전이 되면 여러모로 불리하다. 경제적 손실과 병력의 소모 등 국력의 피폐를 피할 도리가 없기 때문이다. 그러므로 전쟁은 다소 미흡하더라도 빨리 끝내야 한다. 솜씨 있게 싸운다 해도 오래 끌게 되면 불리해지는 것이다. 도대체 전쟁을 오래 끌어 나라에 이로웠던 예는 아직 한 번도 없다. 따라서 전쟁의 해악을 알지 못하는 사람은 전쟁의 이로움도 알 수 없는 것이다.

2 작전편 - 8, 9죽

故不盡知用兵之害者
고 부 진 지 용 병 지 해 자

그러므로 용병의 해로움을 다 알지 못하면

* * *

(不盡知)부진지 : 아닌가 부. 다될 진. 알 지. 다 알지 못한다.
(用兵之害)용병지해 : 군대를 다루는 것, 즉 전쟁의 해로움.

則不能盡知用兵之利也.
즉 불 능 진 지 용 병 지 리 야

용병의 이로움도 알 수 없다.

* * *

(用兵之利)용병지리 : 전쟁의 이로움.

<u>풀이</u> 그러므로 용병에서 졸속으로 끝내야 한다. 교묘하게 오래 끌어야 한다는 것은 듣지 못했다. 무릇 전쟁을 오래 끌어 국가에 이로운 예는 없었다. 그러므로 용병의 해로움을 다 알지 못하면 용병의 이로움도 알지 못한다.

2 작전편 - 8, 9죽

전쟁 수행에는 막대한 경비가 소요된다. 이와 관련하여 손자는 또 하나의 경구(警句)를 우리에게 전하고 있다.
"전쟁에서 신속한 승리처럼 귀중한 것은 없다."
이 역시 손자의 전쟁에 관한 사상을 엿 볼 수 있는 대목이라고 하겠다. 전쟁은 미흡하더라도 빨리 끝내야 좋다. 라는 말을 들었어도, 솜씨를 믿고 오래 끌어 좋게 끝나는 경우는 내 아직 보지 못했다. 전쟁을 장기간 지속한 나라가 이익을 본 예는 아직 있지 않다. 아무리 강대국이라 하더라도 전쟁을 오랫동안 하면 결국 백성들의 삶이 고단해지고 나라 재정이 부족하게 되어 쇠퇴의 길로 접어들 수밖에 없다는 것이다. 이러한 전쟁의 해로움을 알지 못하는 자는 곧 전쟁의 이로움에 대해서도 알지 못하는 자라고 밖에 할 수 없다. 전쟁의 이로움을 알지 못하는 자가 어찌 흥할 수 있겠는가. 이런 면에서 손자는 지극히 합리적인 사람임을 알 수 있다. 어쨌거나 전쟁의 이로움은 신속한 승리에 있다. 전쟁을 하는 자는 이 점을 잊지 말아야 하며, 따라서 빠르게 이기는 법을 습득하지 않으면 안 된다고 손자는 충고하고 있는 것이다.

2 작전편 - 9죽

3. 식량은 적지에서 충당하라

용병을 잘하는 자는 장정을 두 번 징집하지 않고, 군량을 세 번 싣지 않으며, 군사물자는 본국에서 가져오되, 식량은 적의 것으로 조달하여 군량이 부족하지 않게 한다. 전쟁으로 인해 나라가 빈곤해지는 것은 군사물자를 멀리 수송해야 하기 때문인데, 먼 거리를 수송하면 백성들은 가난해질 수밖에 없다.

군대가 주둔하는 근방에는 물건이 귀해지므로 물가가 폭등하며, 물가가 오르면 백성의 재산이 고갈된다. 백성의 재산이 고갈되면 그 지역 사람들에 대한 노역(勞役)이 어려워진다. 전쟁을 오래끌면 병력이 약화되고 재정이 바닥나며 나라 안의 집들은 텅 비게 된다. 백성들의 부담은 더욱 증가되어 7할을 세금으로 내야 하며, 국가 재정도 6할이 수레와 말과 갑옷, 투구, 창, 화살, 방패 등을 보충하고 수선하는 데 소진된다. 그러므로 지혜로운 장수는 적의 식량을 취하는 데 힘을 다한다.

적에게서 취해온 식량 1종(種 : 양을 헤아리는 단위)은 아군의 식량 20종에 해당하고, 적에게서 빼앗아온 말먹이 1석은 아군의 말먹이 20석과 맞먹는다.

善用兵者 役不再籍 糧不三載
선 용 병 자　　역 부 재 적　양 불 삼 재

용병을 잘 아는 자는, 재차 징집하지 않고, 양식을 세 번 싣지 않는다.

＊＊＊

(用)용 : 쓸 용. 전쟁에 필요한 물자.
(善用兵者)선용병자 : 용병을 잘하는 사람. 전쟁을 잘하는 사람.
(役不再籍)역부재적 : 재차 징집하지 않다. 두 번 징집하지 않는다.
(糧不三載)양불삼재 : 식량을 세 번 실어오게 하지 않는다.

取用於國 因糧於敵 故軍食可足也
취 용 어 국　　인 량 어 적　　고 군 식 가 족 야

자국의 재정을 사용하고, 적에게서 식량을 빼앗아 사용한다. 그러므로 식량이 넉넉하다.

＊＊＊

(取用於國)취용어국 : 무기와 장비는 본국에서 가져오다.
(因糧於敵)인량어적 : 군량을 적지에서 빼앗아 조달함.

풀이 탁월한 장수는 싸움을 속전속결로 매듭지을 수 있다. 따라서 장정을 두 번씩이나 징집하지 않는다. 그리고 무기와 장비는 본국에서 수송해 오면 된다. 그러나 장병들이 날마다 먹어야 할 식량이 가장 큰 문제가 된다. 손자는 이를 현지에서 조달해야 한다고 했다. 그러나 지휘관이 식량문제를 그런 식으로 해결하기 위해서는 최상의 지혜를 짜내야 할 것이다.

2 작전편 – 10죽

나라가 전쟁으로 인하여 빈곤해 짐은 군수품을 멀리 실어 보내기 때문이다. 멀리 실어 보내면 곧 백성들이 빈곤해진다. 또한 군대가 가까이 있으면 물가가 오른다. 물가가 오르면 백성의 재력이 바닥난다. 재력이 바닥나면 각 지역에서 징발이 어려워진다.

國之貧於師者 遠師者遠輸
국 지 빈 어 사 자　　원 사 자 원 수

국가가 군사로 인해 가난하게 되는 것은, 멀리 수송하는 데 있다.

* * *

(貧於師)빈어사 : 가난할 빈. 어조사 어. 스승 사. 전쟁으로 인해 가난해진다.
(遠輸)원수 : 멀리 수송하다.

遠輸則百姓貧 近於師者貴賣
원 수 즉 백 성 빈　　근 어 사 자 귀 매

멀리 수송하면 백성은 가난해지고, 군사가 주둔한 근처의 물건은 귀하게 팔린다.

* * *

(近於師)근어사 : 가까울 근. 어조사 어. 스승 사. 군대가 머물고 있는 주변.
(貴賣)귀매 : 귀하게 팔림. 즉 비싸게 팔린다는 뜻. 물가가 오르다.

貴賣則百姓財竭 財竭則急於丘役
귀 매 즉 백 성 재 갈　재 갈 즉 급 어 구 역

귀하게 팔리면 백성들의 재산이 바닥난다. 백성들의 재산이 바닥나면 구역(노동력 동원)에 급급해 진다.

* * *

(貴賣)귀매 : 물가가 오르다.
(急)급 : 급할 급. 어지러워진다.

作戰篇 第二

(丘)구 : 옛날의 토지구획을 기초로 한 행정 단위.
(役)역 : 물자와 사람의 동원. 정전법에 의한 노역(勞役).

<u>풀이</u> 전쟁은 물자와 인원의 보충을 잘하는 측이 유리하게 마련이다. 그러나 오래 계속되면 백성들의 살림이 궁핍해 지고 물가도 앙등한다. 그러므로 짧은 기간 내에 싸움을 마무리 해야 하는 것이다. 또한 물자를 적으로부터 노획하여 보충하는 방법도 있다. 유능한 장수는 뛰어난 전술로 적을 제압하고 그 물자를 아군이 급양하는 것이다.

2 작전편 – 10, 11죽

중원(中原) 땅에 전력이 약해지고 재력이 다하면 집안은 텅 비게 되고, 백성의 수입 중 7할은 빼앗기게 된다. 나라의 재정은 바닥이 나고 수레는 부서지며 말은 지치게 되고, 갑옷과 투구와 활과 화살 큰 창과 방패와 수레와 소 등도 열에서 여섯을 잃게 된다. 그러므로 슬기로운 장수는 적의 군량을 빼앗아 아군을 먹인다. 적의 군량 1종은 아군 군량 20종에 해당하고, 적의 말 먹이 1석은 아군의 20석과 맞먹는 것이다.

力屈財殫中原 內虛於家
역 굴 재 탄 중 원　　내 허 어 가

百姓之費十去其七.
백 성 지 비 십 거 기 칠

힘이 소진되고 재정이 파탄나면, 중원 내의 민가들이 가난해지고, 백성의 재산은 칠 할이 사라진다.

　　　　　　　　＊＊＊

(內虛於家)내허어가 : 집안이 텅 빈다.
(百姓之費)백성지비 : 백성들의 부담.

公家之費 破車罷馬
　공가지비　파거파마

甲冑矢弩 戟盾矛櫓
　갑주시노　극순모로

공가의 재산은, 부서진 전차와 병든 말, 갑옷 투구 활과 화살, 창과 방패

* * *

(公家)공가 : 나라, 국가를 뜻함.
(公家之費)공가지비 : 국가가 부담해야 할 비용.
(破車罷馬)파거파마 : 깨드릴 파. 수레 차. 방면할 파. 말 마. 수레는 부서지고 말은 피곤하다.
(甲冑矢弩)갑주시노 : 천간 갑. 투구 주. 화살 시. 쇠뇌 노. 갑옷과 투구와 화살과 쇠뇌.
(戟盾矛櫓)극순모로 : 창 극. 방패 순. 창 모. 방패 로. 창과 방패.

2 작전편 – 10, 11죽

丘牛大車 十去其六.
　구우대거　십거기륙

故智將務食於敵
　고지장무식어적

수송에 쓰이는 소와 큰 수레를 유지하는데, 드는 비용으로 육할이 사라진다. 그러므로 지혜로운 장수는 적에게서 식량을 구하는 데 힘쓴다.

* * *

(丘牛)구우 : 부역으로 징발된 소. 전(公田)을 경작하는 데 쓰이는 소로 전시에는 징발됨.
(務食於敵)무식어적 : 일 무. 밥 식. 어조사 어. 원수 적. 적의 것을 먹기에 힘쓴다.

食敵一鐘 當吾二十鐘
　식적일종　당오이십종

其秆一石 當吾二十石
기간일석 당오이십석

적군의 식량 한 종을 먹는 것은, 아군의 식량 이십 종을 먹는 것에 해당하며 적의 말 먹이 한 석은, 아군이 마련한 이십 석에 해당한다.

***

(種)종 : 1종은 여섯 섬 너 말, 곧 120리터임. 고대 중국의 곡식 따위의 양을 헤아리는 단위. 1종은 8곡(斛: 열 말)
(其秆)기간 : 콩깍지 기. 짚 간. 콩깍지와 볏짚 따위의 말먹이.
(石)석 : 중량의 단위. 1석은 120근임.

<u>풀이</u> 군수품을 먼 싸움터까지 수송하는 일은 비용이 많이 든다. 또한 평화 시라면 오랫동안 쓸 수 있는 것도 전시에는 이내 망가지고 만다. 따라서 적의 군수물자를 노획하여 쓸 수 있다면 그 경제적 이득은 참으로 크다.

2 작전편 - 10, 11죽

전쟁을 오래 끌면 안 되는 또 다른 까닭에 대해 설명하고 있다. 용병을 잘하는 장수는 장정을 징집할 때 한 번의 전쟁에서 한 번만 징집할 뿐 두 번 징집하지 않는다고 한다. 여러번 징집하게 되면 이것은 백성들만 괴롭히는 일이 되기 때문이다. 또한 용병을 잘하는 장수는 병사들이 먹을 식량을 전쟁하러 나갈 때와 귀국할 때 두 번만 조달받을 뿐, 본국에서 세 번 실어 나르지 않는다고 했다. 그렇다면 모자라는 식량은 어떻게 조달하라는 말일까. 손자가 제시한 답은 간단하다. 멀리서 구하려 하지 말고 싸움터, 즉 적지에서 구하라는 것이다. 식량은 적의 것을 탈취하여 자급자족함으로써 나라 재정의 손실을 최소화하고 병사들에게 있어서도 군량이 모자라는 일이 없게 해야 한다는 것이 손자가 말하려는 바의 요지이다. 또 손자는 군수물자 수송의 어려움과 폐해를 꼬집고 있다. 손자가 충고한 대로 식량은 적지에서 조달한다 해도 그 외의 군수물자까지 적에게서 얻을 수는 없는 일이다. 어쩔 수 없이 본국에서 수송해 와야 하는데, 그것은 생각보다 힘들고 어려운 일이라는 것이다. 손자는 전쟁으로 인해 나라가 빈곤해지는 이유를 바로 군수물자를 멀리 수송해야 하기 때문이라고 단정하고 있을 정도이다. 전쟁으로 인한 경제적 피해도 구체적인 예를 들었다. 먼저 군대가 주둔하는 인근 지역은 물건이 귀해지므로 물가가 폭등한다. 물가가 비싸지면 백성의 살림은 그만큼 어렵게 되고, 백성의 살림살이가 어렵게 되면 그만큼 나라는 가난해질 수밖에 없다. 그러므로 지혜로운 장수라면 적의 식량을 취하는 데 온 힘을 다해야 한다고 손자는 강조하고 있는 것이다. "적에게서 취해 온 식량 1종(鐘)은 아군의 식량 20종에 해당하고, 적에게서 빼앗아 온 말 먹이 1석은 아군의 말 먹이 20석과 맞먹는다."

식량의 현지조달이 얼마나 중요한가를 말해주는 한마디라 하지 않을 수 없다.

• 주(周)나라의 정전제도(井田制度)에서는 여덟 집을 정(井)이라 하고, 4정이 1읍(邑)이 된다. 4읍을 구(丘)라고 하고, 4구를 전(甸)이라 했다. 전쟁 시에는 매 전(甸)마다 전쟁에 쓸 말 네 필과 소 16마리, 전차 한 대와 수송차 한 대, 군인 100명을 차출(差出)하게 된다. 이것은 앞에서 언급한 전투 편제와 일치한다. 이렇게 미루어 보면 매 전에서는 512가호(家戶)에서 장정(壯丁) 100명이 차출당하므로, 동원하는 숫자가 매우 많았음을 알 수 있다. 그러나 춘추시대 말기가 되자, 정전제도는 원래의 모습을 잃어 갔다. 군대의 동원도 이런 비례에 따르지 않게 되었다. 그러나 어떻든 간에 10만 대군을 출동시키자면 역시 막대한 군수 지원이 뒤따라야 한다.

• 고대 군량을 운반하는 수단으로는 전적으로 우마차(牛馬車) 나 사람이 감당하였기 때문에, 먼길을 수송하다 보면 날씨의 영향을 받아 이외의 손실이 생긴다. 운송하는 사람과 짐승도 소모되어 목적지에 다다르면 겨우 20분의 1 정도만 남게 된다. 그래서 적의 양식 1종(鍾)이 본국에서 실어 온 양식 20종과 맞먹는 것이다. 고대의 양식 운송이 얼마나 고통스러운 일이었는지를 짐작할 수가 있다.

2 작전편 – 11, 12죽

4. 승리함으로써 더 강해진다

적을 죽이기 위해서는 적개심을 불러일으켜야 하듯, 적의 물자를 빼앗기 위해서는 재물로 상을 주어야 한다. 그러므로 전차전에서 적의 전차 10승 이상을 획득한 자에게는 우선적으로 상을 주고, 획득한 전차의 깃발을 아군의 깃발로 바꾸어 달아 아군에 편입시키며, 사로잡은 병졸들을 잘 대우하여 우리 편으로 만든다. 이것을 일러 '승리하여 강함을 더하는 것'이라고 한다.

故殺敵者 怒也 取敵之利者 貨也
고 살 적 자   노 야   취 적 지 리 자   화 야

그러므로 적을 살해하는 것은, 노여움이다. 적의 이로움을 취하는 것은, 재물이다.

***

(取敵之利)취적지리 : 취할 취. 원수 적. 갈 지. 날카로울 리. 적의 물자를 탈취한다.

故車戰 得車十乘已上 賞其先得者
고 거 전   득 거 십 승 이 상   상 기 선 득 자

그러므로 전차전에서, 십 승 이상의 전차를 얻으면, 먼저 얻은 자에게 상을 주어야 한다.

***

(車戰)거전 : 수레 거. 싸울 전. 전투용 수레로 하는 싸움. 전차전(戰車戰)

而更其旌旗 車雜而乘之 卒善而養之
이 경 기 정 기　　거 잡 이 승 지　　졸 선 이 양 지

이로 말미암아 적의 깃발을 바꾸고, 전차는 썩어서 타며, 포로도 선도하고, 훈련시켜 병사로 만든다.

***

(旌旗)정기 : 깃발.
(更其旌旗)경기정기 : 적군의 깃발을 아군의 깃발로 바꾸어 단다.
(車雜而乘之)거잡이승지 : 노획한 전차를 우리 대열에 편입시켜 아군이 타는 것.
(卒善而養之)졸선이양지 : 생포한 적군을 잘 대우하여 우리 군사로 만듦.

2 작전편 – 11, 12죽

是謂 勝敵而益强
시 위　　승 적 이 익 강

이것은, 적을 이길수록 점점 더 강해지는 것이라 한다.

***

(益强)익강 : 더할 익. 굳셀 강. 강함을 더하다.
(勝敵益强)승적익강 : 이길 승. 원수 적. 더할 익. 굳셀 강. 적에게 승리하여 강함을 더하는 것.

풀이 적군을 살상하기 위해서는 아군에게 조국과 가족을 위해서 싸운다는 사명감과 아울러 적개심을 심어 주어야 한다. 또한 적의 전차를 노획하거나 적군을 생포한 병사에게는 상을 내려야 한다. 노획한 군수물자는 아군이 이용하고, 포로는 잘 대우하여 아군에 편입시킨다. 전투란 어차피 소모행위이므로 이런 방법으로 보충하지 않으면 전력을 유지할 수 없는 것이다.

따라서 전쟁을 수행하는 장수는 전쟁의 폐해를 최소화하는 데 주력할 필요가 있다.

첫 번째 방법은 지금까지 강조했듯이 신속한 승리를 이끌어내 빨리 전쟁을 끝내는 것이다. 손자는 여기서 '1+1=4'의 개념을 도입하고 있다. 즉 탈취하고 사로잡은 적의 물자와 병력을 역으로 이용하라는 것이다.

이 역시 손자는 구체적인 예를 들어 설명했다.

장수는 먼저 적과 싸우기 전에 병사들의 마음속에 적에 대한 적개심, 혹은 투쟁심을 불러일으켜야 한다. 그래야 병사들이 용감하게 싸우기 때문이다. 마찬가지로 적의 물자를 탈취하기 위해서는 병사들에게 재물을 상으로 나누어줄 필요가 있다. 적의 전차 10대 이상을 탈취한 병사에게는 특별상을 내림으로써 사기를 올려주어야 한다.

아군 병사들이 적의 수레 10대를 파손하고 적병 1백 명을 죽였다고 가정해 보자. 이때 적의 손실은 전차 10대와 병사 1백 명이요, 아군의 이익은 적의 전투력이 전차 10대와 병력 1백 명분만큼 줄어든 것뿐이다. 하지만 적의 수레 10대와 적병 1백 명을 고스란히 탈취하고 사로잡아 적의 전차를 아군 전차대에 편입시키고, 사로 잡은 적병을 잘 대우하여 아군 병사로 삼으면 아군의 전력은 전차 10대와 병사 1백 명분만큼 증강하게 된다. 결과적으로 적의 전력은 손실분보다 2배 커지는 것이고, 아군의 전력은 2배로 증강하게 되는 것이다. 이것이 바로 하나를 얻어 4배의 효과를 거두는 '1+1=4'의 개념이 아니겠는가.

이것을 가리켜 손자는 '승적익강(勝敵益强).' 곧 '적에게 승리하여 강함을 더하는 것'이라고 하였다. 그리하여 전쟁을 빨리 끝내면 그것이 곧 국익에 기여하는 것이라고 역설하고 있다.

2 작전편 - 12죽

5. 장수는 백성의 수호자이다

그러므로 전쟁에서는 신속한 승리만을 귀중하게 여길 뿐, 결코 오래 하는 것을 귀중하게 여기지 않는다. 전쟁을 아는 장수야말로 백성의 수호자요, 국가안위의 주도자라 할 수 있다.

故兵貴勝 不貴久
고 병 귀 승　 불 귀 구

용병은 승리가 중요하지, 오래 끄는 것이 중요한 것이 아니다.

＊＊＊

(兵貴勝)병귀승 : 빨리 이기는 것. 전쟁에서는 빠른 승리가 중요하다.
(不貴久)불귀구 : 오래가는 것이 중요하지 않다.

풀이 전쟁은 공세를 취해야 할 침략군과 이를 격퇴해야 할 방어군으로 나누어 생각할 수 있다. 전자는 의례 단기 결전에 의한 승리를 꾀한다. 따라서 전쟁을 아는 장수는 백성의 목숨을 맡을 수 있고, 나라의 안보를 책임질 수 있다.

故知兵之將 民之司命
고 지 병 지 장　 민 지 사 명

國家安危之主也.
국 가 안 위 지 주 야

그러므로 용병을 아는 장수는, 백성의 생명을 책임지고, 국가의 안위를 책임지는 사람이다.

＊＊＊

(知兵之將)지병지장 : 용병을 아는 장수
(民之司命)민지사명 : 백성들의 생명을 맡는다. 국민의 생명을 주관하는 별.

(國家安危之主)국가안위지주 : 국가의 안전과 위태로움을 책임지는 주도자.

풀이 전략과 전술에 뛰어난 장수는 나라의 안보와 백성의 생명을 맡을 수 있는 사람이다. 그러나 군인으로서의 재능은 보잘 것 없으면서도 처세술과 엽관운동으로 중책을 맡은 자라면 그는 나라의 운명을 위태롭게 한다. 따라서 지휘관의 책임은 참으로 막중한 것이다. 이런 일을 잘 처리하는 장수에게는 나라의 병권을 안심하고 맡길 수 있을 것이다. 역사에는 유능한 인물이 없어서 망한 나라는 드물어도 유능한 인물을 쓰지 못 해 망한 나라는 많다.

'작전'편의 결론에 해당하는 대목이라 할 수 있다.

그리하여 손자는 말한다.

"모름지기 전쟁이란 빠른 승리를 귀하게 여길 뿐, 결코 오래 하는 것을 좋게 여기지 않는다.

또 말한다, '이런 까닭에 병법을 잘 아는 장수를 백성을 지키는 수호자요, 국가의 안정을 이끌어 나가는 주도자라고 부르는 것이다.' 손자가 국가에서 장수의 역할과 위상을 얼마나 중요하게 보고 있는지를 알 수 있는 대목이다.

전쟁은 막대한 인력(人力)과 물자(物資)와 비용을 소모시키는 것이기 때문에, 대군(大軍)이 출동하면 승리하는 것을 제일로 치고 있다.

시간을 오래 끌면 끌수록 군대가 피로해지고 사기(士氣)가 떨어진다. 동시에 국가의 재정(財政)이 고갈되고 만다. 그래서 손자는 군사행동에서 가장 중요한 것은 승리이며, 오래 끌면 좋지 않다고 하였다.

제3 모공편

謀攻篇 第三

3 모공편 -13죽

"싸우지 않고 이겨라"

모공(謨攻)이란 전쟁터가 없는 전투 행위를 말한다.

치열(熾烈)한 살육전(殺戮戰)이 펼쳐지는 전쟁터에서는 지든 이기든 모두 손실이 크다. 때문에 제일 이상적인 방법은 전투를 통한 승리가 아닌, 책략과 외교 수단을 통해 싸우지 않고 적을 굴복시키는 것이다.

이것이 바로 용병의 최고 경지(境地)이다. 준비태세를 잘 갖춘 적과는 싸움을 피해야 한다. 왜냐하면 설사 이긴다 해도 이쪽의 출혈이 너무 크기 때문이다. 유능한 장수는 싸우지 않고도 적을 굴복시킬 수 있다. 이는 적의 전략을 사전에 차단하거나, 교묘한 외교적 책략을 구사하기 때문이다.

또한 무력을 쓸 경우에는 적의 허를 찔러 최소한의 희생으로 큰 전과를 거두어야 한다. 아군의 실력과 적군의 실정을 잘 헤아리는 이는 이와 같은 승리가 가능할 것이다.

3 모공편 - 13죽

1. 싸우지 않고 이기는 것이 가장 좋다

손자가 말했다. 모름지기 용병법이란 적국을 온전히 취하는 것을 최상(最上)으로 하고 싸워서 취하는 것을 그 다음으로 한다.

또한 적의 군(軍)을 취하는 것을 최상(最上)으로 하고 싸워서 취하는 것을 그 다음으로 하며, 또한 적의 여(旅)를 온전히 취하는 것을 최상(最上)으로 하고 싸워서 취하는 것을 그 다음으로 한다.

적의 졸(卒) 또한 온전히 취하는 것을 최상(最上)으로 하고 싸워서 취하는 것을 그 다음으로 하며, 적의 오(伍)를 온전히 취하는 것을 최상(最上)으로 하고 싸워서 취하는 것을 그 다음으로 한다.

그러므로 백전백승이 최상(最上)의 방법이 아니라 싸우지 않고 취하는 것이 최상(最上)의 방법인 것이다.

孫子曰 凡用兵之法
손 자 왈   범 용 병 지 법

全國爲上 破國次之
전 국 위 상   파 국 차 지

손자가 말하였다. 무릇 용병의 법은, 나라를 보존한 채 이기는 것이 최상이고, 나라를 격파하여 이기는 것은 차선이다.

* * *

(全國)전국 : 적국을 온전하게 둔 채로 취하는 것.
(爲上)위상 : 할 위. 위 상. 상책이다.

全軍爲上 破軍次之
전 군 위 상   파 군 차 지

全旅爲上 破旅次之
전 려 위 상   파 려 차 지

군대를 보존한 채 이기는 것은 최상이고, 군대를 격파하여 이기는 것은 차선이다. (적의)여를 보존한 채 이기는 것이 최상이고, 여를 깨뜨리는 것은 차선이다.

* * *

(全)전 : 온전할 전. 손상 시키지 않음. 온전히 함.
(軍)군 : 군사 군. 1만 2천 5백명의 군사로 이루어진 부대를 군이라 한다.

(旅)여 : 500명의 군사를 1대(隊)로 하는 군제.

全卒爲上 破卒次之
전 졸 위 상   파 졸 차 지

全伍爲上 破伍次之
전 오 위 상   파 오 차 지

졸을 보존한 채 이기는 것이 상책이고, 졸을 깨뜨리는 것은 차선이다.
오를 보존한 채 이기는 것이 상책이고, 오를 깨뜨리는 것은 차선이다.

* * *

(卒)졸 : 군사 졸. 100명으로 구성된 부대.
(伍)오 : 5명의 병사로 구성된 부대.

3 모공편 - 13, 14죽

是故百戰百勝 非善之善者也
시 고 백 전 백 승   비 선 지 선 자 야

백번 싸워 백번 이기는 것은, 최선 중의 최선이 아니다.

* * *

(善之善)선지선 : 착할 선. 선(善) 중의 선. 즉, 최선.

不戰而屈人之兵 善之善者也.
부 전 이 굴 인 지 병   선 지 선 자 야

싸우지 않고 적의 용병을 굴복시키는 것이, 최선 중의 최선이다.

* * *

(屈)굴 : 굽히다. 움츠리다. 굴복시키다. 억누르다의 뜻이다.
(人之兵)인지병 : 사람 인. 갈 지. 군사 병. 남의 군대. 적군.

풀이 무력에 호소하여 상대방을 굴복시키는 것은 최상책이 될 수 없다. 이럴 경우 아군의 피해도 결코 적지 않기 때문이다. 따라서 싸우지 않고 적을 굴복시킬 수 있어야만 최상책이 된다. 그러기 위해서는 우선 적보다 강력한 전력을 갖추어야 한다. 그리고 적의 계략을 미리 차단하며, 적의 동맹관계를 파괴하는 등 여러 가지 꾀와 계교를 구사해야 할 것이다. 직접 싸워서 얻는 승리보다는 피를 흘리지 않고 얻는 승리야말로 가장 바람직하다.

3 모공편 - 13, 14죽

'모공'편은 내용상 앞의 '시계', '작전'과 더불어 '손자병법'의 총론에 해당하는 부분이라 할 수 있다. 손자는 이 '모공'편을 통해 '싸우지 않고 이기는 것이 최상의 전략'임을 역설하고 있다. 모공(謀攻)이란 모략으로 공격한다는 뜻인데, 결국 군사를 동원하지 않고 승리하는 길을 취하는 것이다. 이것은 손자가 '손자병법'을 통해 정보의 중요성과 더불어 일관되게 주장하는 내용이기도 하다.

앞의 두 편에서도 지속적으로 강조했듯 전쟁은 국가의 운명을 좌우하는 중대사이다. 전쟁에는 피해가 따른다. 따라서 가능한 한 전쟁은 하지 말아야 하며, 분쟁의 소지가 있으면 군사를 동원하지 않고 분쟁을 해소하는 방법을 찾는 것이 가장 이상적이다.

그렇다면 어쩔 수 없이 전쟁을 해야 할 경우에는 어떤 방법이 가장 최선책일까. 손자는 이 경우도 마찬가지라고 말하고 있다. 다시 말하면, 군사를 거느리고 적국을 침공하여 적의 영토를 점령하는 것은 차선이요, 군사를 동원하지 않고 책략이라든가 외교를 폄으로써 적국 군주의 항복을 받아내는 것이 최선의 방법이라고 손자는 역설하고 있는 것이다.

전쟁 중에도 마찬가지, 주력부대가 동원된 대규모 전투에서 전군(全軍)이 맞붙어 싸워 적군을 깨뜨리는 것은 차선책이요, 싸우지 않고 적의 주력부대를 고스란히 투항하게 한다거나 물러나게 하는 것이 최상의 방법이다. 이것은 여단 규모의 전투에서도, 소대나 분대 같은 소규모 싸움에서도 똑같이 적용된다. 칼에 피를 묻히지 않고 적을 이기는 것, 이러한 승리를 바라지 않는 사람이 있을까.

그리하여 손자는 후세 사람들이 길이 기억할 명언을 남긴다.

"백전백승이 최선이 아니다, 싸우지 않고 이기는 것이 최선이다."

• 용병의 최상책은 승리를 거두면서도 자기를 보존하는 데 있다. 따라서 계책(計策)을 쓰면 혈전(血戰)을 벌이지 않고도 적을 굴복시킬 수 있기 때문에, 최고의 경지라 할 수 있다. 그래서 손자는 본 편의 첫머리에 다섯 개의 전(全: 보전하다)을 제시했다. 즉 전국(全國), 전군(全軍), 전려(全旅), 전졸(全卒), 전오(全伍)이다. 이것은 곧 보전(保全)하는 가운데 천하를 다투라고 강조한 것이며, 아무 손상도 없는 상태에서의 온전한 승리를 바라는 것이다.

3 모공편 – 14죽

2. 공성의 재앙

최상의 전법은 적의 전략을 깨뜨리는 것이요, 그 다음이 적의 외교관계를 무너뜨리는 일이요, 다음의 방법이 군대를 치는 것이요, 가장 하책이 성을 공략하는 일이다.

성을 공략하는 것은 부득이할 때만 해야 한다. 방패나 공성차를 수리하고 그 밖의 기구들을 준비하는 데 3개월이 걸리며, 성벽을 오르기 위해 흙산을 쌓는 일 또한 3개월이 걸리기 때문이다.

장수가 분함을 이기지 못하거나 조급한 마음으로 병졸들을 개미떼처럼 성벽을 기어오르게 하면, 그 3분의 1을 죽게 하고도 성을 함락시키지 못한다. 이것이 공성전에서 흔히 볼 수 있는 재앙이다.

故上兵伐謀 其次伐交
고 상 병 벌 모   기 차 벌 교

그러므로 최상의 용병은 적의 모략을 치는 것이고, 차선은 적의 외교를 치는 것이며

***

(上兵)상병 : 가장 탁월한 전술. 전쟁을 잘하는 방법.
(伐謀)벌모 : 적의 계략을 사전에 깨뜨림.
(伐交)벌교 : 적의 외교를 무너뜨리는 것. 교묘한 책략으로 적국의 동맹관계를 끊어 고립시킴.

其次伐兵 其下政攻城
기 차 벌 병   기 하 정 공 성

그 다음 차선은 적의 군대를 치는 것이고, 최하의 방법은 적의 성을 공격하는 것이다.

***

(伐兵)벌병 : 적의 군대를 공격하는 것.
(攻城)공성 : 적의 성을 공격하는 것.

풀이 최상의 용병은 적의 모략을 치는 것이고, 차선은 적의 외교를 치는 것이며, 그 다음 차선은 군대를 치는 것이다. 최하의 방법은 적의 성을 공격하는 것이다.

3 모공편 - 14, 15죽

攻城之法 爲不得已
공 성 지 법   위 부 득 이

적의 성을 공격하는 것이다. 성을 공격하는 법은 부득이한 경우에 실행한다.

修櫓轒轀 具器械 三月而後成
　수로분온　구기계　삼월이후성

노와 분온(큰 방패와 사다리차)을 만들고, 장비 등을 구비하는 데, 삼 개월이 걸리고

距闉 又三月而後已
　거인　우삼월이후이

거인(토산)을 쌓는 데도 삼 개월이 걸린다.

***

(櫓)노 : 성 위에서 쏟아지는 돌이나 화살을 막는 큰 방패
(轒轀)분온 : 성을 공격하는데 쓰이는 사다리차. 사닥다리가 달린 수레.
(距闉)거인 : 성을 공격하기 위해 쌓아 올린 흙무더기.

3 모공편 – 15죽

將不勝其忿 而蟻附之 殺士卒三分之一
장불승기분　이의부지　살사졸삼분지일

장수가 분노를 이기지 못하고(병사들에게), 성벽을 기어오르게 하여, 병사 삼분의 일을 죽이고도

而城不拔者 此攻之災也.
　이성불발자　차공지재야

성을 빼앗지 못하는 것은, 공격의 재앙이다.

***

(不勝其忿)불승기분 : 아닌가 불. 이길 승. 그 기. 성낼 분. 분함을 이기지 못하다.
(蟻附)의부 : 개미 떼처럼 성벽에 기어오르며 공격함.
(不拔)불발 : 아닌가 불. 뺄 발. 함락하지 못했다.

풀이 적군이 견실하게 지키고 있는 성을 공격하려면 가공 공성기구를 준비하는 데만 석 달 내지 반년의 시일이 걸린다. 이 기간 중에 지휘관이 분노를 참지 못하고 병사들을 성벽으로 기어오르게 한다면, 설사 함락시킨다 해도 아군이 너무 큰 피해를 입게 된다. 따라서 자칫하면 피로서의 승리가 되기 쉽다. 그러므로 성을 치는 것과 같은 정면 공격은 아군이 피치 못 할 상황에 처했을 때만이 행해야 한다.

3 모공편 – 15죽

"싸우지 않고 이긴다." 참 좋은 말이다. 하지만 싸우지 않고 이기기가 어디 그렇게 말처럼 쉬운가. 손자는 여기서 네 가지 승리하는 방법을 제시하면서 각각의 방법에 순위를 매겨놓았다.

첫째로, 최상의 용병술은 적의 작전을 미리 알아내 그것을 훼방하고 깨뜨리는 것이다.

이른바 '벌모(伐謀)이다. 벌모는 계략을 깨뜨린다는 뜻으로, 여기서 '모(謀)'란 아직 표면에 드러나지 않은 상대방의 의도, 또는 기도(企圖)를 의미한다. 상대의 의도를 깨뜨리는 것은 사전에 상대의 움직임을 봉쇄하고 투지를 발휘할 수 없게 만드는 효과가 있는데, 이렇게 함으로써 아예 적을 불능상태에 빠지게 하는 것을 말하는 것이다. 이렇게만 되면 당연히 아군은 싸우지 않고 승리하는 것이 되는데, 이것이 곧 모공(謀攻)이다.

둘째로, 좋은 방법으로는 외교로써 적을 고립시키라고 하였다. 이른바 벌교(伐交)이다. '교(交)'란 외교관계에 있는 나라, 곧 동맹국이라든가 우방의 관계를 맺은 나라에 외교사절을 파견하여 적국과 그들 사이를 이간시키기도 하고, 달래기도 하고, 위협함으로써 적국을 외교 무대에서 고립시키는 행위를 의미한다. 말 탄 병사와 대적할 때에는 사람을 쏘기 전에 말을 쏘라는 말이 있듯이, 당사자는 건드리지 않고 그 주변이나 배경을 공략함으로써 굴복시키는 것.

이러한 벌교(伐交) 역시 싸우지 않고 이기는 '모공(謀攻)'에 해당한다고 볼 수 있겠다.

세째로, 손자는 '벌병(伐兵)'에 대해 말하고 있는데, 벌병이란 무력으로써 적의 군대를 친다는 뜻으로, 군사 대 군사의 싸움을 말한다. 일반적으로 전쟁이라고 하면 이 벌병을 말하는데, 그다지 바람직한 방법은 아니라고 말하고 있다.

넷째로, 적과의 싸움에서 가장 하급의 방법이 있으니 그것이 바로 공성(攻城), 즉 적의 성을 공격하는 일이다. 따라서 부득이한 경우를 제외하곤 가능한 성을 공격하는 일은 피해야 한다. 왜냐하면 공성전은 그 특성상 아군도 막대한 피해를 입기 때문이다. 그 피해의 내용을 살펴보면, 먼저 성을 공격하는데 쓰이는 사다리나 기구, 기계 등을 준비하고 설치하는 데만도 3개월 이상이 걸린다. 더욱이 흙산을 쌓아올려 성 안의 동정까지 살피려면 또 3개월이 소요된다. 그렇다고 성을 손쉽게 함락시키는 것도 아니다. 시간이 지나면서 공격하는 측 장수의 마음속에는 분노와 초조감이 일게 된다.

그리하여 병사들로 하여금 성벽을 기어오르게 하면 그때는 최소한 아군 병력의 3분의 1을 잃어버리는 수밖에 없다. 이같이 하고도 성을 함락시킬지 어떨지 장담할수 없으니, 이 어찌 피해가 크지 않겠는가. 이것을 일러 손자는 '공성의 재앙'이라고 이름 붙였다. 그러므로 공성전 같은 최하급의 방법은 가능한 사용하지 말아야 하며, 용병을 잘 하는 장수라면 싸우지 않고 승리하는 방법을 모색 해야 한다고 역설하고 있는 것이다.

3 모공편 - 15, 16죽

3. 지략으로 굴복시켜라

용병을 잘하는 자는 적을 굴복시킴에 있어 싸움을 벌이지 않고, 성을 함락시킴에 있어 공격하지 않으며, 적국을 무너뜨리는 데 오랜 시간을 소비하지 않는다. 반드시 자기 군대를 온전히 보존한 채로 천하를 다투니 군대를 손상시키지 않고도 이익을 온전히 취한다.

이것이 지략으로 적을 공격하는 '모공(謀攻)'이다.

故善用兵者 屈人之兵而非戰也
고 선 용 병 자　　굴 인 지 병 이 비 전 야

그러므로 용병을 잘하는 자는, 전쟁을 하지 않고 적의 용병을 굴복시키고

***

(屈人之兵)굴인지병 : 굽을 굴. 사람 인. 갈 지. 군사 병. 적의 군사를 굴복시킨다.

拔人之城而非攻也.
　　　　발 인 지 성 이 비 공 야

적의 성을 공격하지 않고 빼앗는다.

***

(拔人之城)발인지성 : 뺄 발. 사람 인. 갈 지. 성 성. 적의 성을 함락한다.

毁人之國而非久也 必以全爭於天下
훼 인 지 국 이 비 구 야　　필 이 전 쟁 어 천 하

적국을 붕괴시킬 때 오래 끌지 않으며, 반드시 온전하게 보존하면서 천하를 다툰다.

***

(毁人之國)훼인지국 : 헐 훼. 사람 인. 갈 지. 나라 국. 적의 나라를 무너뜨린다.
(非久)비구 : 아닐 비. 오래 구. 오래하지 않는다. 지구전을 펴지 않는다.

3 모공편 - 15, 16죽

故兵不頓而利可全 此謀攻之法也.
고 병 불 돈 이 리 가 전   차 모 공 지 법 야

그러므로 용병이 무디어지지(손상되지) 않은 완전한 승리를 한다. 이것이 모략으로 적을 공격하는 법이다.

* * *

(兵不頓)병불돈 : 군사 병. 아닌가 불. 조아릴 돈. 군대가 약해지지 않는다. 군대가 상하지 않는다.
(頓)돈 : 조아릴 돈. 무너지다. 꺾임, 무너짐.
(利可全)이가전 : 이익을 온전히 취한다. 이익을 얻을 수 있음. 완벽하게 이길 수 있다는 뜻.

풀이 용병을 잘 하는 자는 전쟁을 하지 않고 적의 용병을 굴복시키고 적의 성을 빼앗는다. 붕괴시킬 때는 오래 끌지 않고 온전하게 보존하면서 지혜로운 장수는 전투다운 전투를 치루지 않고도 강적을 정복할 수 있다.

3 모공편 - 15, 16죽

공성의 재앙에서 알 수 있듯이 적을 정면으로 공격하는 전법은 아군 쪽에도 많은 희생이 따르게 된다. 이런 까닭으로 용병에 뛰어난 장수는 싸우지 않고 적을 아군 쪽으로 끌어들여 굴복시키고, 적의 성을 함락시키되 군사를 동원해 공격하는 방법을 사용하지 않으며, 적국의 영토로 침입하여 적군을 무찔러도 결코 지구전을 펴지 않는다고 강조

하고 있는 것이다.

싸움이 없는데 병사들이 상할 리 없다. 병사들을 손상시키지 않고 전쟁을 벌여 적국을 굴복시키면 완전한 승리를 얻음은 물론 천하까지도 능히 다툴 수 있지 않을까. 이렇게 지략을 사용하여 적을 공격하는 것을 바로 '모공(謀攻)'이라고 한다.

이것은 곧 용병의 이상(理想)이라고도 할 수 있겠다.

3 모공편 – 16죽

4. 열 배면 포위하라

전쟁을 하는 원칙은 아군의 병력이 10배면 사방에서 포위하여 적을 공격하고, 5배면 적을 집중하여 공격하며, 2배면 적을 분산시킨 후 정면과 측면으로 공격한다. 병력이 대등하면 적의 약점을 찾아내어 힘껏 싸운다. 또한 아군의 병력이 적으면 후퇴해야 하며, 아주 적을 경우 싸움을 피해야 한다. 그러므로 적은 병력을 끝까지 싸우면, 결국 강대한 적국에게 사로 잡히게 될 것이다.

故用兵之法 十則圍之 五則攻之
고 용 병 지 법   십 즉 위 지   오 즉 공 지

그러므로 용병의 법은, (아군이 적보다) 열 배이면 포위하고, 다섯 배이면 공격하고,

* * *

(十則圍之)십즉위지 : 아군이 적보다 열 배이면 둘러싼다.
(五則攻之)오즉공지 : 아군이 적보다 다섯 배 많으면 공격한다.

倍則分之 敵則能戰之
배즉분지　적즉능전지

少則能逃之 不若則能避之
소즉능도지　불약즉능피지

두 배이면 병력을 나누어서 공격하고, 적과 대등하면 싸울 수 있고, 적으면 달아나고, 그렇게도 못하면 피한다.

＊＊＊

(倍則分之)배즉분지 : 아군이 적보다 두 배 많으면 나누어서 공격한다.
(敵則能戰之)적즉능전지 : 적과 비슷하면 싸운다.
(少則能逃之)소즉능도지 : 적으면 후퇴한다.
(不若則能避之)불약즉능피지 : 승산이 없을 것 같으면 싸움을 피한다.

3 모공편 - 16죽

故小敵之堅 大敵之擒也.
고소적지견　대적지금야

그러므로 소수의 군사가 버티면, 다수의 군사가 (소수의 군사를) 사로 잡는다.

＊＊＊

(小敵之堅)소적지견 : 적은 수의 병력으로 완강하게 싸우는 것.
(大敵之擒)대적지금 : 많은 병력의 적에게 사로잡힌다.

풀이 손자는 열 배의 병력으로는 적군을 포위하며, 다섯 배의 병력으로는 적군을 정면 공격하고, 두 배의 병력으로는 적을 분산시킨 다음 각개격파 하라고 했다. 또한 아군의 병력이 적군보다 훨씬 적으면 무조건 싸움을 피하라고 했다.

3 모공편 – 16죽

그러나 아무리 모공이 뛰어나다 하더라도 전쟁을 하게 되면 적과의 전투를 피할 수는 없다. 손자는 이때 군대 쓰는 법을 대략 여섯 가지로 분류해 제시하고 있다.

첫째, 열이면 포위하라(十則圍之)

이 말은 적보다 병력이 열 배 이상일 때는 굳이 싸울 필요 없이 포위하라는 뜻이다. 그러면 싸우지 않고도 능히 적을 굴복시킬 수 있기 때문이다.

둘째, 다섯이면 공격하라(五則攻之)

적보다 병력이 5배 정도 우세하면 정면으로 공격을 감행하라는 뜻이다. 그 정도 병력이라면 싸워도 큰 손실 없이 승리할 수 있기 때문이다.

셋째, 두배면 분산시켜라(倍則分之)

이 말은 적보다 병력이 약간 우세하면, 즉 두 배가량 되면 적의 병력을 분산시키는 작전을 쓰라는 뜻이다. 적을 흐트러뜨려 놓은 후 공략하면 능히 승리할 수 있기 때문이다.

넷째, 비슷하면 싸워라(敵則能戰之)

여기서의 '적(敵)'은 '대등하다' 혹은 '비슷하다'라는 뜻으로 쓰이고 있다. 즉 적과 병력이 비슷하면 최선을 다해 싸워야 한다는 뜻이다. 용감히 싸우는 쪽이 승리하기 때문이다.

다섯째, 적으면 물러나라(少則能逃之)

적보다 병력이 적으면 물러나 방어에 최선을 다해야 한다는 뜻이다. 그렇지 않고 부족한 병력으로 싸우면 이긴다 하더라도 손실이 매우 클 수밖에 없기 때문이다.

여섯째, 적만 못하면 피하라(不若則能避之)

병력뿐만 아니라 모든 면에서 적보다 열세여서 승산이 없을 것 같으면 아예 싸움 자체를 피해야 한다는 뜻이다. 병사 수가 적은 군대는 아무리 견고해도 결국 대병력에게 패하며 포로가 될 수밖에 없기 때문이다.

이상의 여섯 가지 방법을 살펴볼 때 손자의 전투 방식은 상당히 합리적이며 유연한 사고를 바탕으로 하고 있음을 알 수 있다. 병력이 크게 우세해도, 병력이 크게 열세라도 싸움을 권하지 않는다. 결국 '싸우지 않고 이겨라'라는 말과 같은 맥락이라고 볼 수 있겠다.

3 모공편 – 17죽

5. 군주가 군대를 위험에 빠뜨리는 경우들

모름지기 장수는 나라를 지탱하는 받침대이다. 받침대가 튼튼하고 빈틈없으면 나라가 부강해질 것이요. 받침대가 약하고 틈이 생기면 그 나라는 반드시 허약해진다. 그러므로 군주가 군대를 위기에 빠지게 하는 경우는 세 가지가 있다.

첫째는 군대가 진격해서는 안 되거나 진격할 수 없는데 진격을 명령하거나, 군대가 후퇴해서는 안 되는데 후퇴 명령을 내리는 경우다. 이를 두고 군대를 속박한다고 한다.

둘째는 군대 내부 사정을 알지도 못하면서 군대 내부의 일을 간섭하는 행위이다. 이를 두고 군대를 혼란에 빠뜨린다고 한다.

셋째는 군대는 임기응변에 능해야 하는데 그러한 사정을 알지 못하면서 원칙만을 강요하는 행위이다. 이렇게 되면 군사들은 의심에 빠지게 된다.

군대가 얽매이고 미혹에 빠지고 의심하게 되면, 다른 나라들이 그

틈을 이용해 쳐들어오게 되니, 이것을 일컬어 '난군인승(亂軍引勝)', 즉 '스스로 군대를 어지럽혀 승리를 적에게 넘겨주는 것'이라 한다.

夫將者 國之輔也
부 장 자 　 국 지 보 야

輔周則國必强 輔隙則國必弱
보 주 즉 국 필 강 　 　 보 극 즉 국 필 약

무릇 장수는, 나라를 보필하는 자이다. 보필이 넓게 미치면 국가는 필히 강해지고, 보필에 틈이 생기면 국가는 필히 약해진다.

***

- (國之輔)국지보 : 나라의 지주. 곧 군주를 도와나라를 보좌하는 사람.
- (輔)보 : 돕다. 보좌하다. 짐이 떨어지는 것을 막기 위해 수레 양편에 매단 받침대.
- (周)주 : 빈틈이 없음. 주도 면밀함.
- (輔周)보주 : 군주와 보좌하는 사람 사이에 틈이 없이 주밀하다.
- (隙)극 : 빈틈. 간격.
- (輔隙)보극 : 군주와 보좌하는 사람 사이에 틈이 생긴다.

3 모공편 – 17죽

故君之所以患於軍者三
고 군 지 소 이 환 어 군 자 삼

그러므로 군주가 군대에 우환(근심)을 주는 세 가지가 있다.

不知軍之不可以進 而謂之進
부 지 군 지 불 가 이 진 　 　 이 위 지 진

군대가 진격하면 안 되는 상황임을 알지 못하고, 진격을 명령하는 것과

不知軍之 不可以退
　　　부 지 군 지　　　불 가 이 퇴

군대가 후퇴해서는 안 되는 상황임을 알지 못하고,

而謂之退 是爲縻軍
　이 위 지 퇴　　　시 위 미 군

후퇴를 명령하는 것을, 미군(속박된 군대)이라 한다.

＊＊＊

(不可以進)불가이진 : 앞으로 나갈 수 없다.
(縻軍)미군 : 군대를 속박하고 얽매다. 군을 고삐로 얽어맴.

풀이 장수는 국가의 보배다. 유능한 장수가 현명한 임금과 한마음, 한 뜻이 되면 그 능력을 마음껏 발휘하여 나라는 강대해질 수 있다. 그러나 이와는 대조적으로 어리석은 임금이 유능한 장수를 멀리하면, 국가 안보에 빈틈이 생겨 약소국으로 전락하는 것이다.

3 모공편 – 18죽

不知三軍之事 而同三軍之政者
　부 지 삼 군 지 사　　　이 동 삼 군 지 정 자

군주가 삼군의 일을 알지 못하고, 삼군의 행정을 함께 하면(간섭하면)

則軍士惑疑
　즉 군 사 혹 의

군사가 의혹을 가진다.

＊＊＊

(三軍)삼군 : 제후의 전군(全軍). 모든 군대. 손자가 활동하던 춘추시대에는 천자는 육군(六軍), 강대국은 삼군(三軍), 중소국은 이군(二軍), 약소국은 일군(一

軍)을 둘 수 있었다. 여기서 나오는 삼군은 강대국이 보유한 상군(上軍), 중군(中軍), 하군(下軍)을 가리킨다. 나라에 따라 전군(前軍), 중군(中軍), 후군(後軍)이라고도 한다.
(同)동 : 한가지 동. 함께하다. 곧 간섭한다는 뜻.
(惑)혹 : 미혹할 혹. 미혹되다.
(疑)의 : 의심할 의. 의심하다.

不知三軍之權 而同三軍之任
부 지 삼 군 지 권   이 동 삼 군 지 임

군주가 삼군의 권(임기응변)을 알지 못하고, 군대의 임무를 함께하면

則軍士疑矣
즉 군 사 의 의

(간섭하면) 군사들이 헷갈려 한다.

*　*　*

(三軍)삼군 : 중군과 좌,우 군을 뜻하는 말. 제후의 전군(全軍)
(權)권 : 그때의 형편에 따라 일을 처리함.

3 모공편 – 18죽

三軍旣惑且疑 則諸侯之難至矣
삼 군 기 혹 차 의   즉 제 후 지 난 지 의

삼군이 이미 의혹을 가지고 의심하면, 제후가 어지럽게 한다.

是謂亂軍引勝
시 위 난 군 인 승

(제후의 난이 생긴다)이를 난군(혼란한 군대)으로 승리를 이끌어 내려는 것이라 한다.

*　*　*

(惑且疑)혹차의 : 어리둥절해 하고 또한 의심을 품는 것.

(亂軍引勝)난군인승 : 군대를 어지럽혀 승리를 늦추다.
(引勝)인승 : 적군에게 승리를 안겨줌. 승리를 끌어당김.

풀이 통치자는 일단 장수의 능력을 믿고 지휘권을 맡겼으면 작전에 대해서는 간섭하지 말아야 한다. 왜냐하면 장수는 전진과 후퇴, 단기 결전과 지구전에 재량권을 가져야만 자신의 능력을 발휘할 수 있는 것이다. 그리고 전투란 그 속성상 늘 유동적이기 때문에 장수는 그때그때의 상황에 따라 적절한 명령을 내릴 수 있어야 한다. 현명한 군주가 유능한 장수에게 소신껏 싸우게 하여 나라를 구하는 것이다. 간섭을 하게 되면 상대편에게 승리를 안겨주는 국면이 되어 버린다.

3 모공편 – 17, 18죽

손자는 이 항목에서 장수의 중요성에 대해 언급한 후, 군주가 삼가야 할 사항에 대해 언급하고 있다. 군대를 움직이며 전쟁을 수행하는 장수는 나라의 버팀목이나 다름없는 존재이다. 따라서 나라를 통치하는 군주와 군대를 운용하는 장수 사이에 한 치의 어긋남도 없이 서로 친밀하고 호흡이 맞으면 그 나라는 강성해질 것이나, 그렇지 않고 군주와 장수 사이에 틈이 생기고 서로 화합하지 못하면 그 나라는 약해질 수밖에 없다.

그런데 손자는 그 책임을 꼭 장수에게만 떠넘기고 있지 않음이 주목된다. 군주에게도 그 책임이 있음을 분명히 하고 있다. 군주가 잘못된 간섭을 하게 되면 오히려 군대를 위험에 빠뜨릴 수 있다고 경고하고 있는 것이다. 손자가 지적한, 군주가 범하기 쉬운, 그러므로 하지 말아야 할 행동은 다음의 세 가지이다.

첫째, 군주는 군대의 진퇴 여부를 간섭해서는 안 된다.

전쟁의 상황을 가장 잘 아는 사람은 군대를 운용하는 장수이다. 그 장수만이 진격할 때와 물러날 때를 안다. 그런데 군주가 멀리 도성 안에 앉아서 진격할 것이나 물러날 것을 명하면 그 군대가 효과적으로 전쟁을 수행할 수 없음은 자명한 일이다. 이렇듯 군주가 군대의 진퇴에 대해 간섭하는 것을 '미군(縻軍)'이라고 한다. 미군이란 '고삐에 얽매인 군대'라는 뜻으로, 군주는 자신의 군대를 고삐에 얽매이게 해서는 결코 안 된다.

둘째, 군주는 군대 내부의 일에 대해 간섭해서는 안 된다.

군대는 군대 나름의 편성과 지휘 계통과 상벌 사항 등이 있다. 그런데 군주가 그러한 내용을 잘 알지도 못하면서 일반 정무를 하듯이 군대 일을 척결하려 든다면 군대는 오히려 큰 혼란에 빠지고 병사들은 누구 말을 들어야 할지 몰라 갈팡질팡하게 된다. 결코 군주는 군대 내부의 일에 간섭해서는 안 된다.

셋째, 군주는 군대의 권도(權道)를 금해서는 안 된다.

군대의 일은 언제나 법도대로 움직여지지 않게 마련이다. 때로는 임기응변의 계책, 즉 권도(權道)를 행할 때가 있는데, 군주가 이에 대해 법도와 원칙만을 강요하고 나서면 군대는 제 역할을 수행할 수 없게 된다. 특히 병사들은 매사 의심에 빠져 어찌할 바를 모르게 된다. 군주가 장수의 임기응변 계책에 관여하면 오히려 군대의 전력을 약화시키는 결과를 가져올 뿐이다.

이상 세 가지는 군주로서 반드시 경계해야 할 사항이다.

만일 군주가 이 세 가지 사항을 어기면 그 나라 군대는 얽매이고, 미혹과 의심에 빠짐으로써 국방에 구멍이 생겨 적국의 침공을 허용할 수밖에 없게 되는데, 이러한 현상을 일컬어 '난군인승(亂軍引勝)'이라고 한다. 난군인승이란 '스스로 군대를 어지럽혀 승리를 적에게 넘겨준다'라는 뜻이다.

3 모공편 – 18, 19죽

6. 승리로 가는 다섯 가지 길

따라서 승리를 미리 아는 다섯 가지 방법이 있다. 첫째는 싸워야 할 때와 싸워서는 안 될 때를 아는 이는 이길 수 있다. 둘째는 많은 병력과 적은 병력을 능숙하게 다룰 줄 아는 이는 이길 수 있다. 셋째는 임금과 백성들의 뜻하는 바가 같으면 이길 수 있다. 넷째는 대비함으로써 대비하지 않음을 기다리는 이는 이길 수 있다. 다섯째는 장수가 유능하고 군주가 간섭하지 않으면 이길 수 있다.

이 다섯 가지는 곧 승리를 아는 길이다.

故知勝有五
고 지 승 유 오

그러므로 승리를 아는 방법에는 다섯 가지가 있다.

知可以與戰 不可以與戰者勝
지 가 이 여 전   불 가 이 여 전 자 승

싸울 수 있는지 (상대인지), 더불어 싸울 수 없는지 (상대인지) 알면 승리한다.

***

(可以戰)가이전 : 싸울 수 있다.
(不可以戰)불가이전 : 싸울 수 없다.

識衆寡之用者勝
식 중 과 지 용 자 승

병력이 많고 적음의 용병을 알면 승리한다.

***

謀攻篇 第三   87

(衆寡之用)중과지용 : 많은 병력과 적은 병력의 사용법. 군사의 많고, 적음에 따른 전략과 전술.

3 모공편 – 18, 19죽

上下同欲者勝
　상 하 동 욕 자 승

상하가 같은 마음을 가지면 승리한다.

＊＊＊

(上下同慾)상하동욕 : 윗사람과 아랫사람이 하고자 하는 일이 같다.

以虞待不虞者勝
　이 우 대 불 우 자 승

준비하여 준비하지 못한 상대를 기다리면 승리한다.

＊＊＊

(虞)우 : 헤아릴 우. 대비태세를 갖춤. 적에 대한 경계에 빈틈이 없음.
(以虞待不虞)이우대불우 : 만반의 태세를 갖추고 무방비한 적을 기다린다.

將能而君 不御者勝
　장 능 이 군　 불 어 자 승

장수의 능력이 뛰어나고, 군주가 통제하지 않으면 승리한다.

＊＊＊

(君不御)군불어 : 임금 군. 아닌가 불. 어거할 어. 군주가 간섭하지 않는다.
(不御)불어 : 견제하지 않음. 간섭하지 않음. 제어하지 않음.

此五者 知勝之道也.
　차 오 자　 지 승 지 도 야

이 다섯 가지가, 승리를 아는 방법이다.

＊＊＊

(勝之道)승지도 : 승리에 이르는 길.

3 모공편 - 18, 19죽

풀이 이 장에서 손자는 다섯 가지 방법으로 승리를 예견할 수 있다고 했다. 첫째 싸워야 할 때와 싸워서는 아니 될 때를 가리는 정세에 대한 정확한 판단력. 둘째 많은 병력과 적은 병력에 대한 적절한 용병술 셋째 윗사람과 아랫사람의 목표와 의사의 일치, 즉 단결력 넷째 적에 대한 대비태세의 철저함 다섯째 유능한 장수에 대한 통치자의 신임과 뒷받침 등이다. 손자는 이 다섯 가지가 우세한 쪽이 이기게 된다고 내다 본 것이다.

손자는 이상의 여러 가지 사항을 살펴본 결과 승리할 수 있는 요인으로 다음의 다섯 가지 사항을 꼽았다.

첫째, 아군과 적군의 전력을 비교 검토하여 싸워서 이길 전쟁인지, 아니면 이길 수 없는 전쟁인지를 아는 장수는 승리한다.

둘째, 열 배면 포위하고 다섯 배면 공격을 할 줄 아는 장수, 즉 병력에 따라 적절한 전략을 세울 줄 아는 장수는 승리한다.

셋째, 군주와 백성, 혹은 장수와 병졸이 한마음으로 단결되어 있으면 승리한다.

넷째, 만반의 준비태세를 갖추어 놓은 상태에서 준비가 덜된 적을 맞아 싸우는 장수는 승리한다.

다섯째, 장수의 전략이 뛰어나고 군주가 '난군인승'하지 않고 군대 일에 관여하지 않으면 승리한다.

이 다섯 가지를 통해 싸우기 전에 미리 승리를 알 수 있다.

3 모공편 – 19, 20죽

7. 적을 알고 나를 알면 백전불태

그러므로 손자는 말한다. 적을 알고 나를 알면 백번 싸운다 하더라도 위태롭지 않다. 적을 알지 못하고 나 만을 알면 한번은 이기고 한번은 지게 된다. 그러나 적을 알지도 못하고 나도 알지 못하면 싸울 때마다 반드시 위태롭게 된다.

故曰 知彼知己者 百戰不殆
고 왈　　지 피 지 기 자　백 전 불 태

그러므로 말하였다. 상대를 알고 나를 알면, 백번 싸워도 위태롭지 않고,

＊＊＊

(知彼知己)지피지기 : 적을 알고 나를 아는 것.
(百戰不殆)백전불태 : 백번 싸워도 위태롭지 않다.

不知彼而知己 一勝一負
부 지 피 이 지 기　　일 승 일 부

상대를 모르고 나를 알면, 한번은 이기고 한번은 지며

＊＊＊

(一勝一負)일승일부 : 한번 이기고 한번 지는 것.

이러한 까닭에 손자는 '손자병법'을 통해 후세에 널리 회자되는 명언을 남기게 된다.
첫째, 적을 알고 나를 알면, 백번 싸워도 위태롭지 않다.
　　　（知彼知己, 百戰不殆）
둘째, 적을 알지 못하고 나를 알면, 한번 승리하고 한 번 패한다.
　　　（不知彼而知己, 一勝一負）

셋째, 적도 알지 못하고 나도 알지 못하면, 싸울 때마다 위태롭다.

(不知彼不知己, 每戰必殆)

3 모공편 – 20죽

不知彼不知己 每戰必殆
부 지 피 부 지 기   매 전 필 태

상대도 모르고 나도 모르면, 싸울 때마다 위태하게 된다.

* * *

(每戰必殆)매전필태 : 싸울 때마다 반드시 위태로워진다. 위태할 태. 반드시 위태하다.

풀이 원래 전쟁은 지극히 유동적이요, 또한 예기치 않은 변수가 많다. 따라서 적군의 실력과 동태를 알아내기란 결코 쉬운 일이 아니다. 그러나 장수는 수집된 정보를 근거로 합리적 추론을 내리며, 또한 피아(彼我)의 실력을 제대로 헤아릴 줄 알아야 한다. 만일 장수가 언제나 이와 같은 대비태세로 전투에 임한다면 여러 번 싸우더라도 위태롭지 않을 것이다. 이에 반하여 아군과 적군의 실정을 제대로 파악하지 못하는 자는 늘 패배의 쓴잔을 마시게 된다.

3 모공편 – 19, 20죽

벌모와 벌교는 전쟁의 최고 경지이다. 그러나 모공 전략의 실행에 있어서도 필승(必勝)의 전력과 의지가 뒤따라야 한다. 오직 모략(謀略)과 외교만 내세우고 군사력과 전투력이 뒷받침되지 않는다면 그것은 허장성세(虛張聲勢 : 실력이 없으면서 허세로 떠벌림)에 불과하다. 그러므로 벌모와 벌교는 인적(人的)·물적(物的) 손실을 최소화시키는 수단일 뿐이며, 마지막에 가서는 역시 무력을 사용한 전투력을 최후의 해결책으로 삼아야 한다.

　손자는 아군의 병력이 열 배 우세(優勢)하면 포위(包圍)하고, 다섯 배 우세하면 공격하고, 두 배 우세하면 나누어 공격하라는 원칙을 말했다. 하지만 병력이 막상막하(莫上莫下)이거나 열세(劣勢)일 때는 적의 약점을 노려 기습 공격을 가하여 싸우고, 적보다 병력이 적으면 굳게 방어하며, 싸울 상대가 안 되면 피한다는 방식을 택하고 있다. 이것은 야전전술(野戰戰術)의 요령에 속하는 것으로서, 군대의 양적인 관점에서 나온 방법이다. 즉 적군과 아군의 병력의 많고 적음에 따라 작전 방식을 결정하는 것이다.

　손자가 열거해 놓은 야전(野戰) 요령에는 두 가지 기본 개념이 있다.
　첫째는 주동적으로 움직이는 것이고, 둘째는 탄력적인 운용이다.
　손자가 말한 포위하고, 공격하고, 나누어 공격하고, 수비하고, 피한다는 것은 모두 앞서 말한 두 가지의 응용이다. 처음부터 끝까지 한 가지 원칙을 고수(固守)하며 임기응변으로 대처하지 못하는 잘못을 저질러서는 안 된다. 반드시 전기(戰機 : 전쟁을 하기에 좋은 시기)를 파악하여 탄력적으로 임기응변할 줄 알아야 한다.

제4 군형편

軍形篇 第四

4 군형편 – 21죽

"이겨놓고 싸워라"

군형편(軍形篇)은 군사적으로 승리를 얻는 태세(態勢)의 형성에 대해 설명하고 있다. 양군(兩軍)이 대치하고 있을 때는 모두 상대방의 약점(弱點)을 찾는다. 동시에 온갖 힘을 기울여 자신의 약점을 은폐(隱蔽)시키는 데 노력을 기울인다. 그러나 자기의 약점을 감춘다고 해서 바뀌는 것은 아니다. 쉴새없이 바로잡고 개선(改善)해야만 형세를 돌이킬 수 있다. 그 개선의 도가 바로 정치, 군사, 경제, 정신 등 각 방면에 있기 때문에, 충분한 준비를 갖추어 절대적인 우세를 마련해야 한다.

그러므로 전쟁 준비나 전략 태세에 있어 만전(萬全)을 기해 적이 노릴 틈이 없도록 함으로써 적으로 하여금 아군의 약점을 찾아낼 수 없게 해야 한다.

그러므로 저절로 적의 기선(機先)을 제압할 수 있으니, 이것이 바로 손자가 말한 승병선승(勝兵先勝)의 이치이다.

4 군형편 – 21죽

1. 승리는 적이 이기지 못하게 하는 것

손자는 말한다.

옛날에 잘 싸우는 이는 먼저 적이 이길 수 없도록 대비한 후에 아군이 이길 수 있는 때를 기다렸다. 적군이 이길 수 없도록 하는 것은 나의 대비태세에 달려 있고, 아군이 이기는 것은 적에게 달려 있다. 따라서 용병에 능한 이는 적군이 이길 수 없도록 할 수는 있으나, 아군이 반드시 이기도록 할 수는 없다. 그러므로 이기는 계책을 세울 수는 있으나, 이를 반드시 실행할 수는 없다. 이런 까닭에 손자는 말한다.

"승리를 예측할 수는 있어도, 승리를 만들 수는 없다."

孫子曰 昔之善戰者
손자왈 석지선전자

손자가 말하였다. 옛날부터 전쟁을 잘하는 자는

***

(昔)석 : 예 석. 옛날. 오래되다.
(善戰者)선전자 : 전쟁을 잘하는 사람. 용병술에 뛰어난 사람.

先爲不可勝 以待敵之可勝
선위불가승 이대적지가승

먼저 (적이) 승리할 수 없도록 만들고, 적을 기다려 승리한다.

***

(爲不可勝)위불가승 : 적이 이길 수 없도록 함. 태세를 갖춘다.
(待敵之可勝)대적지가승 : 적을 이길 수 있을 때까지 기다린다. 이길 수 있는 기회를 기다린다.

4 군형편 - 21죽

不可勝在己 可勝在敵
불가승재기 가승재적

(적이) 승리하지 못하는 것은 나에게 달렸고, (아군이) 승리하는 것은 적에게 달렸다.

***

(不可勝在己)불가승재기 : 적이 이길 수 없게 하는 것은 나에게 달려 있다.

(可勝在敵)가승재적 : 아군이 승리하는 것은 적에게 달려 있다.

故善戰者 能爲不可勝
고 선 전 자   능 위 불 가 승

不能使敵之必可勝
불 능 사 적 지 필 가 승

그러므로 전쟁을 잘하는 자는, (적이) 승리하지 못하게 만들 수는 있지만, 적으로 하여금 필히 (아군이) 승리할 수 있도록 만들기는 어렵다.

* * *

(善戰者)선전자 : 용병술에 뛰어난 사람.
(能爲不可勝)능위불가승 : 적이 승리할 수 없게 한다.
(不能使敵必可勝)불능사적필가승 : 아군이 이길 수 있도록 적을 쓸 수는 없다.

故曰 勝可知 而不可爲
고 왈   승 가 지   이 불 가 위

그러므로 말한다. 승리는 알 수 있지만, 만들 수는 없다.

* * *

(勝可知)승가지 : 승리를 알 수 있다.
(不可爲)불가위 : 그렇게 만들 수는 없다.

풀이 적군이 이길 수 없도록 하는 것은 나의 대비태세에 달려 있고, 아군이 이기기 위해서는 적이 허점을 보여야 하기 때문일 것이다.

---

4 군형편 – 21죽

이제까지의 '시계(始計)', '작전(作戰)', '모공(謀攻)'편이 총론적 성격이 강하다면, 지금부터 펼쳐지는 '군형(軍形)', '병세(兵勢)', '허실(虛實)'편 등은 각론에 해당한다고 볼 수 있다. '군형'이란 말을 글자 뜻대로 풀이하면 '군대의 형태'라는 뜻이다.

손자는 '군형(軍形)'편을 통해 '이겨놓고 싸워라'라고 말한다.

전쟁을 할 때 싸우지 않고 이기는 것이 가장 최상의 방법이겠지만, 부득이 전투를 치러야 할 때에는 우선 패하지 않을 만반의 태세를 갖추어놓고, 그 다음 적의 빈틈을 공략하라는 것이 '군형(軍形)'의 핵심이다.

옛날부터 전쟁을 잘하는 사람의 전략을 살펴보면 '적의 움직임에 대해 모든 방비 태세를 갖추어놓고, 그 후에 적에게 빈틈이 생기기를 기다려 싸웠다'고 손자는 분석했다. 이렇게 싸우면 당연히 백전백승.

손자의 이 말을 좀 더 자세히 파헤쳐보면, 우선 적이 이기지 못한 이유는 아군의 방비가 튼튼했기 때문이라고 할 수 있다. 반대로 아군이 승리할 수 있었던 것은 적의 방비가 튼튼하지 못하고 허점을 드러냈기 때문이다.

그러므로 다음과 같은 논리가 성립한다.

"적이 이기지 못한 것은 나 때문이고, 내가 승리한 것은 적 때문이다."

그런데 적의 방비 상황은 내 마음대로 할 수 있는 게 아니다. 그것은 오직 적에게 달려있다. 그러므로 또 이렇게 말할 수 있다.

"적이 나를 이기지 못하도록 할 수는 있어도, 내가 적을 조종할 수는 없다."

그렇다면 어떻게 해야 하는가. 손자의 해답은 분명하다.

"기다려라"

적에게 빈틈이 생길 때까지 기다리라는 것이다. 그런 후에 공격해야 비로소 승리를 얻어낼 수 있다고 손자는 강조하고 있다.

"승리를 미리 알 수는 있어도, 승리를 만들 수는 없다"라는 말은 바로 이런 뜻이다.

4 군형편 - 21, 22죽

2. 자신을 보존해야 완전한 승리다

이길 수 없으면 방어하고 이길 수 있으면 공격하라.

방어는 부족할 때 하고 공격은 여력이 있을 때 하는 것이기 때문이다. 방어를 잘한다 함은 땅속 깊이 숨은 것처럼 하는 것이고, 공격을 잘한다 함은 높은 하늘 위에서 움직이는 것처럼 하는 것이다. 그리하여 자신을 온전히 보존해야 완전한 승리라고 할 수 있는 것이다.

不可勝者 守也 可勝者 攻也
불가승자　수야　가승자　공야

이길 수 없는 자는, 지키고, 이길 수 있는 자는, 공격한다.

* * *

(不可勝者)불가승자 : 이길 수 없는 사람.
(可勝者)가승자 : 이길 수 있는 사람.

풀이 적이 이길 수 없음은 아군이 잘 지키기 때문이요, 아군이 이길 수 있음은 적의 빈틈을 치기 때문이다.

守則不足 攻則有餘
수즉부족　공즉유여

지키는 것은 부족할 때 하고, 공격은 넉넉할 때 한다.

* * *

(守則不足)수즉부족 : 수비가 부족하기 때문이다.
(攻則有餘)공즉유여 : 공격은 병력이 우세하기 때문이다.
(有餘)유여 : 남음이 있음. 병력에 여유가 있다는 뜻.

풀이 방어와 공격은 병력의 많음과 적음, 때와 장소에 따라 융통성 있게 운용되어야만 한다.

4 군형편 – 22죽

善守者 藏於九地之下
선 수 자　　장 어 구 지 지 하

잘 지키는 자는, 구지(다양한 지형) 아래 숨고

* * *

(善守者)선수자 : 방어를 잘하는 사람. 수비를 잘하는 사람.
(藏於九地之下)장어구지지하 : 깊은 땅속에 숨는다.
(九地)구지 : 가장 깊은 땅속.

善攻者 動於九天之上
선 공 자　　동 어 구 천 지 상

공격을 잘하는 자는, 구천(높은 하늘)에서 움직인다.

* * *

(善攻者)선공자 : 공격을 잘하는 사람.
(動於九天之上)동어구천지상 : 높은 하늘 위에서 움직인다.
(九天)구천 : 아주 높은 하늘.

故能自保而全勝也.
고 능 자 보 이 전 승 야

그러므로 능히 스스로 보전하며 완전한 승리를 거둔다.

* * *

(自保)자보 : 자신을 보호함. 스스로를 보전함.
(全勝)전승 : 완전한 승리.

<u>풀이</u> 잘 지키는 사람은 구지(다양한 지형)에 숨고, 공격을 잘하는 사람은 높은 곳에서 움직인다. 그러므로 능히 스스로를 보전하여 완전한 승리를 이룬다.

4 군형편 - 22죽

이번 항에서는 누구나 바라는 '완전한 승리'에 대해 설명하고 있다.

적과 아군의 전력을 비교하여 아군이 열세라고 판단될 경우에는 수비태세로 들어가고, 우세하다고 판단되면 공격하는 것이 용병의 원칙이다. 원래 수비란 전력이 열세 일 때 하는 것이고, 공격이란 전력이 우세할 때 하는 것이기 때문이다.

그렇다면 어떤 것이 잘하는 수비이고, 어떤 것이 잘하는 공격인가. 손자는 이에 대한 답을 명확히 제시하고 있다. 즉 두더지가 땅속 깊이 숨은 것처럼 하여 그 움직임 조차 알 수 없게 하는 것이 가장 잘하는 수비이고, 높은 하늘에서 솔개가 병아리 채듯 강하고 빠르게 움직여 적을 꼼짝 못하게 하는 것이 가장 잘하는 공격이라는 것이다.

그렇게 하여 아군에게는 아무런 피해도 입히지 않고 승리를 거두는 것이 바로 '완전한 승리'인 것이다. 완전한 승리는 모든 장수들의 꿈일 것이다.

4 군형편 - 22, 23죽

3. 승리하는 군대는 이겨놓고 싸운다

모든 사람들이 이길 것이라 예측한 승리는 최선의 승리라 할 수 없다. 천하 사람들이 잘 싸웠다고 칭찬하는 승리 또한 최선의 승리라 할 수 없다.

옛날부터 이른바 전쟁을 잘한다고 하는 사람들은 쉽게 승리할 수 있는 적과 싸워 승리했다. 따라서 전쟁을 잘하는 자의 승리는 지혜롭다는 명성도 나지 않고, 용맹스런 공적도 나타나지 않는 것이다.

그러한 사람이 전쟁에서 승리하는 것은 틀림없다. 틀림없다는 것은 반드시 승리할 수 있도록 모든 조치를 취해 두었기 때문이며, 이미 패한 자와 싸워 승리하는 것에 지나지 않기 때문이다. 그러므로 전쟁을 잘하는 자는 애초 패하지 않는 위치에 서서 적이 패배할 요인을 잡는 데 실수하지 않는다.

　요컨대 승리하는 군대는 먼저 이겨놓고 나중에 싸우며, 패배하는 군대는 먼저 싸우고 나중에 승리를 구한다.

見勝不過衆人之所知 非善之善者也.
견 승 불 과 중 인 지 소 지　　비 선 지 선 자 야

　승리를 아는 것이 일반 사람이 아는 정도에 불과하면, 최선 중의 최선이 아니다.

＊＊＊

(見勝)견승 : 승리를 예견한다. 승리하다.
(衆人之所知)중인지소지 : 여러 사람이 알고 있는 것. 여러 사람이 안다.
(非善之善)비선지선 : 선의 선이 아니다. 최선이 아니다.

戰勝而天下曰善 非善之善者也.
전 승 이 천 하 왈 선　　비 선 지 선 자 야

　전쟁에서 승리한 것을 잘했다고 하는 것은, 최선 중의 최선이 아니다.

＊＊＊

(天下曰善)천하왈선 : 천하 사람들이 잘 했다고 말한다. 여기서는 '천하 사람들이 잘 싸웠다고 칭찬함'이라는 뜻.
(非善之善)비선지선 : 선의 선이 아니다. 최선이 아니다.

4 군형편 - 22, 23죽

故擧秋毫不爲多力　見日月不爲明目
　고 거 추 호 불 위 다 력　　　견 일 월 불 위 명 목

聞雷霆不爲聰耳
　문 뢰 정 불 위 총 이

그러므로 가벼운 깃털을 드는 데 많은 힘이 필요하지 않고, 해와 달을 보는 데 밝은 눈이 필요하지 않고, 벼락과 천둥을 듣는 데 밝은 귀가 필요하지 않다.

＊＊＊

(擧秋毫)거추호 : 가을이 되면 털갈이를 하기 위해 짐승들의 털이 가늘어 지는데 이를 추호(秋毫)라고 함. 아주 가벼운 것을 뜻한다. 거(擧)는 들다의 의미. 즉 거추호란 아주 가벼운 것을 드는 것을 말한다.
(多力)다력 : 힘이 세다.
(明目)명목 : 눈이 밝다.
(雷霆)뇌정 : 천둥소리, 우레.
(聰耳)총이 : 귀가 밝다.

풀이 뭇 사람들이 이구동성으로 칭송하는 승리는 최상의 승리가 아니다. 이는 가는 트럭을 든다고 해서 힘이 장사라고 할 수 없고, 해와 달을 본다고 해서 천리안이라고 말할 수 없는 것과 같다.

옛날에 이른바 용병에 뛰어난 사람은 이기기 쉬운 자에게 이긴 것이다. 그러므로 잘 싸우는 자의 승리에는 지혜롭다는 이름도 없고 용맹스러운 공훈도 없다. 따라서 전투에서 승리하는 게 틀림없다. 이는 싸우기 전에 승리하도록 조처하여 이미 패하는 자에게 이기는 것이다. 그러므로 잘 싸우는 자는 패배하지 않을 땅에서 적의 패배를 놓치지 않는다. 이런 까닭에 이기는 군대는 먼저 이길 조건을 갖추고 나서 싸우며, 패하는 군대는 먼저 싸우고 나서 이기려고 한다.

4 군형편 – 22, 23죽

故之所謂善戰者 勝於易勝者也.
고 지 소 위 선 전 자   승 어 이 승 자 야

옛날부터 전쟁을 잘하는 자는,

승리하기 쉬운 승리(승리할 수밖에 없는 승리)를 거둔다.

***

(善戰者)선전자 : 전쟁을 잘하는 사람. 용병술에 뛰어난 사람.
(勝於易勝)승어이승 : 이기기 쉬운 것을 이긴다.

故善戰者之勝也
고 선 전 자 지 승 야

無奇勝 無智名 無勇功
무 기 승   무 지 명   무 용 공

그러므로 전쟁을 잘하는 자의 승리에는, 지혜롭다는 명성도 없고, 용맹하다는 공로도 없다.

***

(善戰者)선전자 : 용병술에 뛰어난 사람.
(知名)지명 : 지혜롭다는 명성.
(勇功)용공 : 용맹스런 공적.

4 군형편 – 23, 24죽

故其戰勝不忒 不忒者
고 기 전 승 불 특   불 특 자

其所措必勝 勝已敗者也.
기 소 조 필 승   승 이 패 자 야

그러므로 그 전쟁에서의 승리는 어긋남이 없다. 어긋남이 없다는 것은, 승리를 조치하여, 이미 패배한(패배할 수밖에 없는) 적에게 승리하는 것이다.

***

(戰勝不忒)전승불특 : 특(忒)은 틀림, 어긋남이라는 뜻. 전승불특은 '전쟁에서 승리하는 것이 틀림없다.'라는 뜻이다. 즉 싸울 때마다 이겼다는 의미.
(忒)특 : 어긋남.
(所措必勝)소조필승 : 조치하는 바가 반드시 승리하게 한다.
(勝已敗者)승이패자 : 이미 패한 자를 이긴다.

故善戰者
고 선 전 자

立於不敗之地 而不失敵之敗也.
입 어 불 패 지 지   이 부 실 적 지 패 야

그러므로 전쟁을 잘하는 자는, 패배하지 않는 땅 (위치)에서 적의 패배를 (적을 패배시킬 수 있는 기회) 놓치지 않는다.

***

(善戰者)선전자 : 용병술에 뛰어난 사람.
(不敗之地)불패지지 : 패하지 않을 처지.
(不失)불실 : 적의 패배를 놓치지 않음.
(不失敵之敗)불실적지패 : 적의 패배의 원인을 놓치지 않는다.

4 군형편 – 23, 24죽

是故 勝兵 先勝而後求戰
시 고   승 병   선 승 이 후 구 전

敗兵 先戰而後求勝
패 병   선 전 이 후 구 승

그러므로, 승리하는 용병은, 먼저 승리를 한 후에 전쟁을 구하고 패배하는 용병은, 먼저 전쟁을 한 후에 승리를 구한다.

***

(勝兵)승병 : 승리하는 군대.
(先勝而後求戰)선승이후구전 : 먼저 승리할 태세를 갖추어 놓고 싸움을 벌인다.
(敗兵)패병 : 패전하는 군대.
(先戰而後求勝)선전이후구승 : 먼저 싸움을 벌여놓고 후에 승리하려고 한다.

풀이 용병에 뛰어난 사람은 전투에 앞서 승리하도록 조처하여 이미 패하는 자에게 이기는 것이다.

4 군형편 - 23, 24죽

손자는 완전한 승리를 추구하는 완벽주의자라고 말 할 수 있다.
그는 '최선(最善)의 승리'에 대해 논하면서, 두 가지 예를 들어 역설적으로 설명하고 있다.
첫째, 쉬운 상대와의 전쟁에서 이긴 것은 최선의 승리가 아니다.
여기서 쉬운 상대와의 전쟁이란 누구나가 다 이길 것이라 예견하는 그런 전쟁을 의미한다. 손자는 이러한 전쟁에서 이긴 것이 왜 최선의 승리가 아닌가를 예를 들어가며 설명했다. 추호(秋毫)와 같은 가벼운 털을 들었다고 해서 과연 그 사람을 힘이 세다고 말할 것인가. 또 해와 달을 보았다고 하여 그 사람의 눈을 밝다고 할 수 있을 것인가. 천둥소리를 들었다고 하여 그 사람의 귀가 밝다고 경탄할 수 있을 것인가. 아닐 것이다. 마찬가지로 누가 싸우든 이길 것이 뻔한 전쟁에서의 승리를 두고 최선의 승리라고 할 수는 없다.
둘째, 천하 사람들이 모두 칭송하는 승리 또한 최선의 승리가 아니다.
첫째의 경우와 정반대이다. 모든 것이 불리하고 어려운 여건 속에서 신출귀몰한 계책을 써서 훌륭한 승리를 일구어냈다고 하여 그것이 반드시 최선의 승리는 아니라는 것이다. 왜 그런가. 손자는 옛날 소위 전쟁을 잘한다고 하는 사람들의 예에서 그 이유를 밝히고 있다. 옛날 용병(用兵)에 뛰어난 사람들은 모든 전쟁에서 별 어려움 없이 쉽게 승리를 얻어냈다. 승리의 원인은 간단하다. 이길 수밖에 없는 싸움을 했기 때문이다. 이것이 손자가 강조하려는 점이다. 용병을 잘하는 사람은 싸워서 이기는 것이 아니라 이길 조건을 충분히 만들어 놓고 싸운다는 것이다. 그러므로 그의 승리는 아주 손쉽게 보이며, 일반 사람들의 눈에는 그 지략과 용맹이 전혀 드러나지 않는다.

실제로 많은 훌륭한 병법가들이 전쟁에서 활약했지만 그 이름과 공적이 남지 않은 것은 그들의 전략이 뛰어나지 못해서가 아니라 그것이 밖으로 드러나지 않았기 때문이라고 할 수 있다. 이렇듯 '최선의 승리'란 이기도록 해놓은 싸움에서 이기는 것을 말한다.

이에 손자는 다시 한 번 강조하고 있다.

"승리하는 군대는 먼저 이겨놓고 나중에 싸우며, 패배하는 군대는 먼저 싸우고 나중에 승리를 구한다."

이것이 '군형(軍形)'편의 핵심이다.

---

4 군형편 – 25죽

4. 완전한 승리로 가는 길

용병을 잘하는 자는 늘 도(道)를 닦고 법(法)을 보존하여 승패를 다스릴 수 있는 능력을 갖추어 놓아야 한다.

병법에서 중요시하는 첫째 요소는 국토이며, 두 번째는 자원이며, 세 번째는 인구이며, 네 번째는 군사력이며, 다섯 번째가 승패이다.

지형에서 국토의 넓고 좁음이 나오고, 국토의 넓고 좁음에서 자원의 생산량이 결정되고, 자원의 생산량에 따라 인구의 많고 적음이 결정되고, 인구의 많고 적음에 따라 군사력이 결정되고, 군사력의 강하고 약함에 따라 승패가 결정된다.

　이런 까닭에 승리하는 군대는 무거운 물건을 작은 물건 재는 저울 위에 올려놓는 것과 같고, 패배하는 군대는 가벼운 물건을 큰 물건 재는 저울 위에 올려놓는 것과 같다.

　승리하는 자의 싸움은 마치 막아 둔 물을 일시에 터뜨려 천 길 아래의 골짜기로 쏟아내는 것과 같으니, 이것이 바로 군형(軍形)이다.

善用兵者 修道而保法 故能爲勝敗之政
선용병자　수도이보법　고능위승패지정

용병을 잘하는 자는, 도를 수양하고 법을 보호한다.
그러므로 능히 승패의 정치를 할 수 있다.

＊＊＊

(修道而保法)수도이보법 : 도(道)를 닦고 법을 지킨다. 도는 제1편 시계에서 말한 오사 도,천,지,장,법의 도와 법을 말한다.
(保法)보법 : 법을 보호한다.
(勝敗之政)승패지정 : 승패를 다스린다. 즉 전쟁에서 아군이 승리하고 적군이 패전하게끔 나라를 다스린다.

풀이 용병을 잘하는 자는 도를 수양하고 법을 보호한다. 그러므로 능히 승패의 정치를 할 수 있다.

4 군형편 – 25죽

병법에는 첫째는 도(度), 둘째는 양(量), 셋째는 수(數), 넷째는 칭(稱), 다섯째는 승(勝)에 의해 좌우된다고 했다. 지형은 도를 낳고, 도는 양을 결정하며, 양은 수를 생기게 하고, 수는 칭을 낳으며, 칭은 승의 기반이 된다. 따라서 이기는 싸움은 일(鎰)로서 수(銖)를 견주는 것과 같고, 지는 싸움은 수로서 일을 견주는 것과 같다.

兵法
병법

一曰度 二曰量 三曰數 四曰稱 五曰勝
일왈도　이왈량　삼왈수　사왈칭　오왈승

병법은, 첫째 도(길이), 둘째 양, 셋째 수, 넷째 칭(저울질), 다섯째 승이다.

＊＊＊

(度)도 : 측량. 영토의 크기. 싸움터의 거리와 지형을 잼.
(量)양 : 자원의 많고 적음. 전선에 보낼 병력과 물자의 분량을 뜻함.
(數)수 : 인구의 많고 적음. 인적자원.
(稱)칭 : 칭은 저울. 즉 전력의 우세와 열세. 피아의 전쟁수행 능력을 비교 분석함.

地生度 度生量 量生數 數生稱 稱生勝
지 생 도　도 생 양　양 생 수　수 생 칭　칭 생 승

땅은 도를 낳고, 도는 양을 낳고, 양은 수를 낳고, 수는 칭을 낳고, 칭은 승리를 낳는다.

＊＊＊

(地生度)지생도 : 땅에서 영토의 크고 작음이 나온다.
(度生量)도생량 : 영토의 크기에서 자원의 많고 적음이 결정된다.
(量生數)양생수 : 자원의 많고 적음에 따라 인구의 많고 적음이 결정된다.
(數生稱)수생칭 : 인구의 많고 적음에 따라 전력의 우세와 열세가 결정된다.
(稱生勝)칭생승 : 전력의 우세와 열세에 따라 승리가 결정된다.

4 군형편 - 25죽

故勝兵若以鎰稱銖 敗兵若以銖稱鎰
고 승 병 약 이 일 칭 수　　패 병 약 이 수 칭 일

그러므로 승리하는 용병은 마치 무거운 것으로 가벼운 것을 상대하는 것과 같고,

패배하는 용병은 가벼운 것으로 무거운 것을 상대하는 것과 같다.

＊＊＊

(鎰)일 : 1일(鎰)은 20냥
(稱)칭 : 피아의 전쟁수행 능력을 비교 분석함.
(銖)수 : 24수(銖)는 1냥임.
(以鎰稱銖)이일칭수 : 일(鎰)은 무게의 단위로 1일(鎰)은 24냥(兩), 수(銖)도 무게의 단위로 1냥(兩)의 24분의 1. 그러므로 1일은 수단위로 환산하면 576수다. 직역하면 일로써 수를 재다. 비교하면 그만큼 우세하다는 뜻.
(以銖稱鎰)이수칭일 : 이일칭수와 반대. 1수(銖)는 0.0017일(鎰)이다. 직역하면 수로써 일을 재다. 비교하면 그만큼 열세라는 뜻이다.

<u>풀이</u> 전쟁의 승패는 대략 다섯 가지 조건에 의해 예상할 수 있다. 첫째, 싸움터의 거리와 지형. 둘째, 전선에 보낼 병력과 보급물자. 셋째, 인적자원의 많고 적음. 넷째, 아군과 적군의 전쟁 수행 능력에 대한 객관적 비교분석. 다섯째, 총체적 승패의 검토 등이다. 다시 말하자면, 전쟁은 이와 같은 객관적 상황과 조건에 의해 그 승패가 이미 싸우기 전에 결정되는 것이다.

4 군형편 - 26죽

稱勝者之戰民也
칭 승 자 지 전 민 야

若決積水於千仞之溪者 形也.
약 결 적 수 어 천 인 지 계 자　　형 야

승자가 병사들을 싸우게 하는 방법은, 마치 천길 높이의 계곡에 가

두어 둔 물을 터놓는 것과 같으니, 이것이 형(군형)이다.

***

(勝者之戰)승자지전 : 승리하는 사람의 전투.
(決積水)결적수 : 많이 고여 있는 물의 물꼬를 터서 쏟아지게 한다.
(千仞之溪)천인지계 : 높이가 천 길에 달하는 골짜기.
(仞)인 : 재다. 1인(仞)은 여덟 자.
(溪)계 : 골짜기.
(形)형 : 모양 형. 형체. 눈으로 볼 수 있는 부대표지. 깃발 등에 의한 신호.

<u>풀이</u> 승리할 조건을 갖춘 군대는 이미 패배할 수밖에 없는 적을 공격하므로 압도적인 세력으로 이를 섬멸하는 것이다.

4 군형편 - 25, 26죽

승리할 태세를 갖추어놓기 위해서는 무엇을 어떻게 해야 하는가.
손자는 여기에서 다시 '시계(始計)'편에서 거론했던 '오사(五事)와 칠계(七計)'의 개념으로 되돌아가고 있다. 즉 가장 기본으로 돌아가는 것이다.
전쟁 승패의 원인은 다른 것에 있지 않다. 바로 평소의 다스림과 법질서에 있다. 그러므로 전쟁을 잘하는 사람은 평상시 다스림에 늘 마음을 써야 하고, 법을 보존하는 데 힘써야 한다고 손자는 강조하고 있는 것이다. 이것을 일컬어 승패지정(勝敗之政)이라고 한다. 병법에서 중요시 여기는 승패의 요인을 살펴보면 크게 다섯 가지로 나눌 수 있다. 영토의 크기, 자원의 생산량, 인구의 많고 적음, 군사력의 우열, 그런 후에 승리냐 패배냐를 따진다. 평소 다스림과 법질서 보존에 힘써야 하는 까닭이 바로 이것이다. 여기서 손자는 오행설에 입각한 논리를 전개하고 있다.

첫째, 땅의 크기를 낳는다.

손자는 가장 먼저 영토의 크기를 거론했다. 영토가 크냐 작으냐는 그 나라의 국력(國力)과 직결된다. 특히 경제의 밑받침이 되는 자원의 생산량에 직접적인 영향을 미치고 있다. 전투에 있어서도 영토가 큰 나라가 모든 면에서 우월할 수밖에 없다고 손자는 말하고 있는 것이다.

둘째, 크기는 양(量)을 낳는다.

그 다음으로 자원의 생산량에 대해 말하고 있다. 자원이 많이 생산되느냐 아니냐에 따라 그 나라 경제력이 달라진다. 경제력이 약하면 전쟁에 드는 경비를 감당할 수 없게 되며, 자연 전쟁에서 패할 수밖에 없다. 자원의 생산량은 특히 인구의 많고 적음에 직결된다. 왜냐하면 사람이란 자원이 풍부한 곳으로 이동해 가서 살게 마련이기 때문이다.

셋째, 양은 수(數)를 낳는다.

인구는 곧 병력과 직결된다. 인구가 많은 나라는 군사 수도 많을 것이고, 인구가 적은 나라는 군사 수가 적을 수밖에 없다. 그러므로 옛날부터 정치가들은 항상 백성들의 편리와 이익을 도모하여 사람들을 자신의 영토 안에 머물게 하려고 애써온 것이다.

넷째, 수는 칭(稱)을 낳는다.

여기서 칭(稱)은 저울을 말한다. 즉 적과 아군과의 군사력에 대한 비교이다. 전쟁을 수행하는 주체자는 바로 장수와 그 군사들이다. 이른바 군대인데, 군대의 강함과 약함은 전쟁의 승패에 직접적인 영향을 미친다. 그러므로 전쟁을 잘하는 사람은 위의 세가지 조건이 충족되었다 하더라도 방심하지 않고 전투력 증강에 힘을 기울였다.

다섯째, 마지막으로 칭은 승(勝)을 낳는다.

손자는 가장 마지막으로 승리에 대해 언급했다. 위의 '네 가지 사항이 충족된 후에야 승리할 수 있다.'라고 강조하고 있는 것이다. 역설적으로 말하면 전투에서의 승리보다 '오사(오사)와 칠계(칠계)'가 선결과제임을 되풀이해서 말하고 있는 셈이다. 손자는 결과보다는 과정을 더 중요시 여기는 사람임에 분명하다.

  이렇듯 모든 것을 다 갖추어놓아 승리할 수밖에 없는 군대는 일(鎰)이라는 무게 단위를 수(銖)라는 무게 단위와 비교하는 것처럼 압도적으로 우세할 수 밖에 없다. 즉 1일(鎰)은 24냥(兩)이고, 1냥은 24수(銖)이다. 따라서 1일은 576수이다. 요즘 단위법으로 치면 미터를 밀리미터와 비교하는 것과 같다고 할 수 있겠다. 반대로 준비를 갖추어 놓지 않아 패배할 수밖에 없는 군대는 수(銖)라는 단위를 가지고 일(鎰)과 비교하려는 것처럼 열세일 수밖에 없다. 그러므로 승리할 수밖에 없는 군대의 위력은 마치 막아둔 물을 일시에 터뜨려 천 길 아래의 골짜기로 쏟아내는 것과 같다고 했다. 손자는 이러한 형세를 갖추어 놓는 것이 바로 '군형(軍形)'이라고 하였다.

제5 병세편

兵勢篇 第五

5 병세편 - 27죽

"기세로 싸워라"

병세편(兵勢篇)에서는 주로 기세의 운용을 설명하고 있다. 기세는 수세(水勢), 화세(火勢) 등 힘을 표현한다. 군대가 가만히 있는 상태에서 신속하게 움직일 때 생기는 힘을 병세(兵勢)라고 한다.

이 편의 앞에 있는 군형(軍形)과 뒤에 나오는 허실(虛實)은 선대(先代)를 계승, 발전 시키는 연대(連帶)관계가 있다. 전투란 본시 정공법과 임기응변의 기도(奇道)를 적절히 구사해야만 이길 수 있다.

또한 용병술에 능한 이는 세(勢)를 중요시하므로 사나운 독수리가 먹이를 낚아채듯이 적군을 공격한다. 이는 자신의 실(實)로써 상대방의 허(虛)를 치는 것이므로 그 승리에는 한 치의 오차도 없는 것이다.

5 병세편 - 27죽

1. 병법에서 중요시 여기는 네 가지

손자가 말했다.

많은 군사를 적은 군사처럼 잘 다스릴수 있는 방법은 그 군사를 나누는 것인데, 이것을 '분수(分數 = 편제)'라고 한다.

다수의 군사를 소수의 군사처럼 잘 움직이게 할 수 있는 방법은 그 군사들에게 깃발이나 북으로써 알리는 것인데, 이것을 '형명(形名 = 지휘)'이라고 한다.

군대가 적을 맞아 싸울 때 패하지 않는 방법은 원칙과 변칙을 잘 운용하는 것인데, 이것을 '기정(寄正=원칙과 변칙)'이라고 한다.

적을 공격할 때 돌로 계란을 치듯 하는 방법은 나의 충실함으로 적의 허술함을 치는 것인데, 이것을 '허실(虛實)'이라고 한다.

孫子曰 凡治衆如治寡 分數是也.
손자왈 범치중여치과 분수시야

손자가 말하였다. 무릇 무리(많은 병력)를 다스리는 것을 소수(적은 병력)를 다스리는 것처럼 하는 것이 분수(편대방법)이다.

***

(治)치 : 다스릴 치. 다스림. 통솔
(治衆)치중 : 많은 군사를 다스린다.
(寡)과 : 소수의 병력.
(分數)분수 : 분(分)은 상하의 신분을 뜻함. 수(數)는 부대의 인원수를 뜻함. 즉 군대의 직제와 편제를 말한다. 군대의 편성과 조직.

5 병세편 - 27죽

鬪衆如鬪寡 形名是也.
투중여투과 형명시야

무리를 싸우게 하는 것을 소수를 싸우게 하는 것처럼 하는 것이, 형과 명(깃발과 호령)이다.

***

(鬪衆)투중 : 많은 군사들을 싸우게 한다.
(形)형 : 모양 형. 형체. 눈으로 볼 수 있는 부대표지. 깃발 등에 의한 신호.
(名)명 : 이름 명. 소리. 소리, 북, 나팔, 종 등의 악기에 의한 신호.
(形名)형명 : 북이나 징 같은 것.

<u>풀이</u> 군대는 합리적인 편성에 의해 비로소 오합지중(烏合之衆)을 면할 수 있다. 즉 지휘관이 수 많은 병사들을 통솔하듯이 함도 바로

그것 때문이다. 또한 수 많은 병사들이 일사분란하게 전투에 임할 수 있는 것은 부대 표지와 깃발, 그리고 북, 나팔 등의 신호 덕분이다. 이렇게 군대의 편성과 신호체계는 지휘관의 명령을 말단에 전할 수 있는 효과적인 방법인 것이다.

5 병세편 – 27죽

삼군의 무리로 적군과 마주치더라도 절대로 패하지 않게 함은 기(奇)와 정(正)을 교묘히 구사하기 때문이다. 아군이 적군을 공격하는 것이 마치 숫돌을 달걀에 던지듯이 함은 우세한 병력으로 그 빈틈을 치기 때문이다.

三軍之衆
삼 군 지 중

可使必受敵而無敗者 寄正是也.
가 사 필 수 적 이 무 패 자   기 정 시 야

삼군의 무리가, 적을 맞아 패하지 않는 것이, 기와 정(변칙과 원칙)이다.

* * *

(奇)기 : 기(奇)는 정도(正道)가 아닌 것. 임기응변, 혹은 변칙 등을 말한다. 대체로 기습, 야습 등 공격행위에서 자주 쓰인다.
(正)정 : 바를 정. 정(正)은 글자 그대로 바른 길을 의미하는 것으로 대개 수비에서 강조를 많이 한다.
(奇正)기정 : 변칙과 원칙.

兵之所加 如以碬投卵者 虛實是也.
병 지 소 가   여 이 하 투 란 자   허 실 시 야 용병을 더하는 것을(병력을 더 투입하는 것을), 마치 숫돌로 달걀을 치는 것처럼 하는 것이, 허와 실이다.

＊＊＊

(以碬投卵)이하투란 : 숫돌로 계란을 깨는 것.
(碬)하 : 숫돌 하. 숫돌.
(虛實)허실 : 허(虛)는 빈틈, 실(實)은 충실함.

　<u>풀이</u> 용병에는 기계(奇計)를 쓰지 않고 정정당당하게 적군과 정면으로 마주쳐 싸우는 정공법과 유도작전과 복병으로 적의 측면이나 배후를 기습하는 기공법이 있다. 그러나 이 두 가지 전법은 어떤 고정된 틀에 매여 있는 게 아니라 임기응변하는 것이다. 그러므로 상황에 따라 정(正)이 기(奇)가 될 수도 있고, 반대로 기(奇)가 정(正)으로 변할 수도 있다. 유능한 지휘관은 이를 종횡으로 구사하여 적을 궁지에 몰아넣은 후 섬멸적인 타격을 가하는 것이다.

5 병세편 – 27죽

　'병세(兵勢)'편에서는 전투의 실제적인 요령, 즉 군대의 편제와 지휘계통, 임기응변, 허실, 그리고 기세의 중요성에 대해 다루고 있다. 손자는 전투에서 세(勢)를 매우 중요시 여겼다. 세란 힘의 움직임을 말하는 것으로 기세(氣勢), 형세(形勢), 공세(攻勢) 같은 것을 말한다. 세는 그 특성상 멈추어 있을 때보다는 움직일 때, 또 하나일 때보다는 여럿일 때 힘을 많이 발휘한다. 이런 면에서 일종의 흐름이라고도 할 수 있다.

　손자는, "전쟁을 잘하는 자는 승리를 세(勢)에서 찾을 뿐 사람에게서 찾지 않는다."라고까지 단언할 정도로 세를 중요시 여기고 있다.

　손자는 '병세(兵勢)' 첫머리에 병법에서 중요시 여기는 4가지 요목에 대해 말하고 있다. 4가지 요목이란 바로 분수(分數)와 형명(形名)과 기정(奇正)과 허실(虛實)을 말한다.

첫째, 분수(分數)이다.

분수를 수(數)를 나눈다는 뜻으로 해석할 수도 있겠으나, 여기서는 그렇게 해석하기보다는 분(分)을 신분, 즉 군대의 관제 및 직제로 해석하고 수(數)를 정원으로 해석하는 것이 타당할 것 같다.

손자는 군대 운용의 4가지 요목 중 가장 중요한 것으로 군대의 편제를 꼽았다. 많은 군사를 마치 한두 사람 다스리는 것처럼 하기 위해서는 군대를 효과적으로 편성해야 하는데, 그것을 일러 분수(分數)라고 한 것이다. '분수'가 잘 되어 있다면 아무리 대규모 군대라도 한두 사람 다스리듯 일사분란하게 다스릴 수 있을 것이다.

둘째, 형명(形名)이다.

형(形)은 시각적인 전달 수단이요, 명(名)은 청각적 전달 수단이다. 즉 형은 깃발이나 연기 같은 것을 말하고, 명은 북이나 징소리 같은 것을 말한다. 이른바 지휘계통인데, 손자는 이 형명(形名)으로써 다수의 군사를 한두 사람의 군사 움직이듯 신속하게 움직이게 할 수 있다고 하였다. 결코 소홀히 해서는 안 되는 부분이다.

셋째, 기정(奇正)이다.

기정(奇正)이란 말은 낯설기는 하나 결코 소홀히 넘겨서는 안 될 용어이다. 손자는 패하지 않는 방법으로 바로 '기정'을 말하고 있기 때문이다. 기정에 대해서는 바로 다음 항에서 자세히 설명하겠다.

넷째, 허실(虛實)이다.

손자는 적을 공격할 때 숫돌로 계란을 치는 것 같이 하라면서, 바로 그것이 '허실(虛實)'이라고 하였다. 숫돌은 매우 단단하다. 계란은 깨지기 쉽다. 단단한 숫돌로 깨지기 쉬운 계란을 치면 계란이 깨질 확률은 100%라고 보아야 한다. 그렇다, 허실이란 바로 단단한 것으로 약한 것을 치는 것을 말한다. 다시 말하면 , "나의 충실함으로 상대의 빈틈을 치다."인 것이다. 전투가 이렇게만 되면 결코 적에게 패할 일은 없을 것이다. '손자병법'의 핵심 중 하나이기도 하다.

5 병세편 - 28, 29죽

2. 원칙과 변칙의 오묘한 조화

무릇 전쟁은 정공법으로 싸우고 기공법으로써 이기는 것이다.

따라서 기공법에 능한 이는 무궁하기가 하늘과 땅과 같고, 마르지 않기가 강물과 같다. 마쳤는가 하면 다시 시작됨은 해와 달이 뜨고 지는 것과 같고, 죽었다가 다시 살아남은 네 계절의 순환과도 같은 것이다. 음계는 다섯 가지에 지나지 않지만 그 변화는 이루 다 들을 수가 없고, 색체는 다섯 가지에 지나지 않지만 그 변화는 이루 다 볼 수가 없다. 또한 맛은 다섯 가지에 지나지 않지만 그 변화는 이루 다 맛볼 수 없는 것이다. 이와 마찬가지로 전쟁의 형세도 기공법과 정공법에 지나지 않지만, 그 변화하는 전술은 이루 다 헤아릴 수 없을 만큼 무궁무진하다. 기와 정이 서로 낳게 함은 순환하여 끝이 없으니, 누가 그 궁극을 헤아릴 수 있겠는가?

凡戰者 以正合 以奇勝
범 전 자   이 정 합   이 기 승

무릇 전쟁은, 정(원칙)으로 맞서고, 기(변칙)로 이긴다.

***

(以正合)이정합 : 원칙에 입각하여 정도(正道)로써 적과 마주한다.
(合)합 : 합할 합. 맞붙어 싸우는 것.
(以奇勝)이기승 : 변칙이나 임기응변의 공격으로 승리한다.

故善出奇者 無窮如天地 不竭如江河
고 선 출 기 자　무 궁 여 천 지　불 갈 여 강 하

그러므로 기를 잘 쓰는 자는, 천지와 같이 다 함이 없고, 강과 바다처럼 마르는 법이 없다.

＊＊＊

(善出奇者)선출기자 : 기공(奇攻), 기책(奇策)에 뛰어난 사람.
(江河)강하 : 양자강과 황하.

5 병세편 – 28, 29죽

終而復始 日月是也.
종 이 부 시　일 월 시 야

끝났지만 다시 시작하는 것이, 해와 달이다.

＊＊＊

(終而復始)종이부시 : 끝남과 동시에 다시 시작하는 것. 해와 달은 서쪽으로 지지만 사라진 것이 아니라 다시 동쪽으로 나와 운행한다는 뜻.

死而復生 四時是也.
사 이 부 생　사 시 시 야

죽었지만 다시 생동하는 것이, 사계절의 변화이다.

＊＊＊

(死而復生)사이부생 : 죽었다가 다시 살아나는 것. 여기서 사(死)와 생(生)은 거(去)와 래(來)의 이미.
(四時)사시 : 봄, 여름, 가을, 겨울은 갔다가 다음 해에 다시 온다는 것을 말한다.

聲不過五 五聲之變 不可勝聽也.
성 불 과 오　오 성 지 변　불 가 승 청 야

소리는 다섯 가지에 불과하지만, 다섯 가지 소리의 변화는, 다 들을 수 없다.

***

(五聲)오성 : 궁(宮), 상(商), 각(角), 치(徵), 우(羽)의 5음계로 중국과 우리나라 음악의 기초가 됨.
(不可勝聽)불가승청 : 다 들을 수 없다.

5 병세편 – 28, 29죽

色不過五 五色之變 不可勝觀也.
색 불 과 오   오 색 지 변   불 가 승 관 야

색은 다섯 가지에 불과하지만, 다섯 가지 색의 변화는, 다 볼 수가 없다.

***

(五色)오색 : 적(붉을 赤 : 빨강), 청(푸를 靑 : 파랑), 황(누를 黃 : 노랑), 백(흰 白 : 흰), 흑(검을 黑 : 검정)의 다섯 가지 원색.

味不過五 五味之變 不可勝嘗也.
미 불 과 오   오 미 지 변   불 가 승 상 야

맛은 다섯 가지에 불과하지만, 다섯 가지 맛의 변화는, 다 맛볼 수가 없다.

***

(五味)오미 : 짜고, 시고, 맵고, 쓰고, 단 다섯 가지 맛.

戰勢不過奇正 奇正之變 不可勝窮也.
전 세 불 과 기 정   기 정 지 변   불 가 승 궁 야

전쟁의 형세는 기와 정 두 가지에 불과하지만, 기정의 변화는, 다 알 수가 없다.

***

(奇正) : 기(奇)와 정(正).

5 병세편 - 28, 29죽

奇正環相生
기 정 환 상 생

如循環之無端 孰能窮之哉.
여 순 환 지 무 단   숙 능 궁 지 재

기와 정의 상생은 (기가 정이 되고 정이 기가 되는 기정의 변화는), 마치 순환이 끝이 없는 것과 같으니, 누가 능히 알겠는가.

***

(奇正相生)기정상생 : 기(奇)와 정(正)이 서로 도와 기회를 만들어 낸다.
(循環)순환 : 한 차례 돌아서 먼저 자리로 돌아옴. 되풀이하여 돌아감.
(無端)무단 : 끝이 없다.

풀이 용병에 뛰어난 사람은 적의 허실에 따라 정공법과 기공법을 자유자재로 구사한다. 그러므로 이처럼 변화 많은 전술에는 강력한 적군도 미처 효과적인 대응을 할 수가 없다. 이는 음악의 기초가 되는 음계는 다섯 가지에 지나지 않고, 색깔과 맛을 이루고 있는 요소들도 다섯 가지에 불과하지만, 그것의 변화와 다양성은 무궁무진한 것과 마찬가지이다.

5 병세편 - 28, 29죽

이 항에서는 앞에서 언급했던 4가지 요목 중 '기정(奇正)'에 대하여 심도 있게 다루었다. 손자는 "정(正)으로써 적과 맞서고, 기(奇)로써 승리한다(以正合 以奇勝)"라고 하였다. 이 말은 '지피지기 백전불태(知彼知己 百戰不殆)'와 더불어 사람들의 입에 많이 오르내리는 말이다.

먼저 기(奇)와 정(正)의 뜻을 해석해 보자. 흔히 '기'는 '기이하다',

'뛰어나다'라는 뜻으로 쓰이지만, 여기서는 변칙·응용·임기응변 등의 의미를 내포하고 있다. 대체로 공격 행위에서 많이 사용된다. 정은 바른 길, 즉 '원칙'이다. 대체로 수비 행위에서 많이 사용된다.

다시 말해서 적을 마주하여 상대할 때에는 원칙에 입각하여 자기 자신을 충실하게 해놓고, 그 다음에 변칙이나 임기응변 등의 기책(奇策)으로 적의 빈틈을 공격하면 승리한다는 뜻이다.

또 손자는 기정의 오묘한 변화에 대해 설명하고 있다.

기정에 뛰어난 사람은 천지의 움직임처럼 그 조화가 무궁무진하고, 깊은 강물처럼 마르지 않는다고 하였다. 해와 달은 서쪽으로 졌는가 하면 동쪽으로 다시 떠오르고, 봄 여름 가을 겨울은 가버렸는가 하면 일 년이 지나 다시 찾아온다. 기정(奇正)의 변화도 마찬가지여서 일월과 사계의 운행처럼 끝없이 돌고 또 돈다.

기정의 요묘한 변화는 여기서 그치지 않는다. 원래 우리가 듣는 소리는 궁(宮), 상(商), 각(角), 치(徵), 우(羽), 이렇게 다섯 가지에 불과하다. 하지만 그 다섯 음이 조화를 이루어 변화하는 소리는 이루 헤아릴 수 없이 많다.

빛깔도 마찬가지다. 우리가 보는 원색은 청, 황, 적, 백, 흑, 이렇게 다섯 가지이지만 이것이 배합되어 나타내는 빛깔은 일일이 다 셀 수 없을 정도이다.

우리가 먹는 음식도 원래는 달고, 시고, 맵고, 짜고, 쓴 맛, 이렇게 다섯 가지 맛에 지나지 않는다. 하지만 그 맛이 서로 배합되어 내는 맛은 도저히 헤아릴 수 없을 만큼 많다.

전쟁에서도 마찬가지이다. 원래 싸움의 방향에는 기(奇)와 정(正) 두 가지밖에 없지만, 이 두 가지가 서로 조화하고 배합하여 이루어내는 전술 전략은 마치 끝을 찾을 수 없는 순환 고리와도 같다. 이러한 기정의 오묘한 조화와 배합의 끝을 과연 어느 누가 말로 다 할 수 있겠는가.

5 병세편 - 29, 30죽

3. 기세와 절도의 중요성

세차게 흐르는 물결이 돌을 뜨게 함은 그 기세 때문이요. 매나 독수리의 날쌘 습격이 먹이를 부수고 부러뜨리는 것은 그 절도(節度) 때문이다. 그러므로 전쟁을 잘하는 이는 그 기세가 맹렬하고 그 절도가 짧다. 기세는 쇠뇌를 팽팽히 당겨놓은 것과 같고, 절도는 화살이 시위에서 나가는 것과 같다. 따라서 어지러이 헝클어져 싸운다 하더라도 흐트러지지 않고, 혼란스럽게 뒤섞인 채 둥글게 되더라도 결코 패배하지 않는 것이다.

激水之疾 至於漂石者 勢也.
　격 수 지 질　　지 어 표 석 자　　세 야

부딪혀 흐르는 물의 빠름이, 돌을 떠내려가게 하는 것이, 세이다.

***

(激水)격수 : 세차게 흐르는 물.

鷙鳥之疾 至於毀折者 節也.
　지 조 지 질　　지 어 훼 절 자　　절 야

사나운 매의 빠름이, (먹이를)부수고 꺾게 하는 것이, 절(절도와 순발력)이다.

***

(鷙鳥)지조 : 독수리나 매처럼 사나운 새.
(疾)질 : 병 질. 빠름. 날래고 재빠름.
(毀折)훼절 : 새의 목을 부수고 날개를 꺾는 것.
(節)절 : 마디 절. 절도. 마디. 신속한 움직임. 순간적인 동작.

5 병세편 - 29, 30죽

是故善戰者 其勢險 其節短
시 고 선 전 자　　기 세 험　기 절 단

그러므로 전쟁을 잘하는 자는, 세가 험하고, 절이 짧다.

* * *

(勢險)세험 : 기세가 험하고 거세다. 험함 험. 험하다. 맹렬하다.
(節短)절단 : 절도가 짧고 민첩함. 결정적인 순간이 짧고 민첩하다는 뜻. 짧을 단. 짧음. 몹시 빠름. 신속함.

勢如擴弩 節如發機.
세 여 확 노　　절 여 발 기

세는 힘껏 잡아당긴 활과 같고, 절은 발사된 화살과 같다.

* * *

(擴)확 : 당길 확. 시위를 잡아 당기는 것.
(弩)노 : 쇠뇌 노. 쇠뇌.
(擴弩)확노 : 쇠뇌의 시위를 팽팽하게 당김. 쇠뇌는 고대 중국에서 사용한 강궁(强弓)의 일종.
(發機)발기 : 쇠뇌의 방아쇠를 당긴다. 틀 기. 쇠뇌의 방아쇠.

紛紛紜紜 鬪亂而不可亂也.
분 분 운 운　　투 란 이 불 가 란 야

복잡하게 엉겨서, 어지럽게 싸움이 진행되어 혼란스러워 보여도 혼란에 빠진 것이 아니며

* * *

(紛紛紜紜)분분운운 : 어지럽게 헝클어진 모양.
(鬪亂)투란 : 서로 얽혀 어지럽게 싸우는 것.

5 병세편 - 28, 29죽

渾渾沌沌 形圓而不可敗也.
혼 혼 돈 돈　　　형 원 이 불 가 패 야

혼전이 이루어져, 진형이 원형이 될 정도가 되어도 그 군을 패배시키지 못한다.

＊＊＊

(渾渾沌沌)혼혼돈돈 : 어지러이 뒤엉켜 형체를 분간할 수 없는 상태.
(形圓)형원 : 네모졌던 진(陣)이 둥근 형태로 바뀌는 것. 혼란스럽게 뒤섞인 채 둥그러미를 이룸.

풀이 세차게 흐르는 물이 돌을 드는 것은 세이다. 사나운 매의 빠름이 먹이를 얻는 것이 절이다. 그러므로 전쟁을 잘하는 자는 세가 있고 절이 짧다. 세는 힘껏 잡아 당긴 활과 같고 절은 발사된 화살과 같다. 혼란스럽게 보이지만 혼란스럽지 않고, 혼전이 이루어져 원형이 될 정도가 되더라도 그 군을 패배시키지 못한다.

5 병세편 - 28, 29죽

손자는 기정(奇正)의 중요성에 이어 기세(氣勢)와 절도(節度)의 중요성에 대해 말하고 있다. 세차게 흐르는 물의 힘은 돌을 떠내려가게 할 정도로 강하다. 이것을 세(勢), 즉 기세(氣勢)라고 한다. 사나운 매는 눈 깜짝할 사이 새의 목을 부수고 날개를 꺾는다. 이것을 절(節), 즉 절도(節度)라고 한다. 절은 마디, 한순간, 혹은 결정적인 순간이라는 뜻을 가지고 있다.
손자는 이렇게 기세와 절도에 대해 정의를 내려놓고, 전쟁을 할 때는 '기세는 험하고 거세게, 절도는 극히 짧고 민첩하게'하라고 강조하였다. 전투가 벌어졌을 때 적을 향해 덮치는 기세는 강한 쇠뇌의 시위를 당기는 것처럼 팽팽히 해야 하고, 적과 맞부딪혔을 때, 즉 절도는 쇠뇌의 방아쇠를 당기는 순간처럼 짧고 빠르게 해야 한다는 것이다. 그래야 전투가 어지러워져 혼전을 벌인다 하더라도 진형(陣形)을 흐트러뜨리지 않고 싸울 수 있으며, 혹 진형이 무너져 앞뒤 구별이 없어지더라도 패하지 않는다고 설명하고 있다.

요컨대 전투가 벌어졌을 때는 '기세는 험하고 거세게, 절도는 짧고 민첩하게'하는 것이 무엇보다 중요하다고 하겠다.

5 병세편 – 30, 31죽

4. 적을 잘 다루어 기세를 올린다

혼란은 다스림의 문제이고, 겁냄은 용기의 문제이며, 약함은 힘의 문제이다. 따라서 질서가 잡혀 있는가 혼란스러운가의 문제는 그 병력의 편성에 달려 있고, 용감한가 비겁한가의 문제는 그 군대의 기세에 달려 있으며, 강한가 약한가의 문제는 그 군대의 진형에 달려 있는 것이다.

그러므로 적을 잘 다루는 자는 자신의 형세를 보여주어 적으로 하여금 말려들게 하고, 미끼를 던져 그것을 탈취하게 하고, 이로운 것을 보여주어 움직이게 하되, 이러한 것을 미리 준비했다가 적을 친다.

亂生於治 怯生於勇 弱生於强.
　난 생 어 치　겁 생 어 용　약 생 어 강

혼란은 질서에서 나오고, 두려움은 용기에서 나오며, 약함은 강함에서 나오는 것이다.

*＊＊

(亂生於治)난생어치 : 혼란은 다스림에서 비롯된다.
(怯)겁 : 겁낼 겁. 비겁
(怯生於勇)겁생어용 : 겁은 용기에서 비롯된다.
(弱生於强)약생어강 : 약함은 강함에서 비롯된다.

治亂數也 勇怯勢也 强弱形也.
치 란 수 야   용 겁 세 야   강 약 형 야

질서와 혼란은 수(조직)이고, 용기와 두려움은 세이며, 강함과 약함은 형이다.

*＊＊

(數)수 : 셀 수. 분수. 군대의 편성.
(勢)세 : 기세 세. 군대의 기세. 힘의 흐름.
(形)형 : 모양 형. 군형. 형태. 군대의 태세와 배치.
(形之)형지 : 형태를 드러내 보이다.

<u>풀이</u> 군대란 때로는 다스림에서 혼란으로, 용사를 겁쟁이로, 강한 상태에서 나약한 상태로 변화시킬 수 있다. 이는 그 편성과 기세와 배치 등에 차질이 생길 경우이다.

5 병세편 – 31죽

故善動敵者
고 선 동 적 자

形之敵必從之 予之敵必取之.
형 지 적 필 종 지   여 지 적 필 취 지

그러므로 적을 잘 움직이는 (선동하는) 자는, 형을 만들어 (적이) 필히 그것을 따르게 한다.

*＊＊

(予之)여지 : 이익 되는 것을 준다. 적에게 거짓으로 이로움을 줌.

以利動之 以卒待之.
이 리 동 지   이 졸 대 지

이로움으로 적을 움직이고, 병졸(부대)로 적을 기다린다.

***

(以利動之)이리동지 : 이익으로써 적을 움직이게 하는 것.
(以卒待之)이졸대지 : 군사를 기다리게 했다가 들이친다.

<u>풀이</u> 그러므로 적을 잘 움직이는 자는 형을 만들어 적이 필히 그것을 따르게 하고, 적에게 거짓으로 이로움을 주어 움직이게 하여 적을 기다린다.

5 병세편 - 31죽

이번에는 군형(軍形)에 대해 말하고 있다.

군사들이 혼란에 빠진다는 것은 다스림에 관한 문제이며, 군사들이 겁내고 있음은 용기에 관한 문제이며, 전투력이 약한 것은 힘에서 비롯되는 문제이다. 군대가 질서 있게 다스려지는가 아니면 어지러운가는 군대의 편성과 밀접한 관계가 있다. 분수(分數)와 형명(形名)이 중요한 것은 바로 이 때문이다. 군사들이 용감한가 아니면 겁을 먹고 있는가의 여부는 군대의 기세와 관계가 있다. 기세와 절도가 중요한 것은 바로 이 때문이다.

이와 같은 맥락으로 전투력이 강한가 아니면 약한가의 문제는 군형(軍形)과 밀접한 관계가 있다. 여기서의 군형이란 꼭 군진(軍陣)만을 말하는 것이 아니라 전체적인 형태, 정황 등까지도 포함하여 말하는 것이다. 그러면서 손자는 군형의 중요성과 용도에 대해 설명을 이어

나가고 있다.

곧 적을 잘 다루는 장수는 자기 군대의 형편을 은근슬쩍 드러내 보임으로써 적을 끌어들이기도 하고, 적에게 이익이 되는 상황을 보여주어 적을 내가 원하는 쪽으로 움직이게 한다. 이렇게 끌어들이고 움직이게 한 적을 공격할 때 아군은 자연히 강한 전투력을 발휘 할 수밖에 없다고 하는 것이 군형(軍形)의 위력인 것이다.

앞서 설명한 '이겨놓고 싸운다'라는 말과 일맥상통한다고 하겠다.

5 병세편 – 31, 32죽

5. 승리는 기세에 있다

따라서 잘 싸우는 이는 승리를 세(勢)에서 찾고, 개인에게 책임을 묻지 않는다. 그러므로 인재를 잘 발탁하여 쓰며 전투는 세에 맡긴다. 세에 맡긴다 함은 장병을 싸우게 함에 있어 마치 나무나 돌을 굴리듯이 하는 것이다.

나무나 돌의 성질은 안정된 곳에 두면 가만히 있고, 위태로운 곳에서는 움직이며, 모나면 멈추고, 둥글면 구르게 마련이다. 그러므로 용병술에 뛰어난 사람은 마치 둥근 돌을 천길 낭떠러지에 굴리는 것과 같이 세를 만들어 내는 것이다.

이것이 바로 '기세(氣勢)'이다.

故善戰者 求之於勢 不責於人
고 선 전 자　구 지 어 세　불 책 어 인

그러므로 전쟁을 잘하는 자는, 승리를 세에서 구하고, 사람을 탓하지 않는다.

* * *

(求之於勢)구지어세 : 승리를 기세에서 구한다.
(不責於人)불책어인 : 사람을 책망하지 않는다.

故能擇人而任勢
고 능 택 인 이 임 세

그러므로 능히 사람을 택하여 세에 맡긴다.

＊＊＊

(擇人)택인 : 사람을 고른다.
(任勢)임세 : 세력을 맡김. 곧 군대의 병권을 맡긴다.

5 병세편 - 31, 32죽

任勢者 其戰人也 如轉木石
임 세 자 기 전 인 야 여 전 목 석

세에 맡긴다는 것은, 사람을 싸우게 하되, 나무와 돌을 굴리는 것처럼 하는 것이다.

＊＊＊

(戰人)전인 : 사람을 싸우게 한다.
(如轉木石)여전목석 : 나무와 돌을 굴리는 것과 같다.

木石之性 安則靜 危則動
목 석 지 성 안 즉 정 위 즉 동

方則止 圓則行
방 즉 지 원 즉 행

나무와 돌의 특성은, 편안하면 정지하고, 위험하면 움직이고, 모가 나면 정지하고, 둥글면 굴러간다.

＊＊＊

(安則靜)안즉정 : 안정된 곳에서는 정지한다.

(危則動)위즉동 : 위태로운 곳에 놓으면 움직인다.
(方則止)방즉지 : 모나면 정지한다.
(圓則行)원즉행 : 둥글면 구른다.

5 병세편 - 31, 32죽

故善戰人之勢
고 선 전 인 지 세

如轉圓石於千仞之山者 勢也.
여 전 원 석 어 천 인 지 산 자   세 야

그러므로 전쟁을 잘하는 자의 세는, 둥근 돌을 천 길 높이의 산에서 굴러 내려가게 하는 것과 같으니, 이것을 세라 한다.

* * *

인(仞) : 일 인(仞)은 여덟 자임.

풀이 전쟁을 잘하는 자는 승리를 세에서 구하고 사람을 탓하지 않는다. 그러므로 능히 사람을 택하여 세를 맡긴다. 세에 맡긴다 함은 사람을 싸우게 하되 나무와 돌을 굴리는 것처럼 하는 것이다. 나무와 돌의 특성은 편안하면 정지하고, 위험하면 움직이고, 모가나면 정지하고, 둥글면 움직인다. 그러므로 전쟁을 잘하는 자의 세는 천길 높이의 산에서 굴러 내려가게 하는 것과 같으니 이것을 세라 한다.

5 병세편 - 31, 32죽

여기서는 다시 세(勢), 즉 기세의 중요성에 대해 강조했다. '병세(兵勢)'편의 총정리라고 해도 좋을 것 같다.

옛날부터 전쟁을 잘하는 사람들은 '승리를 사람에게서 찾지 않고 기세에서 찾는다'고 하였다. 군주가 사람을 골라 군대를 맡기는 것도 바로 이 때문이다.

따라서 군대를 지휘하는 장수는 군사들의 기세를 맡은 것이나 다름없으며, 기세를 잘 이용할 줄 아는 장수는 군사들을 마치 통나무나 돌처럼 다뤄야 한다고 강조하고 있는 것이다.

원래 통나무나 돌은 그 성질상 평평한 곳에 있으면 구르지 않는다. 하지만 경사가 급한 비탈길에 있으면 가만히 내버려둬도 굴러간다. 사각형이면 굴러가지 않고 둥글면 굴러가는 것도 통나무나 돌이 가지고 있는 특성이다.

전쟁에 나선 군사들도 이와 같다. 안정되면 싸우지 않는다. 하지만 위태로움에 빠지면 명령을 내리지 않아도 온힘을 다해 싸운다.

그러므로 전쟁에 능한 장수일수록 군사들로 하여금 천 길 낭떠러지에서 바위를 굴리는 것 같은 전투력을 발휘하게 하는데, 이런 힘이 바로 '기세(氣勢)'라고 손자는 강조하고 있는 것이다.

천 길 절벽 위로부터 굴러 내려오는 바위의 위력, 그것을 과연 누가 막을 수 있을 것인가.

제6 허실편

虛實篇 第六

6 허실편 – 33죽

"실을 피하고 허를 공격하라"

허실편(虛實篇)에서는, 전쟁이란 주동적인 위치에 서는 것이 중요하며, 실(實)을 피해 허(虛)를 찌르고, 적의 약점을 노리며 자기는 깊이 감추어 틈이 없게 만들어야 한다고 설명하고 있다.

사실 제아무리 강한 군대라도 상대적으로 약한 부분이 있게 마련이다. 그것을 허(虛)와 실(實)이라고 한다. 용병에 능한 자는 반드시 적의 약점을 정확히 간파하여, 자기의 강한 힘으로 적의 허(虛)를 찔러 제압한다. 이것이 바로 적을 조종하되 적에게 조종당하지 않는다는 것이다.

지휘관은 적의 허(虛)와 실(實)을 제대로 살펴 공격과 방어에 차질이 없도록 해야 한다. 또한 진격과 후퇴를 자유자재로 행하며, 집중된 병력으로 분산된 적을 무찌른다. 전투란 본시 일정한 형태가 없고 또한 변수가 따르게 마련이다. 그러므로 지휘관은 그때그때의 상황에 따른 전략과 전술로 적을 제압해야 한다.

이렇게 순발력과 기민함을 갖춘 이라면 늘 전쟁의 주도권을 장악할 수 있을 것이다.

6 허실편 – 33죽

1. 상대를 나오게 하라

손자가 말하였다.

무릇 싸움터에 나아가 적을 기다리는 군대는 편하고, 나중에 싸움터로 나아가는 군대는 피곤하다. 그러므로 전쟁을 잘하는 자는 적을 나오게 하되, 적에게 나아가지 않는다. 적으로 하여금 이쪽으로 오게 하려면 이익이 있음을 보여주어야 하고, 적으로 하여금 이쪽으로 오지 못하게 하려면 손해가 있음을 보여주어야 한다. 만일 적이 편안하게 휴식을 취하고 있으면 그들을 피로하게 해야 하고, 배가 부르면 굶주리게 해야 하고, 안정되어 있으면 동요하도록 해야 한다.

孫子曰 凡先處戰地而待敵者 佚
손자왈　범선처전지이대적자　일

손자가 말하였다. 무릇 전쟁터를 먼저 선점하여 적을 기다리는 군대는 편안하고

***

(先處戰地)선처전지 : 먼저 싸움터에 나가 있다.
(待敵者佚)대적자일 : 적을 기다리는 사람은 편안하다.
(佚)일 : 편안한 일. 편안함.

後處戰地而趨戰者 勞
후처전지이추전자　노

늦게 도착하여 전쟁을 급하게 하는 자는 수고롭다.

***

(趨戰者勞)추천자로 : 전쟁에서 달려가는 사람은 피곤하다.

6 허실편 - 33죽

故善戰者 致人而不致於人
고선전자　치인이불치어인

그러므로 전쟁을 잘 하는 자는, 적을 이끌되 이끌리지 않는다.

***

(致人)치인 : 보낼 치(致). 적을 자기 뜻대로 조종함. 적을 나오게 함.
(不致於人)불치어인 : 적에게로 나가지 않는다. 적에게 조종당하지 않음.

풀이 손자가 말하였다. 무릇 전쟁터를 먼저 선점하여 적을 기다리는 군대는 편안하고 늦게 도착하여 전쟁을 급하게 하는 자는 수고롭다. 그러므로 전쟁을 잘하는 자는 적을 이끌되 이끌리지 않는다.

6 허실편 - 33, 34죽

能使敵人自至者 利之也
능 사 적 인 자 지 자　　이 지 야

능히 적으로 하여금 스스로 이르게 하는 것은, 이로움을 보여주기 때문이다.

***

(自至)자지 : 스스로 오도록 함.
(自至者)자지자 : 스스로 이르게 하는 것.
(利之也)이지야 : 이득이 있다.

能使敵人不得至者 害之也
능 사 적 인 부 득 지 자　　해 지 야

능히 적으로 하여금 이르지 못하게 하는 것은, 해로움을 보여주기 때문이다.

***

(不得至者)부득지자 : 이르지 못하게 하는 것.
(害之也)해지야 : 해로움이 있다.

故敵佚能勞之 飽能饑之 安能動之
고 적 일 능 로 지　　포 능 기 지　　안 능 동 지

그러므로 적이 쉬려고 하면 수고롭게 하고, 배부르면 주리게 하고, 편안하면 움직이게 한다.

***

(敵佚能勞之)적일능노지 : 적이 편안하면 피로하게 해야 한다.
(飽能飢之)포능기지 : 배부르면 굶주리게 해야 한다.
(安能動之)안능동지 : 안정되어 있으면 동요시켜야 한다.
(飽)포 : 물릴 포. 배부르게 먹음.
(饑)기 : 낫 기.
(動之)동지 : 이를 동요케 함.

<u>풀이</u> 능히 적으로 하여금 스스로 이르게 하는 것은 이로움을 보여주기 때문이다. 능히 적으로 하여금 이르지 못하게 하는 것은 해로움을 보여주기 때문이다. 그러므로 적이 쉬려고 하면 수고롭게 하고, 배부르면 주리게 하고, 편안하면 움직이게 한다.

6 허실편 - 33, 34죽

'허실(虛實)'편 역시 '병세(兵勢)'편에 이어 전투의 실제적인 요령에 대해 언급하고 잇다.

허실이란 빈틈과 견실함을 말하는데, 손자는 모든 사물이나 현상에는 허와 실이 있다고 보았다. 전쟁에서도 허와 실이 있는데, "나의 충실함으로 적의 빈틈을 치는 것이 허실이다"라고 하였다. 달리 표현하면 "적의 견실함을 피하고 허술한 틈을 공략하라"라고도 할 수 있겠다. 자세한 내용을 살펴보자.

전쟁을 하면서 적군보다 먼저 싸움터에 도착하여 유리한 지형을 차지하고 기다리는 형세를 취하면, 군사들은 편안하며 안정되어 여유를 가지고 적과 싸울 수 있다.

반면 적보다 뒤늦게 싸움터로 달려 온 군대는 제대로 준비할 수가 없고 몸도 피곤하기 때문에 결코 유리한 싸움을 전개할 수가 없다. 이러한 까닭에 전쟁을 잘하는 사람은 미리 준비하여 적이 달려 나오기를 기다릴 뿐 자신이 적에게로 달려 나가지 않는다.

적을 끌어들이는 방법은 간단하다.

"이익으로 하라"

즉 나오면 이익이 된다고 생각하도록 만들라는 것이다. 반대로 아직 아군이 준비되어 있지 않은데 적이 나오려고할 때는 적으로 하여금 나오지 못하게 해야 한다. 그럴 때는 나오면 해로움이 있을거라는 생각을 갖게 만들어야 한다.

한편, 이익과 해로움을 분명하게 깨닫게 하기 위해서는 적의 상태가 불안정해야 한다. 일례로 적이 편안히 휴식을 취하고 있으면 방법을 강구하여 그들을 피로하게 해야 하며, 식량이 넉넉하여 배불리 먹고 있으면 보급로를 끊고 식량을 불태우는 등의 수단을 동원하여 굶주리게 해야 하며, 유리한 곳에 안정된 형태의 진을 치고 있으면 계략으로써 적의 진영을 혼란에 빠뜨려야 하는 것이다. 그래야 적이 이익이 되는 것을 취하려고 나올 것이며, 해로움을 피하여 웅크리기도 하기 때문이다.

6 허실편 - 34, 35죽

2. 공격할 때는 허를 찔러라

적이 달려가지 못할 곳으로 나아가고, 적이 생각하지 않은 곳으로 쳐들어간다.

천 리를 행군하여도 수고롭지 않음은 적이 없는 곳으로 나아가기 때문이다. 공격하면 반드시 탈취함은 적이 지키지 않은 곳을 치기 때문이다. 그러므로 공격을 잘하는 자는 적으로 하여금 어느 곳을 방어

해야 할지 모르게 하고, 수비를 잘하는 자는 적으로 하여금 어느 곳을 공격해야 할지 모르게 한다.

　형체가 없어 눈으로 볼 수 없으니 미묘하고 미묘하도다. 소리가 없어 들을 수 없으니 신비하고 신비하도다. 이런 까닭에 능히 적의 생사를 다스릴 수 있는 것이다. 진격할 때 적이 나를 막지 못하는 것은 그 허를 찔렀기 때문이요. 물러갈 때 적이 나를 추격하지 못하는 것은 나의 행동이 신속하여 뒤쫓지 못하기 때문이다. 그러므로 내가 싸우고자 할 때는 반드시 적이 지켜야만 할 곳을 공격하여 보루와 참호 안에 있는 적이 어쩔 수 없이 나오도록 해야 하며, 내가 싸우고자 하지 않을 때는 적이 구하고자 하는 것을 다른 곳으로 돌려 땅에 선만 긋고 있어도 싸움을 걸어오지 않도록 해야 하는 것이다.

出其必所不趨也 趨其所不意
　　　출 기 필 소 불 추 야　　추 기 소 불 의

　(적이) 달려 나올 만한 곳으로 나아가고, 적이 예측하지 못한 곳으로 달려간다.

＊＊＊

(出其所不趨)출기소불추 : 적이 달려가지 않은 곳.
(趨其所不意)추기소불의 : 적이 예상하지 않은 곳으로 쳐들어 감.

6 허실편 - 34, 35죽

行千里而不勞者 行於無人之地也.
　　　행 천 리 이 불 로 자　　행 어 무 인 지 지 야

　천리를 행군해도 피로하지 않은 것은, 적이 없는 곳으로 행군하기 때문이다.

***

(不勞)불로 : 피로하지 않다.
(無人之地)무인지지 : 적군이 없는 곳.

攻而必取者 攻其所不守也
　　공 이 필 취 자　　공 기 소 불 수 야

　공격하면 반드시 취하는 것은, (적이) 지킬 수 없는 곳을 공격하기 때문이고

***

(攻而必取)공이필취 : 공격하면 반드시 취한다.
(攻其所不守)공기소불수 : 적이 지키지 못하는 곳을 공격한다.

守而必固者 守其所不攻也.
　　수 이 필 고 자　　수 기 소 불 공 야

　지키면 견고하게 하는 것은, (적이) 공격할 수 없는 곳을 지키기 때문이다.

***

(守而必固)수이필고 : 수비하면 반드시 견고하여 무너지지 않는다.
(守其所不攻)수기소불공 : 적이 공격하지 못하는 것을 수비한다.

故善攻者 敵不知其所守
　　고 선 공 자　　적 부 지 기 소 수

　그러므로 공격을 잘하는 자는, 적이 지켜야 할 곳을 알지 못하게 하고

***

(不知其所守)부지기소수 : 지킬 곳을 알지 못한다.

6 허실편 - 34, 35죽

善守者 敵不知其所攻
선 수 자   적 부 지 기 소 공

잘 지키는 자는, 적이 공격할 곳을 알지 못하게 한다.

***

(不知其所攻)부지기소공 : 공격할 곳을 알지 못한다.

微乎微乎 至於無形
미 호 미 호   지 어 무 형

神乎神乎 至於無聲
신 호 신 호   지 어 무 성

 미묘하고 미묘하여(아무 형태가 없는), 무형의 경지에 이르고, 신묘하고 신묘하여 (아무 소리도 들리지 않는), 무성의 경지에 이르는구나.

***

(微乎)미호 : 미묘하다는 감탄.
(微)미 : 작을 미. 미묘함. 은밀함. 미세함.
(至於無形)지어무형 : 형태가 없음에 이르다.
(神乎)신호 : 신비하다는 감탄.
(神)신 : 귀신 신. 신비함. 신묘함.
(至於無聲)지어무성 : 소리가 없음에 이르다.

故能爲敵之司命
고 능 위 적 지 사 명

그러므로 능히 적의 운명(생사)을 마음대로 할 수 있게 된다.

***

(司命)사명 : 생명을 맡아 다스린다는 신(神). 사람의 목숨을 주관하는 별 이름.

풀이 적이 달려 나올 만한 곳으로 나아가고 적이 예측하지 못한 곳으로 달려간다. 천 리를 행군해도 피로하지 않은 것은 적이 없는 곳으로 행군하기 때문이다. 공격하면 반드시 취하는 것은 적이 지킬 수 없는 곳을 공격하기 때문이고 지키면 견고하게 하는 것은 (적이) 공격할 수 없는 곳을 지키기 때문이다. 그러므로 공격을 잘하는 자는 적이 지켜야 할 곳을 알지 못하게 하고 잘 지키는 자는 적이 공격할 곳을 알지 못하게 한다. 미묘하고 미묘하여(아무 형태가 없는) 무형의 경지에 이르고 신묘하고 신묘하여 (아무 소리도 들리지 않는) 무성의 경지에 이르는구나. 그러므로 능히 적의 운명(생사)을 마음대로 할 수 있게 된다.

6 허실편 - 35, 36죽

進而不可御者 衝其虛也
진 이 불 가 어 자　　충 기 허 야

진격하는 데도 (적이) 방어 할 수 없는 것은, (적의) 허를 찔러 공격하기 때문이다.

＊＊＊

(進而不可御)진이불가어 : 진격하되 방어할 수 없다.
(禦)어 : 막을 어. 막아냄. 저지함.
(衝)충 : 찌를 충. 찌르다.
(衝其虛)충기허 : 허를 찌른다.

退而不可追者 速而不可及也.
퇴 이 불 가 추 자　　속 이 불 가 급 야

후퇴하는 데도 추격할 수 없는 것은, 속도가 빨라서 적이 미치지 못하기 때문이다.

＊＊＊

(退而不可追)퇴이불가추 : 물러나되 추격당하지 않는다.

(速而不可及)속이불가급 : 빨라서 따라갈 수 없다.
(不可及)불가급 : 미치지 못함.

故我欲戰 敵雖高壘深溝
　　　　고 아 욕 전　　적 수 고 루 심 구

그러므로 아군이 싸우고자 하면, 적이 비록 보루를 높이고 해자(성 밖을 둘러싼 연못)를 깊게 파도

* * *

(我欲戰)아욕전 : 내가 싸우고자 한다.
(高壘深溝)고루심구 : 보루를 높이 쌓고 참호를 깊이 판다.

不得不與我戰者 攻其所必救也.
　　부 득 불 여 아 전 자　　공 기 소 필 구 야

아군과 더불어 전투를 치를 수밖에 없는 것은, (적이) 필히 지키고자 하는 곳을 공격하기 때문이다.

* * *

(攻其所必救)공기소필구 : 반드시 구원해야 할 곳을 공격한다.

6 허실편 - 35, 36죽

我不欲戰 雖劃地而守之
　　아 불 욕 전　　수 획 지 이 수 지

아군이 싸우지 않고자 하면, 비록 아무 지형에나 선을 긋고 수비하더라도

* * *

(劃地而守之)획지이수지 : 땅에 금을 긋고 지킨다.
(劃地)획지 : 땅에 금을 그어 놓음.

敵不得與我戰者 乖其所之也.
적 부 득 여 아 전 자   괴 기 소 지 야

아군과 싸울 수 없는 것은 (아군의 적이), 행하는 바를 어긋나게 하기 때문이다.

***

(乖其所之)괴기소지 : 상대방이 꾀하는 바를 어긋나게 함. 어긋남.

풀이 진격하는 데도 (적이) 방어할 수 없는 것은 (적의) 허를 찔러 공격하기 때문이다. 후퇴하는 데도 추격할 수 없는 것은 속도가 빨라서 적이 미치지 못하기 때문이다. 그러므로 아군이 싸우고자 하면 적이 비록 보루를 높이고 해자(성 밖을 둘러싼 연못)를 깊게 파도 아군과 더불어 전투를 치를 수밖에 없는 것은 (적이) 필히 지키고자 하는 곳을 공격하기 때문이다. 아군이 싸우지 않고자 하면 비록 아무 지형에나 선을 긋고 수비하더라도 적이 아군과 싸울 수 없는 것은 (아군의 적이) 행하는 바를 어긋나게 하기 때문이다.

6 허실편 - 36죽

3. 유형과 무형의 차이

그러므로 적의 배치를 드러나게 하고, 아군의 배치는 드러내지 않는다, 이 편은 집중할 수 있고 적은 분산된다. 아군은 모여서 하나가 되고, 적은 흩어져서 열로 나뉘어지면 이는 곧 열 명이 한 명을 공격하는 것이 된다. 말하자면 아군은 많고 적은 그 수가 적은 셈이다. 이렇게 많은 병력으로 적은 병력을 공격하게 되면 아군은 그만큼 상대하기가 쉬워지는 것이다. 아군이 싸울 곳을 적이 알지 못하면, 그들은 지켜야 할 데가 많아진다.

지켜야 할 데가 많아지면, 아군과 싸울 사람이 적어지는 셈이다. 따라서 앞면을 지키면 뒷면의 병력이 적어지고, 뒷면을 지키면 앞면의 병력이 적어진다. 또한 왼쪽의 병력을 지키면 오른쪽의 병력이 적어지고, 오른쪽을 지키면 왼쪽의 병력이 적어진다. 모든 곳을 다 수비하게 되면 결국 모두 약화되는 것이다. 병력이 약화된 것은 적을 흩어지게 해 놓고 자기를 방어하기 때문이다.

故形人而我無形 則我專而敵分
고 형 인 이 아 무 형   즉 아 전 이 적 분

그러므로 적은 드러나게 하고 아군은 보이지 않게 하니, 아군은 하나이고 적은 분산된다.

***

(形人)형인 : 적을 드러냄. 곧 적의 형세를 드러낸다. 군대의 행태.
(我無形)아무형 : 아군은 드러내지 않는다.
(我專而敵分)아전이적분 : 아군은 집중하고 적은 분산한다.

6 허실편 – 37죽

我專爲一 敵分爲十 是以十攻其一也.
아 전 위 일   적 분 위 십   시 이 십 공 기 일 야

아군은 집중하여 하나가 되고, 적은 분산되어 열이 되니, 이것은 열로 하나를 공격하는 것이다.

***

(我專爲一)아전위일 : 아군은 집중하여 하나가 됨.
(分)분 : 나눌 분. 분산됨.
(以十攻其一)이십공기일 : 열로써 하나를 공격한다.

則我衆而敵寡 能以衆擊寡者

　　　　즉 아 중 이 적 과　　능 이 중 격 과 자

즉, 아군은 병력이 많고, 적은 병력이 적어지게 된다.

＊＊＊

(以衆擊寡)이중격과 : 많은 것으로 작은 것을 친다.

則吾之所與戰者 約矣
　　　즉 오 지 소 여 전 자　　약 의

(아군의) 많은 병력으로 (적의) 적은 병력을 공격할 수 있어 아군이 싸워야 할 적은, 약하게 된다.

＊＊＊

(約)약 : 묶을 약. 간략함. 싸우기 쉬운 것. 수월하다.

吾所與戰之地 不可知 則敵所備者多
　　　오 소 여 전 지 지　　불 가 지　　즉 적 소 비 자 다

아군이 공격할 장소를 (적이) 알지 못하면, 적이 대비해야 할 곳이 많아진다.

＊＊＊

(吾所與戰之地)오소여전지지 : 아군이 적과 더불어 싸울려는 곳. 격전지.
(不可知)불가지 : 알지 못한다.
(所備者多)소비자다 : 지켜야 할 곳이 많아진다.

6 허실편 – 38죽

敵所備者多 則吾所與戰者 寡矣
　　적 소 비 자 다　　즉 오 소 여 전 자　　과 의

적이 지켜야 할 곳이 많아지면, 아군은 싸울 곳이 적어진다.

＊＊＊

(所備者多)소비자다 : 지켜야 할 데가 많아짐.
(吾所與戰者)오소여전자 : 아군이 적과 더불어 싸울려는 자.
(所與戰者寡)소여전자과 : 싸울 사람이 적어진다.

故備前則後寡 備後則前寡
　　　고 비 전 즉 후 과　　　비 후 즉 전 과

그러므로, (적의 병력은) 앞쪽을 지키면 뒤쪽이 적어지고, 뒤쪽을 지키면 앞쪽이 적어진다.

＊＊＊

(備前則後寡)비전즉후과 : 앞을 지키면 뒤가 적어진다.
(備後則前寡)비후적전과 : 뒤를 지키면 앞이 적어진다.

備左則右寡 備右則左寡
　　　비 좌 즉 우 과　　　비 우 즉 좌 과

왼쪽을 지키면 오른쪽이 적어지고, 오른쪽을 지키면 왼쪽이 적어진다.

＊＊＊

(備左則右寡)비좌즉우과 : 왼쪽을 지키면 오른쪽이 적어진다.
(備右則左寡)비우즉좌과 : 오른쪽을 지키면 왼쪽이 적어진다.

6 허실편 – 38죽

無所不備 則無所不寡
　　무 소 불 비　　　즉 무 소 불 과

지키지 않는 곳이 없으니, (적의 병력이) 부족하지 않는 곳이 없게 된다.

＊＊＊

(無所不備)무소불비 : 지키지 않을 곳이 없음. 어느 곳이나 다 수비하게 됨.
(無所不寡)무소불과 : 적어지지 않는 곳이 없다.

寡者備人者也 衆者 使人備己者也.

과자비인자야   중자   사인비기자야

(적의 병력이) 적은 이유는 아군을 수비해야 하기 때문이다. (아군의 병력이) 많은 이유는 적이 아군을 대비하게 만들기 때문이다.

＊＊＊

(寡者)과자 : 숫자가 적다.
(備人者)비인자 : 적을 방비하는 것.
(衆者)중자 : 숫자가 많다.
(使人備己者)사인비기자 : 적으로 하여금 아군을 수비하게 하는 것.

풀이 이 장에서 손자는 이 편의 집중된 병력으로 상대방의 분산된 병력을 공격해야 함을 역설하고 있다. 그러기 위해서는 아군의 태세를 드러내지 말고, 또한 어디를 노리고 있는지를 적이 눈치채지 못하게 한다. 따라서 적은 여러 곳을 모두 방어하기 위해 병력을 분산시킬 수밖에 없다. 이제 아군은 흩어진 적을 상대로 자신의 집중된 힘을 투입할 수 있게 된다. 우세한 병력으로 약화된 적을 치게 되면 전자가 승리할 것은 자명한 일이다. 지난날의 탁월한 장군들은 모두 이 집중의 원리를 터득한 이들이었다.

6 허실편 - 36, 37, 38죽

나는 충실하되 적을 허하게 하려면 어떻게 하는 것이 좋을까, 이러한 의문에 대해 손자는 명쾌하게 답하고 있다.

"적의 형세는 드러나게 하되 나의 형세는 드러내지 말라."

모든 정황이 드러난 군대와 정황을 알 수 없는 군대는 큰 차이가 있다. 형세가 드러난 군대는 드러난 만큼 방비할 곳이 많아지겠지만, 형세를 전혀 드러내지 않은 군대는 어떻게 해볼 도리가 없다.

따라서 형세를 드러내지 않은 군대는 그만큼 전투력을 집중시킬 수가 있을 것이나, 형세가 드러난 군대는 전투력이 그만큼 분산될 수밖에 없다. 다시 말하면 무형(無形)의 군대는 실(實)이요, 유형의 군대는 허(虛)인 것이다. 견실함의 장점은 집중에 있으며, 허의 약점은 분산에 있다. 만일 아군은 힘을 온전히 하나로 집중하고 상대는 열로 분산해서 싸운다면, 이것은 곧 열의 힘으로 하나의 힘과 싸우는 효과를 가져온다. 열이 하나를 이기는 것은 너무나 당연한 일이다. 아군을 견실하게 하고 상대를 허술하게 하는 방법으로 또 한 가지가 있다. 아군이 공격하고자 하는 바를 상대가 전혀 눈치채지 못하게 하는 것이다. 그러면 상대는 어디를 지켜야 할지 몰라 모든 곳을 지킬 수밖에 없으며, 모든 곳을 지키게 되면 그만큼 병사들이 분산되어 아군과 싸우는 숫자는 적어질 수밖에 없는 것이다.

예를 들어보자. 수비하는 병사가 일정하다고 할 때, 앞을 지키는 병사의 수가 많아지면 자연히 뒤를 지키는 병사의 수는 적어지며, 뒤를 지키는 병사의 수가 많아지면 그만큼 앞을 지키는 병사는 적어질 수밖에 없다. 왼쪽을 지키면 오른쪽이 약해지고, 오른쪽을 지키면 왼쪽이 약해진다. 전후좌우 사방을 모두 지키려면 병사의 수는 그만큼 분산될 것이다.

병법에서 병사의 수가 적다는 것은 곧 수비해야 할 곳이 많다는 뜻이요, 병사의 수가 많다는 것은 그만큼 적으로 하여금 지킬 곳을 많게 했다는 뜻이라고 할 수 있다.

실(實)로써 허(虛)를 치는 것은 바로 이러한 이득이 있다. 따라서 나를 충실하게 하기 위해서는 상대를 분산시키는 것이 중요하며, 반대로 내가 분산되는 것은 무슨 수를 써서라도 막아야 할 것이다.

6 허실편 - 39, 40죽

4. 싸울 장소와 날짜를 알 수만 있다면

그러므로 싸울 곳을 알고 그 날짜를 알면 천 리 밖에 나가서 싸울 수도 있다. 그러나 싸울 곳과 그 날짜를 모르면 왼편 군대가 오른편 군대를 구원할 수가 없고, 오른편 군대는 왼편 군대를 구원할 수가 없으며, 앞이 뒤를 구원할 수가 없고 뒤가 앞을 구원할 수도 없다.

하물며 멀면 수십 리 가까워도 몇 리 밖에 있는 우군을 구할 수 있겠는가? 내 이를 헤아려 보건대 월나라 군대가 비록 많다고는 하지만 어찌 승리에 도움이 되겠는가. 따라서 승리는 만들 수 있다고 했다. 적군이 비록 많다고 해도 싸울 수 없게 할 수 있는 것이다.

'적병의 숫자가 비록 많다고 하더라도 싸울 수 없게 만든다면 승리는 당연한 일이다.'

故知戰之地 知戰之日 則可千里而會戰
고 지 전 지 지 지 전 지 일   즉 가 천 리 이 회 전

그러므로 싸울 곳을 알고, 싸울 날을 알면, 천 리를 행군하여 싸울 수 있다.

***

(戰之地)전지지 : 싸울 장소.
(戰之日)전지일 : 싸울 날짜.
(千里而會戰)천리이회전 : 천 리 밖 먼 곳에 나가서 적과 싸우는 곳. 천리회전
(會戰)회전 : 군대가 어울려서 싸우는 것.

不知戰地 不知戰日
부 지 전 지   부 지 전 일

싸울 곳과, 싸울 날을 알지 못하면

6 허실편 – 39, 40죽

則左不能救右 右不能救左
즉좌불능구우 우불능구좌

왼쪽이 오른쪽을 구할 수 없고, 오른쪽이 왼쪽을 구할 수 없다.

* * *

(左不能救右)좌불능구우 : (左軍)좌군이 (右軍)우군을 구하지 못함. 바로 옆에 있어도 구하지 못한다는 뜻.
(右不能救左)우불능구좌 : 오른쪽이 왼쪽을 구할 수 없다.

前不能救後 後不能救前
전불능구후 후불능구전

앞쪽이 뒤쪽을 구할 수 없고, 뒤쪽이 앞쪽을 구할 수 없다.

* * *

(前不能救後)전불능구후 : 앞쪽이 뒤쪽을 구할 수 없다.
(後不能救前)후불능구전 : 뒤쪽이 앞쪽을 구할 수 없다.

而況遠者數十里 近者數里乎
이 황 원 자 수 십 리   근 자 수 리 호

하물며 적이 멀게는 수십 리, 가깝게는 수 리에 걸쳐 있는 경우에는 말해 무엇하겠는가.

* * *

황(況) : 하물며 황. 하물며.

6 허실편 – 39, 40죽

以吾度之 越人之兵雖多
이 오 탁 지   월 인 지 병 수 다

亦奚益於勝敗哉
역 해 익 어 승 패 재

내가 이것을 생각해 보면, 월나라 군사의 수가 많다고 하나, 어찌 전쟁의 승패를 결정 짓는데 도움이 되겠는가.

＊＊＊

(吾度之)오탁지 : 내가 그것을 헤아리다.
(越人之兵)월인지병 : 월나라 사람들. 월나라 군대. 월나라는 손자가 머물러 있던 오나라의 철천지 원수국으로 대대로 싸움을 벌여왔다.
(奚)해 : 어찌 해. 어찌.

故曰 勝可爲也 敵雖衆 可使無鬪
고 왈 승 가 위 야 적 수 중 가 사 무 투

그러므로, 승리를 만들 수도 있고, 적의 병력이 비록 많다고는 하나, 전투를 하지 못하게 만들 수도 있다고 말하는 것이다.

＊＊＊

(勝可爲)승가위 : 승리는 당연하다. 이기도록 만들 수 있음.
(使無鬪)사무투 : 싸우지 못하게 한다. 싸울 수 없음.

풀이 적의 움직임과 허실을 살펴 싸울 장소와 그 시기를 알고 있다면, 이는 곧 전쟁의 주도권을 장악한 것이다. 그러나 상대방의 그것을 파악치 못하는 자는 늘 수동적인 위치에 놓이게 된다. 따라서 군사가 많아도 상대방의 술수에 말려들어 전후좌우로 이를 분산시킬 뿐 집중된 힘을 떨칠 수 없는 것이다. 이렇게 약화된 적을 상대로 이 편이 집중된 병력을 투입하여 친다면 크게 무찌를 수가 있다. 승리란 결국 지혜로운 이에 의해 만들어지는 것이다.

6 허실편 - 40죽

5. 형의 극치는 무형

그러므로 먼저 정세를 살펴 이해득실을 계산하고, 작전을 꾸며 그 동정을 파악하고, 지형을 탐색하여 유리하고 불리한 장소를 알아 두고, 정찰을 통해 적의 병력이 많은 곳과 적은 곳을 파악해두어야 한다. 이런 까닭에 군의 형세의 극치는 무형(無形)에 이르는 것이니, 형체가 없으면 첩자가 침투해도 탐지할 수가 없고 지모가 뛰어난 자도 전략을 세울 수 없다.

이렇게 싸움에서 승리하면 대부분의 병사들은 어떻게 이겼는지 알지 못하고, 몇몇 사람만이 이길 때의 군의 형세를 짐작하기는 하나 장수가 구체적으로 어떻게 그 형세를 통제하여 승리했는지는 알지 못한다. 따라서 한 번 사용한 방법은 다시쓰면 안되고 그때그때마다의 형세에 따라 무궁무진한 변화를 꾀하여야 한다.

故策之而知得失之計
고 책 지 이 지 득 실 지 계

作之而知動靜之理
작 지 이 지 동 정 지 리

그러므로 계책을 세워 득과 실의 계산을 살피고, 행동을 일으켜 (적의) 행동의 이치를 살피며

***

(策)책 : 채찍 책. 헤아리고 분석함.
(策之)책지 : 정세를 검토한다.
(得失)득실 : 이롭고 불리함.
(作之)작지 : 책략을 꾸미거나 시작하는 것.
(動靜)동정 : 어떤 움직임이 전개되어 가는 상태.

6 허실편 – 40죽

形之而知死生之地
형 지 이 지 사 생 지 지

角之而知有餘不足之處
각 지 이 지 유 여 부 족 지 처

적의 진이 사지인지 생지인지를 살피고, 공격을 해보아 어느 곳이 남음이 있고 어느 곳이 부족한지를 살핀다.

* * *

(角之)각지 : 적과 부딪힘. 정찰을 의미한다. 적과 힘을 겨루다.

풀이 손자는 싸우기 전에 지휘관이 파악해야 할 네가지 사항에 대해 언급하고 있다. 첫째 전투로 인한 아군의 이익과 손해를 계산해 봐야 한다. 둘째 적을 자극하여 그 대비태세의 유형을 안다. 셋째 적진에 쳐들어 갈 경우 그 지형이 아군에게 유리한 곳인지 또는 불리한 곳인지를 파악해야 한다. 넷째 탐색전으로 적의 병력배치의 약점과 장점을 살펴야 한다. 이상의 네 가지 사항에 대한 정보수집과 이의 합리적 분석은 바로 승리에 이르는 지름길이 된다.

그러므로 군형(軍形)의 극치는 그 형태가 눈에 띄지 않는 데 있다. 그 형태가 눈에 띄지 않으면 깊이 스며든 첩자도 엿볼 수 없고, 슬기로운 적장도 능히 술수를 부릴 수가 없다. 여러 사람들은 그 무형(無形)으로 인한 승리를 보고도 그 내용을 알지 못한다. 다시 말하자면 병사들은 아군이 승리할 때의 전투태세는 알고 있으나, 어떤 계략으로 이길 수 있었는지는 이해하지 못하는 것이다. 따라서 한번 싸움에 이긴 방법은 두 번 되풀이해서는 아니 되고, 상황에 따라 이에 대응하는 계략과 전술은 무궁무진해야 한다.

故形兵之極 至於無形
고 형 병 지 극   지 어 무 형

그러므로 용병을 운영하는 최고의 상태는, (아무형태도 없는) 무형의 경지에 이르는 것이다.

＊＊＊

(形兵之極)형병지극 : 군대를 드러내 보임. 군대를 운용한다는 뜻. 군형(軍形)의 극치
(無形)무형 : 그 형태가 없음. 그 형태가 눈에 띄지 않음.

6 허실편 - 41, 42죽

無形則深間不能窺 智者不能謀
무 형 즉 심 간 불 능 규   지 자 불 능 모

무형의 경지는 간첩이 깊게 침투해도 (아군의) 허실을 엿볼 수 없고, 지혜로운 (적이라도) 모략을 세울 수 없다.

＊＊＊

(無形)무형 : 그 형태가 없음. 그 형태가 눈에 띄지 않음.
(深間)심간 : 깊이 침투한 첩자. 고정첩자.
(不能窺)불능규 : 엿보지 못한다. 엿볼 규.
(不能謀)불능모 : 꾀를 내지 못한다. 작전을 세우지 못한다.

因形而措勝於衆 衆不能知
인 형 이 조 승 어 중   중 불 능 지

(무형의) 형을 바탕으로 무리(많은 병력)로 부터 승리를 거두어도, 무리(많은 병력)는 (아군이 어떻게 이겼는지) 알지 못하며

＊＊＊

(因形)인형 : 여기서 (形)형은 무형을 가리킴. 즉 무형의 형태.
(措勝於衆)조승어중 : 많은 병력의 적군에게서 승리를 거두다. 이기도록 조치함.

人皆知我所以勝之形
인 개 지 아 소 이 승 지 형

而莫知吾所以制勝之形
이 막 지 오 소 이 제 승 지 형

사람들도 개략적으로 아군이 승리한 형은 알지만, 아군이 만들어 온 승리의 형은 알지 못한다.

***

(我所以勝之形)아소이승지형 : 아군이 승리할 수 있도록 만든 형세.
(所以制勝之形)소이제승지형 : 승리할 수 있도록 형세를 다스리다.

6 허실편 - 41, 42죽

故其戰勝不復 而應形於無窮
고 기 전 승 불 복 　 이 응 형 어 무 궁

그러므로 싸움에 이긴 방법을 되풀이해서는 아니 되고, 형은 상황에 따라 다양한 방법으로 전략과 전술을 취하므로 그 형태가 없을 정도로 무궁무진하여야 한다.

***

(戰勝不復)전승불복 : 승리한 작전은 다시 쓰지 않는다.
(不復)불복 : 되풀이 하지 않음.
(應形於無窮)응형어무궁 : 상대방의 군형에 따라 대응하는 전술은 무궁무진함.

풀이 그러므로 용병을 운영하는 최고의 상태는 (아무 형태도 없는) 무형의 경지에 이르는 것이다. 무형의 경지는 간첩이 깊게 침투해도 (아군의) 허실을 엿볼 수 없고 지혜로운 (적이라도) 모략을 세울 수 없다. (무형의) 형을 바탕으로 무리(많은 병력)로부터 승리를 거두어도 무리(많은 병력)는 (아군이 어떻게 이겼는지) 알지 못하며 사람들도 개략적으로 아군이 승리한 형은 알지만 아군이 만들어 온 승리의 형은 알지 못한다. 그러므로 전투의 승리는 반복하지 않고 끝없이 다양한 방법으로 형을 응용한다.

6 허실편 - 42, 43죽

6. 물을 본받아라

군대의 태세는 물과 같아야 한다.

물의 형세는 높은 곳을 피하고 낮은 곳으로 흐르며, 군대의 태세는 충실한 데를 피하고 빈틈을 치는 것이다. 물의 지형에 의해 흐름이 정하여지고, 전쟁은 적으로 말미암아 승리가 규정된다.

그러므로 전쟁에는 고정된 형세가 없고, 물에도 일정한 형상이 없다. 적의 태세에 따라 변화함으로써 승리를 거둠을 일러 용병의 신(神)이라고 한다. 따라서 오행에는 늘 이기는 기(氣)가 없고, 네 계절도 항상 돌고 도는 것이다. 또한 하루해에도 짧고 긴 날이 있고 달에도 초생달과 보름달이 있다.

夫兵形象水 水之形 避高而趨下
부병형상수　수지형　피고이추하

무릇 용병의 형은 물의 형상이다. 물의 형은, 높은 곳을 피하여 아래로 흐른다.

＊＊＊

(兵形)병형 : 군대의 형세.
(象水)상수 : 물을 본 받는 것. 물의 모양을 닮음.
(避高而趨下)피고이추하 : 높은 곳을 피하고 낮은 곳으로 달려간다.

兵之形 避實而擊虛
　병 지 형　　피 실 이 격 허

용병의 형은, 실을 피하여 허를 공격한다.

*　*　*

(避實而擊虛)피실이격허 : 충실함을 피하고 허술한 곳을 공격한다. 실(實)을 피하고 허점을 공격함.

6 허실편 – 42, 43죽

水因地而制流 兵應敵而制勝
　수 인 지 이 제 류　　병 응 적 이 제 승

물은 땅으로 인하여 흐름을 만들고, 용병은 적으로 인하여 승리를 만든다.

*　*　*

(水因地而制流)수인지이제류 : 물은 땅의 형세에 따라 흐름이 만들어진다.
(兵應敵而制勝)병응적이제승 : 전쟁은 적의 대응에 따라 승리가 결정된다.

故兵無常勢 水無常形
　고 병 무 상 세　　수 무 상 형

그러므로 용병은 일정한 세가 없고, 물은 일정한 형이 없다.

*　*　*

(兵無常勢)병무상세 : 군사 운용에는 일정한 기세가 없다. 일정한 형세. 고정된 태세.
(水無常形)수무상형 : 물에는 일정한 형태가 없다.

能因敵變化而取勝者 謂之神
　능 인 적 변 화 이 취 승 자　　위 지 신

능히 적으로 인하여 변화하고 승리를 얻는 자를, 신이라 한다.

*　*　*

(變化而取勝)변화이취승 : 변화시켜 승리를 취하다.
(謂之神)위지신 : 신묘하다 일컬음. (神兵)신병이라고 한다.

6 허실편 – 43죽

故五行無常勝 四時無常位
　　고 오 행 무 상 승 　　사 시 무 상 위

그러므로 오행은 영원한(일정한) 승리가 없고, 사계절은 영원한(일정한) 위치가 없으며,

* * *

(五行)오행 : (金)금, (木)목, (水)수, (火)화, (土)토의 다섯 가지 원기(원기), 이것들이 서로 낳고 이기는 관계에 의해 만물이 생성됨. (金)금은 (木)목을 이기고, (木)목은 (水)수를 이기고, (水)수는 (火)화를 이기고, (火)화는 (土)토를 이기고, (土)토는 (金)금을 이기는데

(無常勝)무상승 : 항상 이김이 없음. (金)금은 (木)목을 이기고, (木)목은 (水)수를 이기고, (水)수는 (火)화를 이기고, (火)화는 (土)토를 이기고, (土)토는 (金)금을 이기는데 서로 이기고 지기도 하는 것처럼 항상 변화한다는 뜻.

(無常位)무상위 : 항상 제자리에 있지 않음. 늘 고정된 위치에 있는 게 아님. 언제나 교체되고 있다는 뜻. 봄이 가면 여름이 오고, 여름이 가면 가을이 오고, 가을이 가면 겨울이 오고, 겨울이 다하면 봄이 오는 등 항상 변화 한다는 뜻.

日有短長 月有死生
　　일 유 단 장 　　월 유 사 생

날이 길고 짧음이 있고, 달이 차고 기우러 짐이 있다.

* * *

(日有短長)일유단장 : 해에는 짧고 긴 것이 있음. 즉 여름에는 길어지고 겨울에는 짧아진다는 뜻.

(月有死生)월유사생 : 달에는 없어지고 생겨남이 있음. 달은 그믐께 없어졌다가 초승에 다시 생겨나 차오르기 시작한다는 뜻.

<u>풀이</u> 무릇 용병의 형은 물의 형상이다. 물의 형은 높은 곳을 피하여 아래로 흐른다. 용병의 형은 실을 피하여 허를 공격한다.

물은 땅으로 인하여 흐름을 만들고 용병은 적으로 인하여 승리를 만든다. 그러므로 용병은 일정한 세가 없고 물은 일정한 형이 없다. 능히 적으로 인하여 변화하고 승리를 얻는 자를 신이라 한다. 그러므로 오행은 영원한(일정한) 승리가 없고, 사계절은 영원한(일정한) 위치가 없으며, 길고 짧음이 있고, 달이 차고 기우러 짐이 있다.

제7 군쟁편

軍爭篇 第七

7 군쟁편 – 44죽

"유리함을 선점하라"

군쟁편(軍爭篇)은 격전을 벌일 때의 요령(要領)을 설명하고 있다.

양군이 대치(對峙)하다가 마지막에 이르면, 혈전(血戰)을 벌여서라도 승부를 가리고자 한다.

손자는 결전함에 있어 제일 어려운 것은, 어떻게 구부러진 길을 가까운 직선거리로 삼으며, 어떻게 불리한 상황을 유리한 상황으로 바꾸느냐 하는 것이라고 여겼다.

왜냐하면 우회(迂廻) 작전은 적이 의도하지 못한 경우가 많아, 저항력이 가장 약하다.

그래서 기습으로 승리를 거두기가 쉬운 것이다.

승리를 얻기 위해서는 피아(彼我)가 유리한 조건을 놓고 온갖 속임수를 구사해야 한다.

지혜로운 장수는 먼 길을 돌아가는 술수로 적의 허점을 찌르기도 하고, 적군의 동태를 주시하며 해이해 질 때를 노린다.

또한 잘 통솔된 적과는 전투를 피하며 아군은 작전상 유리한 장소에서 쉬면서, 적군이 피로해질 때를 기다리는 것이다.

7 군쟁편 – 44죽

1. 돌아가면서도 빨리 가는 전략

손자가 말하였다.

대체로 용병하는 방법은 장수가 군주의 명령을 받아 군사를 집합시키고 무리를 모아 서로 대치하게 된다.

전투에서 기선을 제압하는 게 가장 어려운 일이다.

기선을 제압하기 어렵다 함은 돌아감으로써 곧고 가까운 길로 삼고, 불리한 우환으로써 도리어 이로움을 얻기 때문이다.

그러므로 그 길을 돌아감으로써 이익을 주는 듯이 하여 적을 유인하고, 상대방보다 뒤늦게 떠나서 먼저 도착한다면 이것이 바로 우직(迂直)의 계(計)를 아는 사람이다.

'돌아가면서도 빨리가는 전략'이라고 하는 것이다.

孫子曰 凡用兵之法 將受命於君
손자왈　범용병지법　장수명어군

손자가 말하였다. 무릇 용병의 법은, 장수가 군주로부터 명령을 받아 군을 편성하고

***

(用兵)용병 : 군대를 운용하는 것. 전쟁을 수행한다는 뜻.
(受命於君)수명어군 : 군주에게서 명을 받다.

合軍聚衆 交和而捨 莫難於軍爭
합군취중　교화이사　막난어군쟁

무리를 동원하며 군대가 진영을 편성하여 적과 대치하는 것으로, 군쟁보다 어려운 일은 없다.

***

(合軍聚衆)합군취중 : 병사를 모으고 장정을 징발한다.
(聚衆)취중 : 백성들을 징집함.
(交和)교화 : 두 군대가 서로 마주보고 대치함. 화(和)는 군문(軍門)을 뜻함.
(交和而舍)교화이사 : 여기서 화는 군문을 뜻한다. 즉 서로 군문을 마주하고 주둔함.
　　　　　　(舍)사의 원래 뜻은 집인데 여기서는 주둔한다는 뜻
(莫難於軍爭)막난어군쟁 : 승리하기 위해 다투는 것처럼 어려운 일은 없다.

7 군쟁편 - 44, 45죽

軍爭之難者 以迂爲直 以患爲利
군쟁지난자　이우위직　이환위리

군쟁이 어려운 것은, 우회하면서 직진하는 것처럼 하고, 어려움을 이로움으로 삼아야 하기 때문이다.

＊＊＊

(軍爭)군쟁 : 주도권을 장악하기 위한 싸움.
(以迂爲直)이우위직 : 멀리 돌아가는 것을 직선처럼 만든다.
(以患爲利)이환위리 : 불리한 것을 유리한 것으로 만들다.

故迂其途而誘之以利
고 우 기 도 이 유 지 이 리

그러므로 그 길을 우회하여, 이로움으로 적을 유인하고

＊＊＊

(誘之以利)유지이리 : 이익으로 적을 유인하다.

後人發 先人至 此知迂直之計 者也.
후 인 발　선 인 지　차 지 우 직 지 계　자 야

적보다 늦게 출발하여도, 적보다 먼저 도달한다. 이것이 우직지계를 아는 것이다.

＊＊＊

(後人發)후인발 : 적보다 늦게 출발하다.
(先人至)선인지 : 적보다 먼저 도착하다.
(迂直之計)우직지계 : 우회(迂回)해도 적보다 먼저 이르는 계략.

풀이 손자가 말하였다. 무릇 용병의 법은 장수가 군주로부터 명령을 받아 군을 편성하고 무리를 동원하며 군대가 진영을 편성하여 적과 대치하는 것으로 군쟁보다 어려운 일은 없다. 군쟁이 어려운 것은 우회하면서 직진하는 것처럼 하고 어려움을 이로움으로 삼아야 하기 때문이다. 그러므로 그 길을 우회하여 이로움으로 적을 유인하고 적보다 늦게 출발하여도 적보다 먼저 도달한다. 이것이 우직지계를 아는 것이다.

7 군쟁편 – 45, 46죽

2. 급한 군쟁은 삼가라

이런 까닭에 군쟁은 이로움을 줄 수도 있지만 위태로움을 안겨 줄 수도 있다. 모든 군사로 하여금 유리한 지점을 다투게 하면 진군이 늦어져 오히려 적에 미치지 못할 수 있고, 전투 부대로 하여금 유리한 지점을 다투게 하면 치중부대가 뒤처져 군량 보급에 지장을 초래할 수 있다.

유리함을 선점하기 위해 갑옷을 벗어던진 채 밤낮을 쉬지 않고 두 배 이상의 속도로 행군하되, 일백 리 거리를 달려가 승리를 다투면 모든 장군이 포로로 잡힌다. 체력이 강한 병사는 도착하겠지만 피로한 병사는 뒤처져 10분의 1의 병사만이 목적한 곳에 다다르기 때문이다. 오십 리 거리를 달려가 승리를 다투면 반 정도의 군사밖에 도착하지 않음으로써 상장군을 잃게된다.

삽십 리 거리를 달려가 승리를 다투면 3분의 2 정도의 병력만이 목적지에 다다르게 된다. 군대에 수송 보급이 없으면 패망하고, 식량이 없어도 패망하고, 비축물자가 없어도 패망한다.

이러한 까닭에 이웃 나라의 속마음을 알지 못하는 자는 미리 외교 관계를 맺지 못하고, 산고 숲의 험준한 곳, 습지대의 지형을 알지 못하는 자는 군대를 행군시킬 수 없으며, 길 안내인을 쓰지 않은 사람은 지리적인 이득을 얻을 수 없는 것이다.

故軍爭爲利 軍爭爲危 擧軍而爭利
　　고 군 쟁 위 리　　군 쟁 위 위　　거 군 이 쟁 리

그러므로 군쟁은 이로움이 될 수도 있고 해로움이 될 수도 있다. 모든 군대를 통제하여 이로움을 다툰다.

＊＊＊

(擧軍)거군 : 군대 전원을 싸움터에 투입함. 온 군대라는 뜻.
(擧軍而爭利)거군이쟁리 : 모든 군대가 나서서 승리를 다툰다는 뜻.

7 군쟁편 - 45, 46죽

則不及 委軍而爭利 則輜重捐
　즉 불 급　　위 군 이 쟁 리　　즉 치 중 연

도착하지 못하고, 군대(개별 지휘관)에 위임하여 이로움을 다투면, 군수품(보급품)이 버려진다(뒤처진다).

＊＊＊

(不及)불급 : 미치지 못하다. 승리하지 못하다.
(委軍)위군 : 군(軍)의 일부를 버리고 경무장한 부대만을 이끌고 전진함.
(委軍而爭利)위군이쟁리 : (委軍)위군은 일부 군대. 혹은 경무장한 전투부대. 즉 경무장한 부대만 먼저 가서 싸운다는 뜻.
(輜重捐)치중연 : 치중은 수송부대. (捐)연은 버린다는 의미. 피복, 식량, 무기 등을 실어 나르는 보급 부대. 군수품. 즉 치중부대는 뒤처진다는 뜻.

是故卷甲而趨 日夜不處
　시 고 권 갑 이 추　　일 야 불 처

그러므로 갑옷을 걷어 올리고 달려, 밤낮으로 쉬지않고

＊＊＊

(卷甲)권갑 : 갑옷을 접어 등에 짐. 갑옷을 걷어 올리다.
(趨)추 : 나아감. 진군함.

(日夜不處)일야불처 : 낮과 밤을 쉬지 않는다. 밤낮을 쉬지 않는다.
(不處)불처 : 쉬지 않음.

倍道兼行 百里而爭利
　　　배 도 겸 행　　백 리 이 쟁 리

두 배의 속도로, 백 리를 행군하여 이로움을 다투다.

＊＊＊

(倍道兼行)배도겸행 : 길을 두배로 늘리고 행군을 갑절로 하다.
(兼行)겸행 : 쉬지 않고 강행군함.
(百里而爭里)백리이쟁리 : 백 리를 달려와 승리를 다투다.

7 군쟁편 – 45, 46죽

則擒三軍將 勁者先 疲者後
　　즉 금 삼 군 장　　경 자 선　　피 자 후

삼군의 장수가 사로 잡히고, 날랜 병사는 먼저 가지만, 피로한 병사는 뒤처진다.

＊＊＊

(擒三將軍)금삼장군 : 모든 장수가 포로가 됨. 삼장군은 상군, 하군, 중군의 장수.
(勁者先)경자선 : 체력이 강한 병사는 먼저 도착한다. 튼튼한 병사가 먼저감.
(罷者後)파자후 : 피로한 병사는 뒤떨어진다. 지치고 허약한 병사가 뒤에 처지게 됨.

其法十一而至
　　기 법 십 일 이 지

이러한 (용병의) 법은 군사의 십분 지 일만 목적지에 이르게 한다.

＊＊＊

(其法)기법 : 비율. 비례.
(十一而至)십일이지: 10분의 1.

五十里而爭利 則蹶上將軍 其法半至
오 십 리 이 쟁 리   즉 궐 상 장 군   기 법 반 지

오십 리를 행군하여 이로움을 다투면, 상장군이 전사한다. 이러한 (용병의) 법은 (병사의) 절반만 목적지에 이르게 한다.

＊＊＊

(蹶)궐 : 넘어 질 궐. 쓰러지게 됨. 다치게 됨.
(蹶上將軍)궐상장군 : 상장군이 쓰러진다.
(其法)기법 : 비율. 비례.

7 군쟁편 - 45, 46죽

三十里而爭利 則三分之二至
삼 십 리 이 쟁 리   즉 삼 분 지 이 지

삼십 리 거리를 행군하여 이로움을 다투면, 삼 분의 이만 도착한다.

是故軍 無輜重則亡
시 고 군   무 치 중 즉 망

無糧食則亡 無委積則亡
무 량 식 즉 망   무 위 적 즉 망

그러므로 군대에, 보급품이 없으면 망하고, 양식이 없으면 망하고, 확보된 물자가 없으면 망한다.

＊＊＊

(委積)위적 : 비축된 물자.

풀이 그러므로 군쟁은 이로움이 될 수도 있고 해로움이 될 수도 있다. 모든 군대를 통제하여 이로움을 다투면(제시간에) 도착하지 못하

고 군대(개별 지휘관)에 위임하여 이로움을 다투면 군수품(보급품)이 버려진다(뒤처진다). 삼군의 장수가 사로잡히고 날랜 병사는 먼저 가지만 피로한 병사는 뒤처진다. 이러한 (용병의) 법은 군사의 십분 지 일만 목적지에 이르게 한다. 오십 리를 행군하여 이로움을 다투면 상장군이 전사한다. 이러한(용병의) 법은 (병사의) 절반만 목적지에 이르게 한다. 삼십 리 거리를 행군하여 이로움을 다투면 삼 분의 이만 도착한다. 그러므로 군대에 보급품이 없으면 망하고, 양식이 없으면 망하고, 확보된 물자가 없으면 망한다.

7 군쟁편 – 47죽

故不知諸侯之謀者 不能豫交
고 부 지 제 후 지 모 자　　불 능 예 교

그러므로 제후의 모략을 알지 못하면, 미리 사귈 수 없고(외교관계를 맺을 수 없고)

***

(諸侯之謨)제후지모 : 이웃나라 군주의 계책. 속마음.
(豫交)예교 : 미리 국교를 맺다.

不知山林 險阻 沮澤之形者 不能行軍
부 지 산 림　 험 조　 저 택 지 형 자　 불 능 행 군

산림, 험한 지형, 늪지 등 지리와 지형을 알지 못하면, 행군할 수가 없고

***

(山林險阻)산림험조 : 산과 숲의 험준한 곳. 지세가 험준함.
(沮澤)저택 : 습지대. 늪과 못. 소택지.

不用鄕導者 不能得地利
불 용 향 도 자　 불 능 득 지 리

지형을 잘 아는 현지인을 이용하지 못하면, 지리적인 이로움을 얻을 수 없다.

***

(鄕導)향도 : 길 안내인. 그 지역의 길잡이.
(地利)지리 : 지형의 이로움.

풀이 그러므로 제후의 모략을 알지 못하면 미리 사귈 수 없고(외교관계를 맺을 수 없고) 산림, 험한 지형, 늪지 등 지리와 지형을 알지 못하면 행군할 수가 없고 지형을 잘 아는 현지인을 이용하지 못하면 지리적인 이로움을 얻을 수 없다.

7 군쟁편 – 47, 48죽

3. 바람처럼 숲처럼 불처럼 산처럼
   – 풍림화산(風林火山)

그러므로 싸움은 속임수로써 성립하고, 이로운 방향으로 움직이며, 군대를 나누기도 하고 합하기도 하며 변화를 일으키는 것이다.

따라서 그 행동의 신속함은 바람과 같고, 고요할 때는 숲과 같으며, 쳐들어갈 때는 불길과 같고, 움직이지 아니할 때는 산과 같으며, 그 동정을 알 수 없음은 어둠과 같고, 움직일 때는 벼락치는 것과 같다. 적의 고을을 약탈하면 그 이익을 나누고, 적의 땅을 점령하면 그 이득을 분배하며, 이익을 계산하여 행동한다. 먼저 돌아가고 곧장 가는 계략을 아는 이가 승리하는 것이니, 이는 전략의 원칙이다.

故兵以詐立 以利動 以分合爲變者也.
고 병 이 사 립   이 리 동   이 분 합 위 변 자 야

그러므로 용병은 적을 속임으로써 성립하고, 이로움으로써, 적을 움

軍爭篇 第七   177

직이며(병력을) 집중하고 분산함으로써 변화를 만들어 내는 것이다.

***

(兵以詐立)병이사립 : 전쟁은 속임으로써 성립한다.
(詐)사 : 속일 사. 속임수.
(以利動)이리동 : 이로움으로써 움직인다.
(分合)분합 : 분산과 집합.
(爲變)위변 : 변화하는 것. 변화를 일으키는 것.

7 군쟁편 - 47, 48죽

故其疾如風 其徐如林 侵掠如火
고 기 질 여 풍　　기 서 여 림　　침 략 여 화

그러므로 빠르기는 바람과 같고, 느림은 숲과 같고, 침략은 불과 같고,

***

(其疾如風)기질여풍 : 빠르기가 바람과 같다.
(疾)질 : 병 질. 신속함.
(其徐如林)기서여림 : 고요함이 숲과 같다.
(侵掠如火)침략여화 : 공격함이 불과 같다.

不動如山 難知如陰 動如雷霆
부 동 여 산　　난 지 여 음　　동 여 뇌 정

움직이지 않음은 산과 같고, 알기 어려움은 그늘(어둠)과 같고, 움직임은 우레와 천둥 같다.

***

(不動如山)부동여산 : 움직이지 않음이 산과 같다.
(難知如陰)난지여음 : 알기 어려움이 어둠과 같다.
(動如雷霆)동여뇌정 : 움직임이 천둥벼락과 같다.

4. 분배는 공정하게

적에게서 빼앗은 노획물은 병사들에게 나누어 주고 영토를 얻으면 그 이익을 분배하되, 저울에 달아서 하듯 공평하게 해야 한다.

이러한 '우직(迂直)의 계(計)'를 먼저 아는 자는 승리하게 마련이니 이것이 바로 군쟁의 법칙이다.

掠鄕分衆 廓地分利 懸權而動
약 향 분 중　곽 지 분 리　현 권 이 동

마을을 약탈하여 무리(병력)을 나누고 땅을 넓혀서 이익을 나누고, 권위(권세)를 드러내며 이동한다.

*　*　*

(掠鄕)약향 : 적의 고을을 약탈함.
(分衆)분중 : 병사들에게 나누어 준다는 뜻.
(掠鄕分衆)약향분중 : 고대에는 적의 영토를 점령하면 병사들의 사기를 높이기 위해 일정한 날을 정해 약탈을 허용했는데, 약향분중이란 바로 이러한 것을 말한다.
(廓地分利)곽지분리 : 영토를 넓히면 그 이익을 나누어준다.
(縣權而動)현권이동 : (權)권은 저울 뜻. 즉 분배할 때는 공평하게 해야 한다는 의미.

先知迂直之計者勝 此軍爭之法也.
선 지 우 직 지 계 자 승　차 군 쟁 지 법 야

먼저 우직지계를 아는 사람이 승리한다. 이것이 군쟁의 법이다.

<u>풀이</u> 그러므로 용병은 적을 속임으로써 성립하고 이로움으로써 적을 움직이며 (병력을) 집중하고 분산함으로써 변화를 만들어 내는 것이다. 그러므로 빠르기는 바람과 같고, 느림은 숲과 같고, 침략은 불과 같고, 움직이지 않음은 산과 같고, 알기 어려움은 그늘(어둠) 과 같고,

움직임은 우레와 천둥 같다. 마을을 약탈하여 무리(병력)을 나누고 땅을 넓혀서 이익을 나누고 권위(권세)를 드러내며 이동한다.

먼저 우직지계를 아는 사람이 승리한다. 이것이 군쟁의 법이다.

7 군쟁편 - 48, 49죽

5. 북과 징과 깃발의 중요성

"군정(軍政)"이라는 옛 병서에 이르기를 "말해도 서로 들리지 않아 징과 북을 쓰며, 보려고 해도 서로 보이지 않아 깃발을 쓰는 것이다."고 했다. 무릇 징, 북과 깃발은 군대의 귀와 눈을 하나로 합하기 위함이다.

군대의 행동이 이미 하나로 합하게 되면 용기 있는 자도 홀로 나아가지 못하고, 비겁한 자도 홀로 물러나지 못할 것이다.

따라서 전투태세가 혼란한 것 같아도 사실은 그렇지 않고, 혼돈 속에서도 절도가 있어 패배시킬 수 없는 것이다.

그러므로 야간 전투에는 횃불과 북을 많이 쓰고, 대낮의 전투에는 깃발을 많이 쓰는 것은 바로 적의 눈과 귀를 어렵게 하기 위함이다.

이것이 '대규모 군사를 움직이는 방법"이다.

軍政曰 言不相聞 故爲金鼓
　군정왈　언불상문　　고위금고

군정(이라는 책)에서 말하였다. (전쟁터에서는) 말을 서로 들을 수 없으니, 징과 북으로(신호를) 하고,

***

(軍政)군정 : 고대 병법서의 이름. 옛날의 병법서.
(言不相聞)언불상문 : 말을 해도 서로 들리지 않는다.
(金鼓)금고 : 북과 징. 대개 북은 전진할 때 두드리고, 징은 퇴군할 때 친다.

7 군쟁편 - 49, 50죽

視不相見 故爲旌旗
시불상견　고위정기

故夜戰多金鼓 晝戰多旌旗
고야전다금고　주전다정기

눈으로 서로를 볼 수 없으니, 깃발로 (신호를) 한다. 이런 징과 북과 깃발을 쓰는 것은

***

(視不相見)시불상견 : 보려 해도 서로 볼 수 없다.
(旌旗)정기 : 깃발.
(金鼓)금고 : 북과 징. 대개 북은 전진할 때 두드리고, 징은 퇴군할 때 친다.

夫金鼓旌旗者 所以一民之耳目也.
부금고정기자　소이일민지이목야

병사들의 눈과 귀를, 하나로 모으기 위해서이다.

***

(金鼓)금고 : 징과 북.
(一民之耳目)일민지이목 : 병사들의 귀와 눈을 하나로 한다. 원본에 (民)민이다. 일부는 (人)인으로도 표시됨.

民旣專一 則勇者不得獨進
민기전일　즉용자부득독진

병사들이 모여 처음부터 하나가 되면, 용감한 자라도 독단으로 진격할 수 없고

***

(民旣專一)민기전일 : 병사들이 하나로 되는 것.
(勇者不得獨進)용자부득독진 : 용감한 자라도 혼자 전진하지 못한다.

軍爭篇 第七

7 군쟁편 - 49, 50죽

怯者不得獨退 此用衆之法也.
겁 자 부 득 독 퇴　　차 용 중 지 법 야

겁쟁이라도 독단으로 퇴각할 수 없다. 이것이 무리(많은 병력)를 운용하는 방법이다.

***

(怯者不得獨退)겁자부득독퇴 : 비겁한 자라도 혼자 물러나지 못한다.
(用衆之法)용중지법 : 많은 병사를 움직이는 법.

7 군쟁편 - 50죽

6. 기세를 이용한 싸움 - 치기(治氣)

야간 전투에는 횃불과 북을 사용하고 주간 전투에는 깃발을 많이 사용한다. 이것은 적군 병사들의 이목을 현혹시키기 위한 것이다. 따라서 대규모 적병이라 해도 그 기세를 빼앗을 수 있고, 적장의 마음도 빼앗을 수 있다. 기세란 아침에는 날카롭고 낮에는 나태해지며 저녁에는 소멸된다. 그러므로 전쟁을 잘하는 자는 날카로운 기세를 피하고 나태해지거나 소멸되었을 때 공격한다.

이것이 '기세를 이용한 싸움'이다.

故夜戰多火鼓 晝戰多旌旗
고 야 전 다 화 고　　주 전 다 정 기

所以變民之耳目也.
소 이 변 민 지 이 목 야

그러므로 야간 전투에서는 불과 북을 많이 사용하고, 주간 전투에서는 깃발을 많이 사용한다. 이것은 병사들의 눈과 귀를 속이기 위함이다.

***

(夜戰)야전 : 야간전투.
(多火鼓)다화고 : 불과 북을 많이 쓴다.
(晝戰)주전 : 낮 전투,
(多旌旗)다정기 : 깃발을 많이 쓴다. 신호용으로 쓰인 군대의 깃발.
(變民之耳目)변민지이목 : 적의 눈과 귀를 현혹시킴.

풀이 아군의 전투력을 제대로 발휘시키기 위해서는 징·북·깃발과 같은 신호를 사용해야 한다. 이와 같은 방법에 의해 효과적으로 지휘되는 군대의 힘이란 언제나 막강한 것이다.

7 군쟁편 – 50, 51죽

故三軍可奪氣 將軍可奪心
　　고 삼 군 가 탈 기　　장 군 가 탈 심

그러므로 전군의 사기를 빼앗아 버릴 수 있고, 적장의 마음을 흔들어 놓을 수 있다.

***

(三軍可奪氣)삼군가탈기 : 적의 전군의 기세를 빼앗을 수 있다.
(將軍可奪心)장군가탈심 : 적장의 마음을 빼앗을 수 있다.

是故 朝氣銳 晝氣惰 暮氣歸
　　시 고　조 기 예　주 기 타 모 기 귀

무릇 아침의 기는 날카롭고, 낮의 기는 해이하며, 저녁의 기는 사라진다.

***

(朝氣銳)조기예 : 아침에는 기세가 날카롭다.

(晝氣惰)주기타 : 낮에는 기세가 무디어진다.
(暮氣歸)모기귀 : 저녁이면 기세가 돌아감. 즉 없어진다.

故善用兵者 避其銳氣
고 선 용 병 자   피 기 예 기

擊其惰歸 此治氣者也.
격 기 타 귀   차 치 기 자 야

그러므로 용병을 잘하는 자는, 날카로운 기를 피하고, 해이한 기를 공격한다. 이것이 기를 다스리는 것이다.

***

(善用兵者)선용병자 : 용병을 잘하는 장수. 즉 전쟁을 잘하는 장수.
(避)피 : 피할 피. 피하다.
(氣)기 : 기운 기. 사기. 기세
(銳)예 : 날카로울 예. 날카로움. 예리함.
(惰)타 : 게으를 타. 해이해짐.
(避其銳氣)피기예기 : 날카로운 기세를 피한다.
(擊其惰歸)격기타귀 : 기세가 나태하고 소멸되었을 때 공격하다.
(治氣)치기 : 기세를 다스린다.

7 군쟁편 – 50, 51죽

7. 심리, 체력, 변화를 이용한 싸움
  – 치심(治心), 치력(治力), 치변(治變)

잘 다스려진 군대로 어지러운 군대와 대적하고 차분한 군대로 시끄러운 군대를 공격한다. 이것이 곧 '심리를 이용한 싸움'이다.

가까운 곳에서 먼 곳에서 오는 군대를 기다리며, 편안히 휴식을 취하며 적군이 피로해지기를 기다리며, 배부른 병사들로 굶주린 적군을 공격한다. 이것이 곧 '체력을 이용한 싸움'이다.

적군의 깃발이 질서정연하면 맞서 싸우지 말 것이며, 군진의 기세가 당당한 군대는 공격하지 말아야 한다. 이것이 곧 '변화를 이용한 싸움'이다.

以治待亂 以靜待譁 此治心者也.
이 치 대 란　　이 정 대 화　　차 치 심 자 야

(아군의) 다스림으로 (적의) 어지러움을 기다리고, (아군의) 고요함으로 (적의) 소란함을 기다리니, 이것이 마음을 다스리는 것이다.

* * *

(以治待亂)이치대란 : 잘 다스려진 태세로 혼란한 적을 기다린다는 뜻.
(以靜待譁)이정대화 : 차분한 태세로 요란하고 시끄러운 적을 기다린다는 뜻.
(以)이 : 써 이. 부터. ∞에서.
(治)치 : 다스릴 치. 다스리다.
(待)대 : 기다릴 대. 기다리다.
(亂)란 : 어지러울 란. 어지럽다.
(靜)정 : 고요할 정. 고요하다.
(譁)화 : 시끄러울 화. 소란하다.
(治心)치심 : 마음을 다스린다.

7 군쟁편 – 50, 51죽

以近待遠 以佚待勞
이 근 대 원　　이 일 대 로

以飽待飢 此治力者也.
이 포 대 기　　차 치 력 자 야

가까운 곳에서 멀리서 온 적을 기다리고, 편안함으로 피로한 적을 기다리며, 배부른 병사로 굶주린 적을 기다린다. 이것이 힘을 다스리는 것이다.

* * *

(以近待遠)이근대원 : 가까운 곳에서 멀리 오는 적을 기다린다.
(以佚待勞)이일대로 : 편안함으로써 적이 지치기를 기다림.
(以飽待飢)이포대기 : 아군은 배부르게 먹인 상태에 서 굶주린 적병을 기다린다는 뜻.
(飽)포 : 물릴 포. 배부름.
(治力)치력 : 체력을 다스리다.

7 군쟁편 – 50, 51죽

無邀正正之旗 勿擊堂堂之陣
무 요 정 정 지 기　　물 격 당 당 지 진

此治變者也.
차 치 변 자 야

질서 있게 정돈된 적의 기를 상대하지 않으며, 위용이 당당한 적의 진은 공격하지 않는다. 이것이 변화를 다스리는 것이다.

＊＊＊

(無邀正正之旗)무요정정지기 : 질서정연한 깃발을 요격하지 말아야 한다.
(邀)요 : 맞을 요. 맞이하여 싸움.
(正正)정정 : 질서 정연함 모양.
(當當之陣)당당지진 : 당당하게 위용을 갖춘 진영.
(治變)치변 : 변화를 다스린다.

풀이 여기서는 전투에 앞서 적을 다스리는 몇 가지 요령에 대해 언급하고 있다. (1) 적군이 사기가 왕성할 때는 싸움을 피하고, 그들이 지치고 해이해질 때까지 기다려야 한다. 이는 적군의 기세를 다스리는 요령이다. (2) 아군은 안정됨과 정숙함으로써 적의 혼란을 기다린다. 이는 적군의 심리를 다스리는 요령이다. (3) 아군은 휴식과 배부름으로써 적군의 피로와 굶주림을 기다린다. 이는 적군의 전투력을 다스리는 요령이다. (4) 질서 정연한 적군과 그들의 위용을 갖춘 진지는 공격하지 말아야 한다. 이는 상황의 변화를 다스리는 요령이다. 이와 같은 네 가지 사항을 제대로 다스릴 수 있는 이라면 결코 패배하는 일은 없을 것이다.

7 군쟁편 – 51, 52죽

8. 전투 중 여덟 가지 금기사항

그러므로 용병의 법은 고지의 구릉에 있는 적을 공격하지 않고, 언덕을 등지고 있는 적을 공격하지 않고, 패배한 척 도망가는 적을 추격하지 않고 사기가 높은 적을 공격하지 않는다.

이병(미끼로 던져진 부대)을 공격하지 않으며 귀환하는 군사를 막지 않으며 포위된 군사는 반드시 출구를 열어주고 궁지에 몰린 적은 핍박하지 않는다.

길이 끊긴 험준한 땅에서 머물지 않는다. 이것이 군대를 운용하는 용병의 법이다.

故用兵之法 高陵勿向 背丘勿逆
   고용병지법   고릉물향   배구물역

그러므로 용병의 법은, 고지의 구릉에 있는 적을 공격하지 않고, 언덕을 등지고 있는 적을 공격하지 않는다.

***

(高陵勿向)고릉물향 : 높은 언덕에 포진한 적을 공격하지 말라는 뜻.
(背丘勿逆)배구물역 : 언덕을 등지고 있는 적에게 덤비지 말라.
(逆)역 : 거스를 역. 거스르다.

佯北勿從 銳卒勿攻 餌兵勿食
   양배물종   예졸물공   이병물식

패배한 척 도망가는 적을 추격하지 않고, 사기가 높은 적을 공격하

軍爭篇 第七   187

지 않는다. 이병(미끼로 던져진 부대)을 공격하지 않는다.

***

(伴北勿從)양배물종 : 거짓 패하여 도망치는 적을 쫓지마라.
(銳卒勿攻)예졸물공 : 사기가 날카로운 부대는 공격하지 말라.
(餌兵勿食)이병물식 : 적군이 던져주는 미끼는 먹지 말라.

7 군쟁편 – 51, 52죽

歸師勿遏 圍師必闕 窮寇勿迫
귀 사 물 알   위 사 필 궐   궁 구 물 박

귀환하는 군사를 막지 않으며, 포위된 군사는 반드시 출구를 열어주고, 궁지에 몰린 적은 핍박하지 않는다.

***

(歸師)귀사 : 철수하는 부대.
(勿遏)물알 : 퇴로를 막지 말라.
(歸師勿遏)귀사물알 : 돌아가려는 적을 막지 말라.
(圍師必闕)위사필궐 : 적을 포위할 땐 반드시 한쪽을 비워둬라.
(闕)궐 : 대궐 궐. 빈틈.
(窮寇勿迫)궁구물박 : 궁지에 몰린 적을 몰아붙이지 말라.

絶地勿留 此用兵之法也.
절 지 물 류   차 용 병 지 법 야

길이 끊긴 험준한 땅에서 머물지 않는다. 이것이 용병의 법이다.

***

(絶地)절지 : 길이 끊긴 험준한 땅.
(勿留)물류 : 머물지 마라. 주둔해서는 아니 된다는 뜻.
(절지물류)절지물류 : 길이 끊긴 험준한 땅에서는 머물지 않는다.
(用兵)용병 : 군대를 운용하는 것. 전쟁을 수행한다는 뜻.

풀이 그러므로 용병의 법은 고지의 구릉에 있는 적을 공격하지 않고 언덕을 등지고 있는 적을 공격하지 않고 패배한 척 도망가는 적을 추격하지 않고 사기가 높은 적을 공격하지 않는다. 이병(미끼로 던져진 부대)을 공격하지 않으며 귀환하는 군사를 막지 않으며 포위된 군사는 반드시 출구를 열어주고 궁지에 몰린 적은 핍박하지 않는다. 길이 끊긴 험준한 땅에서 머물지 않는다. 이것이 용병의 법이다

제8 구변편

九變篇 第八

8 구변편 – 53, 54죽

"변화의 묘를 살려라"

구변편은 장수(將帥)가 군대를 지휘하는데 있어서 주의해야 할 사항을 설명하고 있다. 장수는 군대의 중추(中樞)로서 작전의 승패를 좌우하는 중책을 맡고 있다. 그러므로 자신의 좋아하고 싫어하는 취향에 따라서는 안 되며, 각종 상황을 고려하여 적절한 판단을 해야 한다. 동시에 냉정하고 이성적인 사고방식으로 잘못된 결론을 내리지 않도록 해야 한다.

전쟁이란 늘 유동적이며, 또한 변수가 따르기 마련이다. 장수된 자는 상황의 변화에서 초래되는 유리함과 불리함을 고려하여 적절히 조처해야 한다. 또한 적이 쳐들어오지 못하리라는 안이한 생각을 버리고, 적이 쳐들어올 수 없도록 미리 철저하게 대비태세를 갖추어야 할 것이다.

8 구변편 – 53, 54죽

1. 다섯 가지 지형에 따른 용병법

손자가 말했다.

무릇 군대를 운용하는 법은 장수가 군주의 명을 받아 군사를 모으고 백성을 징집하는 것으로 시작한다.

무너지기 쉬운 곳에는 막사를 짓지 말아야 하며, 교통이 편리한 곳에서는 외교관계를 잘 맺어두어야 하고, 교통이 불편한 곳에서는 오래 머물지 말아야 하며, 산이나 내로 둘러싸인 곳에서는 신속히 빠져 나갈 책략을 세워두어야 하며, 나갈 수도 물러날 수도 없는 사지(死地)에서는 죽기 살기로 싸워야 한다.

孫者曰 凡用兵之法
손 자 왈   범 용 병 지 법

將受命於君 合軍聚衆
장 수 명 어 군   합 군 취 중

손자가 말하였다. 무릇 용병의 법은, 장수가 군주의 명령을 받아, 군대를 편성하고 무리(병력)를 모으는 것이다.

***

(用兵)용병 : 군대를 운용하는 것. 전쟁을 수행한다는 뜻.
(受命於君)수명어군 : 군주에게서 명을 받다.
(合軍聚衆)합군취중 : 병사를 모으고 장정을 징발한다.

圮地無舍 衢地合交
비 지 무 사   구 지 합 교

(언덕이 무너져 움푹 팬 곳인)비지에 머물러 숙영하지 않고, (여러 나라의 국경이 접하는)구지에서는 주변 제후국과 동맹을 견고히 하며

***

(圮地無舍)비지무사 : 무너진 땅에서는 막사를 짓지 말아야 한다.
(衢地合交)구지합교 : (구)구는 사거리. 교통요충지에서는 외교를 잘 맺어 주어야 한다.

8 구변편 – 53, 54죽

絶地無留 圍地則謨 死地則戰
절 지 무 유   위 지 즉 모   사 지 즉 전

절지에서는 머무르지 않으며, (삼면이 둘러싸여 포위되기 쉬운) 위지에

서는 모략으로 벗어나고, (전진도 후퇴도 할 수 없는) 사지에서는 싸운다.

* * *

(節地無留)절지무류 : 교통이 끊어진 곳에서는 군대를 주둔시키지 말아야 한다.
(圍地則謀)위지즉모 : 산, 강으로 둘러싸인 곳에서는 벗어날 수 있도록 도모해야 한다.
(死地則戰)사지즉전 : 사지에서는 싸우는 방법밖에 없다.

8 구변편 - 54, 55죽

2. 용병의 다섯 가지 변칙

길에도 가서는 안 되는 길이 있고 적에도 싸워서는 안 되는 적이 있으며, 성에도 공격해서는 안 되는 성이 있고 지형에서도 다투어서는 안 되는 지형이 있으며, 군주의 명령에도 들어서는 안 되는 명령이 있다.

塗有所不由 軍有所不擊 城有所不攻
도유소불유   군유소불격   성유소불공

길에는 가지 말아야 할 곳이 있고, 군대는 공격해서는 안 되는 곳이 있고, 성에는 공격해서는 안되는 곳이 있다.

* * *

도(塗) : 진흙 도. 길. 도(道) 길 도와 같은 뜻.
(塗有所不由)도유소불유 : 가지 말아야 할 길이 있다.
(軍有所不擊)군유소불격 : 싸우지 말아야 할 적이 있다.
(城有所不攻)성유소불공 : 공격하지 말아야 할 성이 있다.

地有所不爭 君命有所不受
지유소부쟁   군명유소불수

땅에는 다투지 말아야 할 곳이 있고, 군주의 명에는 받지 말아야 할 것이 있다.

* * *

(地有所不爭)지유소부쟁 : 다투어서는 안되는 땅이 있다.
(君命有所不受)군명유소불수 : 따르지 말아야 할 군주의 명이 있다.

<u>풀이</u> 길에는 가지 말아야 할 곳이 있고 군대는 공격해서는 안되는 곳이 있고 성에는 공격해서는 안 되는 곳이 있고 땅에는 다투지 말아야 할 곳이 있고 군주의 명에는 받지 말아야 할 것이 있다.

8 구변편 – 54, 55죽

3. 구변의 이로움

이런 까닭에 여러 가지 변화, 즉 구변(九變)의 이로움을 통달하고 있어야 용병을 아는 장수라고 할 수 있다. 구변의 이로움을 알지 못하는 장수는 비록 지형을 안다 하더라도 지세의 이로움을 얻지 못할 것이다. 또한 군대를 다스림에 있어 구변의 전술을 알지 못한다면 비록 다섯 가지 이익을 알고 있더라도 능히 군사를 다루지 못할 것이다. 그러므로 지혜로운 사람은 판단할 때 반드시 이로움과 해로움을 동시에 고려한다. 이로움을 고려하면 하는 일에 확신을 가질 수 있고, 해로움을 고려하면 환란을 방비할 수 있다.

'이로움에 통하면 용병을 아는 장수가 된다.'

故將通於九變之利者 知用兵矣
고 장 통 어 구 변 지 리 자   지 용 병 의

그러므로 장수가 구변의 이로움에 통하면, 용병을 안다.

* * *

(通於九變之利)통어구변지리 : 구변의 이로움에 통달한다.
(治兵)치병 : 군사를 다스리다.

將不通於九變之利者 雖知地形
장 불 통 어 구 변 지 리 자　수 지 지 형

장수가 구변의 이로움에 통하지 않으면, 비록 지형을 알아도

　　　　　　　　＊＊＊

(不通於九變之利)불통어구변지리 : 구변의 이로움에 통달하지 못한다.
(九變)구변 : 용병상 여러 가지 변화에 따르는 임기응변의 조치.

8 구변편 – 54, 55죽

不能得地之利矣 治兵不知九變之術
불 능 득 지 지 리 의　치 병 부 지 구 변 지 술

지형의 이로움을 능히 얻을 수 없다. 용병을 운용하는데 구변의 기술을 알지 못하면

　　　　　　　　＊＊＊

(治兵)치병 : 병사를 다스림. 군대를 통솔함.
(九變)구변 : 용병상 여러 가지 변화에 따르는 임기응변의 조치.

雖知五利 不能得人之用矣
수 지 오 리　불 능 득 인 지 용 의

비롯 다섯 가지 이로움을 알아도, 사람을 활용하는 법을 알 수 없다.

　　　　　　　　＊＊＊

(五利)오리 : 비지, 구지, 절지, 위지, 사지의 특성을 아는 이로움.
(人之用)인지용 : 군사를 제대로 활용함.

풀이 장수는 때와 장소에 따라 임기응변하는 능력이 있어야만 한다. 이와 같은 능력과 자질을 갖추지 못한 자는 비록 지형을 알고 있더라도, 그것을 아군에게 유리하게 이용하지 못하는 것이다. 또한 군대를 지휘하더라도 그때그때의 상황에 의한 다양한 전술을 구사하지

못하다면, 병사들의 전투력을 제대로 활용치 못하는 것이다.

그러므로 사려 깊은 이는 반드시 이로움과 해로움을 동시에 참작한다. 이로움 속에도 해로움이 섞이어 있음을 안다면 하는 일에 자신감을 가질 수 있고, 해로움 속에서도 이로움이 섞이어 있음을 안다면 근심 걱정을 멀리할 수 있는 것이다. 따라서 제후를 굴복시키려면 해(害)로써 하고, 제후를 부릴려면 일로써 하며, 제후를 나아가게 하려면 이득으로써 한다.

8 구변편 – 55죽

是故智者之慮 必雜於利害
시 고 지 자 지 려 필 잡 어 리 해

그러므로 지혜로운 자의 생각은, 반드시 이로움과 해로움을 함께 고려한다.

* * *

(智者之慮)지자지려 : 지혜로운 사람의 생각.
(雜於利)잡어리 : 이로움이 섞여 있다.
(雜於利害)잡어리해 : 이로움과 해로움이 함께 섞여 있음.

雜於利 而務可信也
잡 어 리 이 무 가 신 야

雜於害 故憂患可解也.
잡 어 해 고 우 환 가 해 야

이로움을 고려하면, 일이 믿을 만한 것이 되고, 해로움을 고려하면, 어려움을 해결 할 수 있다.

* * *

(雜於利)잡어리 : 이로움이 섞여 있다.

(務可信)무가신 : 힘쓰는 일에 자신감을 가지다. 하는 일에 자신감을 가질 수 있음.
(雜於害)잡어해 : 해로움이 섞여 있다.
(患可解)환가해 : 환란을 해결할 수 있다.

8 구변편 – 55죽

4. 적을 믿지 말고 자신을 강하게 하라

이웃 나라 제후를 굴복시키려면 그 나라를 해로운 상태에 빠지게 해야 하고, 이웃 나라 제후를 부리려면 국가 간의 공통된 사업을 벌여야 하고, 이웃 제후를 달려 나오게 하려면 그 나라에 이익 되는 것을 제공해 주어야 한다.

요컨대 용병법이란 적이 쳐들어오지 않을 것이라 믿지 말고 언제 쳐들어와도 능히 대적할 수 있는 대비책을 갖추는 것을 말하며, 적이 공격해 오지 않을 것이라 믿지 말고 어떠한 적도 공격할 수 없는 강한 나를 만드는 것을 말한다.

是故屈諸侯者以害
시 고 굴 제 후 자 이 해

役諸侯者以業 趨諸侯者以利
역 제 후 자 이 업　　추 제 후 자 이 리

그러므로 해로움으로써 적의 제후를 굴복시킬 수 있고, 일로써 제후를 부릴 수 있고, 이로움으로써 제후를 유인할 수 있다.

＊＊＊

(屈諸侯)굴제후 : 다른 나라 제후를 굴복시키다.
(役諸侯)역제후 : 다른 나라 제후를 부리다.
(趨諸侯)추제후 : 다른 나라 제후를 달려 나오게 하다.즉 맞이하게 하다.

풀이 전쟁도 여늬 세상일과 같이 유리함 속에서도 불리함이 있고,

불리함 속에서도 유리함이 스며 있게 마련이다. 따라서 명장은 최악의 상황에 처하더라도 절망하지 않고 도리어 이를 승리의 전환점으로 삼을 수 있다.

8 구변편 – 55, 56죽

故用兵之法
고 용 병 지 법

無恃其不來 恃吾有以待也.
무 시 기 불 래   시 오 유 이 대 야

그러므로 용병의 법은, (적이) 오지 않을 것을 믿지 않고, 아군이 (적을) 대비할 수 있음을 믿는 것이다.

* * *

(無恃其不來)무시기불래 : 적이 쳐들어 오지 않을 것을 믿지 말라.
(恃吾有以待)시오유이대 : 내가 방비 태세를 갖춘 것을 믿어라.

無恃其不攻 恃吾有所不可攻也.
무 시 기 불 공   시 오 유 소 불 가 공 야

(적이)공격하지 않음을 믿지 않고, 아군에게 (적이) 공격하지 못하는 점이 있음을 믿는 것이다.

* * *

(恃)시 : 믿을 시. 믿다.
(無恃其不攻)무시기불공 : 적이 공격하지 않을 것을 믿지마라.
(恃吾有所不可攻)시오유소불가공 : 내게 적이 공격할 수 없는 바가 있음을 믿어라.

<u>풀이</u> 그러므로 용병의 법은 (적이) 오지 않을 것을 믿지 않고 아군이 (적을) 대비할 수 있음을 믿는 것이다. (적이)공격하지 않음을 믿지 않고 아군에게 (적이) 공격하지 못하는 점이 있음을 믿는 것이다.

8 구변편 – 56, 57죽

5. 장수가 경계해야 할 다섯 가지 위태로움

따라서 장수에게는 다섯 가지 위험이 있다.

첫째, 죽음을 무릅쓰고 싸우는 자는 결국 죽게 된다. 둘째, 기어코 살아야겠다고 하는 자는 적에게 사로 잡히게 된다. 셋째, 성을 잘 내며 성급한 자는 수모를 당하게 된다. 넷째, 너무 결벽 한 자는 도리어 치욕을 당하게 된다. 다섯째, 지나치게 백성을 아끼는 자는 번거로운 일에 말려들게 된다.

대체로 이 다섯 가지는 장수가 범하기 쉬운 잘못이요, 용병상의 재난이다. 군대를 뒤엎고 장수가 죽음을 당하게 됨이 반드시 이 다섯 가지 때문이니, 깊이 생각하지 않을 수 없다.

故將有五危
고 장 유 오 위

장수에게는 다섯 가지 위태로움이 있다.

***

(五危)오위 : 다섯가지 위험요소.

必死可殺也.
필 사 가 살 야

(용병 중에는) 반드시 죽고자 하면 죽음을 당하고,

***

(必死可殺)필사가살 : 죽음을 각오하면 죽게 된다.

必生可虜也.
필 생 가 로 야

반드시 살고자 하면 사로잡히고,

九變篇 第八   201

***

(必生可虜)필생가로 : 살려고 하면 포로가 된다.
(虜)로 : 포로 노. 사로잡힘. 생포됨.

8 구변편 – 56, 57죽

忿速可侮也.
분 속 가 모 야

급하게 화를 내면 업신여김을 당하고,

***

(忿速可侮)분속가모 : 성미가 급해 성을 내면 기만을 당하게 된다.

廉潔可辱也.
염 결 가 욕 야

지나치게 결백하면 치욕을 당하고,

***

(廉潔可辱)염결가욕 : 청렴 결백하면 모욕을 당하게 된다.

愛民可煩也.
애 민 가 번 야

백성을 사랑하면 번거로워진다.

***

(愛民可煩)애민가번 : 병사를 너무 아끼면 번민에 빠지게 된다.

凡此五者 將之過也 用兵之災也.
범 차 오 자   장 지 과 야   용 병 지 재 야

이러한 다섯 가지는, 장수가 빠지기 쉬운 과오이며, 용병의 재앙이다.

* * *

(將之過)장지과 : 장수의 잘못.
(用兵之災)용병지재 : 군대를 운용함에 있어서 생기는 폐해.

覆軍殺將 必以五危 不可不察也.
복군살장　　필이오위　　불가불찰야

군대가 적에 의해 파멸에 이르고 장수가 죽는 것은, 필히 이 다섯 가지의 위험 때문이니, 세심히 살피지 않을 수 없다.

* * *

(覆軍殺將)복군살장 : 군대가 전멸당하고 장수가 죽임을 당한다.

풀이 지휘관은 지혜롭고 훌륭한 인품의 소유자이여야 할 것이다. 일방적으로 치우친 성품이라면 그것 자체가 약점이 된다. 그러므로 지나친 용기나 비겁함은 다 바람직하지 못한 자질일 뿐이다. 왜냐하면 용기는 군인의 필수적 자질의 일부에 지나지 않고, 비겁함은 아예 군인으로서 자격이 없기 때문이다. 또한 성을 잘 내며 침착하지 못한 자는 적에게 우롱을 당한다. 그리고 지나치게 지조를 내세우는 자나, 너무 백성을 아끼는 자도, 그 융통성이 없는 성품으로 인해 적에게 약점을 잡히게 된다. 이와 같은 장수의 성격적 결함은 결국 군대를 파괴시키는 자기 함정이므로 평소에 깊이 경계해야 하는 것이다.

제9 행군편

行軍篇 第九

9 행군편 – 58죽

"정세를 살펴라"

행군편(行軍篇)은 산간지역·하천·늪지대·평지의 네 지형에서의 용병 원칙을 설명하고 있다.

그리고 적의 허실(虛實)을 관찰하는 33가지 방법도 설명하고 있다. 고대에는 교통이 불편하여 부대가 이동하려면 많은 어려움이 뒤따랐다. 따라서 작전에 임할 때는 반드시 지역에 따라 알맞은 임시변통이 필요했다.

각종 지형의 특성을 충분히 이용함과 동시에, 대 부대가 이동할 때는 그 흔적을 잘 관찰하는 것이 중요하다. 이 흔적을 관찰하면 곧 적의 허실을 판단할 수 있어, 적을 살피고 판단하는 데 큰 도움이 된다.

지형을 이용하는 법과 적정(敵情)을 살피고 분석하는 법, 병사를 교육하고 통솔하는 법에 관해서도 언급하고 있다.

9 행군편 – 58죽

1. 산지, 하천, 습지, 평지에서의 전투 요령

손자가 말하였다.

무릇 군대가 적과 대치함에 있어서는 적정을 잘 살펴야 한다. 산을 넘어서는 골짜기에 의지하고, 시야가 트인 높은 곳을 차지해야 하며, 높은 곳에 있는 적을 올라가면서 공격해서는 아니 된다. 이것이 곧 산악지대에서 군사를 쓰는 원칙이다.

강물을 건너면 빨리 물가에서 멀리 떨어져야 한다. 적이 강물을 건너올 때에는 물속에서 이를 요격하지 말고, 반쯤 건너오게 한 다음에 치는게 유리하다. 싸움을 하려고 한다면 물가에서 적을 맞이하지 말고, 시야가 트인 높은 곳을 차지하며, 상류에서 내려오는 적을 상대해서는 아니된다. 이것이 곧 물가에서 군사를 쓰는 원칙이다.

늪지대를 건널 때에는 되도록 빨리 건너고 머물지 말아야 한다. 부득이 늪지대에서 적과 싸우게 될 때에는 반드시 물풀이 있는 곳에서 나무를 등져야 한다. 이것이 곧 늪지대에서 군사를 쓰는 원칙이다.

평지에서는 편리한 곳에 진을 치고, 오른쪽으로 언덕을 등지며, 시야가 트인 곳을 앞으로 하고, 풀과 나무가 무성한 곳을 뒤로해야 한다. 이것이 곧 평지에서 군사를 쓰는 원칙이다.

대체로 이 네 가지는 용병상 활용해야 할 이점이니, 그 옛날 황제가 네 임금을 정복한 연유인 것이다.

'사방의 나라들과 싸워 승리했을 때의 방법이다.'

孫子曰 凡處軍相敵 絶山依谷
손자왈   범처군상적   절산의곡

손자가 말하였다. 무릇 군대(군사)를 배치하고 적과 대치할 때는, 산을 넘어 골짜기에 의지하고(행군하고)

***

(處軍相敵)처군상적 : 군대를 주둔함에 있어서는 적의 정세를 살펴야 한다.
(絶山依谷)절산의곡 : 산을 지날때는 골짜기에 의존해야 한다.

視生處高 戰隆無登 此處山之軍也.
시생처고   전륭무등   차처산지군야

시야가 트인 높은 곳에서 위치하며, (적과) 싸우기 위해 높은 곳으로 오르지 않는다. 이것이 산악에서 군대의 운용법이다.

*　*　*

(視生處高)시생처고 : 시야가 트인 높은 곳에 주둔한다.
(戰隆無登)전륭무등 : 높은 곳을 오르며 싸우지 않는다.
(處山之軍)처산지군 : 산에서 싸울 때의 방법, 혹은 원칙.

絶水必遠水 客絶水而來
　　　절 수 필 원 수　　　객 절 수 이 래

물을 건너면 반드시 물을 멀리하고, 적이 물을 건너올 때

*　*　*

(絶水)절수 : 강물을 건너감.
(絶水必遠水)절수필원수 : 물을 건너면 물에서 멀리 떠나라.
(客絶水而來)객절수이래 : (客)객은 곧 (敵)적. 적이 물을 건너서 올 때.

勿迎之於水內 令半濟而擊之
　　　물 영 지 어 수 내　　　영 반 제 이 격 지

물속에서 맞이하지 말고, 반쯤 건넜을 때 공격하면 유리하다.

*　*　*

(勿迎之於水內)물영지어수내 : 물속에서 적을 맞이하여 싸우지 말라.
(令半濟)영반제 : 반쯤 건너오게 한다.

9 행군편 – 58, 59죽

利欲戰者 無附於水而迎客
　　　이 욕 전 자　　　무 부 어 수 이 영 객

싸우고자 한다면, 물가에서 (적을) 맞이하지 말고

*　*　*

(無附於水而迎客)무부어수이영객 : 물가에 바싹 붙어 적을 맞아 싸우지 말라.

視生處高 無迎水流 此處水上之軍也.
　　시 생 처 고　　무 영 수 류　　차 처 수 상 지 군 야

시야가 트인 높은 곳에서 싸우고, 물을 거슬러 가며 적을 맞이 하면 안 된다. 이것이 물 위에서 군대의 운용법이다.

＊＊＊

(無迎水流)무영수류 : 물의 흐름을 맞이하여 싸우지 말라.

絶斥澤 惟亟去無留 若交軍於斥澤之中
　　절 척 택　　유 극 거 무 류　　약 교 군 어 척 택 지 중

늪지를 건너갈 때는, 오직 신속하게 지나고 머물지 않으며, 만약 늪지에서 교전하게 되면

＊＊＊

(絶斥澤)절척택 : 늪이나 숲지대를 건너다. (斥)척은 염분이 많은 습지대.
(斥澤)척택 : 갯뻘과 습지대
(亟去無留)극거무류 : 빠르게 건너가 머물지 말아야 한다.
(交軍)교군 : 서로 싸움. 교전.

必依水草 而背衆樹 此處斥澤之軍也.
　　필 의 수 초　　이 배 중 수　　차 처 척 택 지 군 야

반드시 수초를 의지하고, 나무를 등지고 싸운다. 이것이 늪지에서 군대의 운용법이다.

＊＊＊

(依水草)의수초 : 수초에 의지하다.
(背衆樹)배중수 : 나무숲을 등 뒤로 하다.
(斥澤)척택 : 갯뻘과 습지대.

9 행군편 - 59, 60죽

平陸處易 而右背高
평 륙 처 이　이 우 배 고

前死後生 此處平陸之軍也.
전 사 후 생　차 처 평 륙 지 군 야

평지에서는 이동이 용이한 곳에 위치하여, 오른쪽에 높은 언덕을 등지고 사지(초목이 없는 곳)를 앞으로 하고 생지(초목이 무성한 곳)를 뒤로한다. 이것이 평지에서 군대의 운용법이다.

＊＊＊

(平陸處易)평륙처이 : 평지에서는 편안한 곳에 진을 친다.
(右背高)우배고 : 오른쪽으로 높은 언덕을 뒤로 한다.
(前死後生)전사후생 : (死地)사지는 앞에 두고 (生地)생지는 뒤에 둠. 초목이 없어 시계(視界)가 열린 곳을 앞으로 하고, 초목이 무성한 곳을 뒤로 해야 함.

凡此四軍之利 黃帝之所以勝四帝也.
범 차 사 군 지 리　황 제 지 소 이 승 사 제 야

무릇 이 네 가지 군대 운용법의 이로움이, 황제가 사방의 제후들에게 승리를 거둔 이유이다.

＊＊＊

(四軍)사군 : 산과 물과 습지대와 평지에서의 네 가지 싸우는 방법.
(黃帝)황제 : 고대중국의 전설적인 임금. 복희씨 · 신농씨와 더불어 삼황(三皇)이라 일컬어짐.
(四帝)사제 : 사방의 나라 제후. 황제에게 정복당한 염제 · 치우와 같은 사방의 임금 뜻을 뜻함.

9 행군편 - 60, 61죽

2. 필승의 태세

모든 군대는 높은 지대를 좋아하고 낮은 지대를 싫어하며, 양지 바른 데를 소중히 여기고 그늘 진 데를 천시한다. 위생에 유의하고 생기 있는 곳에 처하면 군대에 질병이 없어 이를 필승의 태세라고 말하는 것이다. 구릉과 둑에서는 반드시 양지 쪽에 자리 잡으며, 그것을 오른쪽으로 등지고 진을 쳐야만 한다. 이렇게 하면 전투 시에 이롭고, 또한 지형의 도움을 받을 수가 있다.

이것이 바로 '지형을 이용하여 승리하는 방법'이다.

凡軍好高而惡下 貴陽而賤陰
범군호고이오하　　귀양이천음

무릇 군대는 높은 곳을 좋아하고 낮은 곳은 싫어하며, 양지를 귀하게 여기고 음지를 천하게 여긴다.

＊＊＊

(好高而惡下)호고이오하 : 높은 곳을 좋아하고 낮은 곳을 싫어한다.
(貴陽而賤陰)귀양이천음 : 양지를 귀하게 여기고 음지를 천하게 여긴다.

養生而處實 軍無百疾 是謂必勝
양생이처실　군무백질　시위필승

삶을 기르고 견실한 곳에 거처하게 하면, 군대는 백 가지 질병이 없게 되는데, 이것을 필승이라 한다.

＊＊＊

(養生)양생 : 위생에 유의함.
(處實)처실 : 생기 있는 곳에 자리잡음.
(養生而處實)양생이처실 : 음식섭취를 잘하여 건강에 유의하고 위생에 충실하다.
(百疾)백질 : 백 가지 질병. 곡 모든 병.

9 행군편 – 60, 61죽

丘陵堤防 必處其陽 而右背之
구 릉 제 방　필 처 기 양　이 우 배 지

구릉과 제방에서는, 반드시 양지쪽에 진을 치고, 오른쪽을 등지도록 하여야 한다.

　　　　　　　　＊＊＊

(丘陵)구릉 : 언덕 구. 큰 언덕 릉.
(堤防)제방 : 둑 제. 둑 방.
(丘陵堤防)구릉제방 : 언덕과 둑.
(必處其陽)필처기양 : 반드시 양지쪽에 자리 잡는다.
(右背之)우배지 : 오른쪽 등 뒤에 두다.

此兵之利 地之助也.
차 병 지 리　지 지 조 야

이것이 용병의 이로움이고, 지형의 도움이다.

　　　　　　　　＊＊＊

(地之助)지지조 : 지형의 도움을 얻다.

풀이 손자는 군대가 주둔할 만한 지형과 위생문제, 구릉지대와 제방에서 포진하는 방법에 대해서 말하고 있다. 이와 같은 세심한 배려가 곧 승리의 원동력인 것이다.

9 행군편 – 61죽

上雨 水沫至 止涉 欲涉者 待其定也.
상 우　수 말 지　지 섭　욕 섭 자　대 기 정 야

상류에 비가 내려, 물거품이 내려올 때, 그곳을 건너고자 하는 자는,

물흐름이 안정될 때까지 기다린다.

＊＊＊

(上雨)상우 : 상류에 비가 내리다.
(水沫至)수말지 : 물거품이 떠내려온다.
(待其定)대기정 : 가라앉기를 기다리다.

9 행군편 – 62죽

3. 여섯 가지 해로운 지형 – 육해(六害)

땅에는 여러 종류의 위험한 지형이 있다.

첫째, 절벽으로 둘러싸인 깊은 골짜기, 둘째, 우물처럼 깊이 들어간 분지, 셋째, 좁고 험준하기가 감옥과도 같은 오지, 넷째, 그물처럼 초목이 빽빽하게 들어찬 숲, 다섯째, 함정처럼 벗어나기 어려운 늪지대, 여섯째, 땅이 갈라진 것 같은 좁고 험한 골짜기, 이와 같은 곳은 빨리 지나가 결코 가까이해서는 안 된다.

나는 이러한 곳을 멀리하되 적은 가까이하도록 하며, 나는 이러한 곳을 마주하되 적은 등지도록 해야 한다. 군대가 이동하는 주변에 험준한 산이나 소택지, 갈대나 초목이 무성한 곳이 있으면 반드시 조심하여 거듭 수색해야 한다. 이런 곳에는 복병이나 정탐꾼이 숨어 있을 것이기 때문이다.

'육해 지역은 신속히 벗어나 가까이하지 않는다.'

凡地有絶天澗 天井 天牢 天羅
　　범 지 유 절 천 간　　　천 정　천 뢰　천 라

天陷 天隙 必亟 去之 勿近也.
천 함　천 극　필 극　거 지　물 근 야

무릇 높은 절벽으로 둘러싸인 골짜기, 깊게 파인 분지, 험난한 산으

로 둘러싸인 곳, 초목이 빽빽한 곳, 깊은 수렁, 산과 산 사이의 좁은 곳이 지형에 있으면

***

(絶澗)절간 : 절벽으로 둘러싸인 깊은 골짜기. 낭떠러지로 둘러싸인 깊은 계곡.
(天井)천정 : 사방이 산들로 둘러싸여 있고 가운데가 오목한 분지.
(天牢)천뢰 : 들어가면 빠져 나오기 어려운 감옥처럼 된 지형. (牢)뢰는 감옥
(天羅)천라 : 나무와 풀이 무성하여 군대가 움직일 수 없는 곳.
(天陷)천함 : 함정처럼 깊이 패인 수렁 혹은 늪지로. 수렁. 늪지대.
(天隙)천극 : 길이 좁고 땅이 움푹 패인 데가 많은 곳. (隙)극은 틈. 구멍이라는 의미.
(必亟去之)필극거지 : 반드시 빨리 지나가야 한다.
(勿近)물근 : 가까이 하지 말아야 한다.

9 행군편 – 62죽

吾遠之 敵近之 吾迎之 敵背之
오 원 지   적 근 지   오 영 지   적 배 지

아군이 이곳에서 멀리 가면, 적이 가까이 오고 아군이 이곳을 향하면, 적이 이곳을 등진다.

***

(吾迎之)오영지 : 나는 이를 정면으로 맞이하다. 앞에 둔다는 뜻.
(敵背之)적배지 : 적은 이를 등지게 한다.

풀이 이 장에서 손자는 육해지지(六害之地)에 대해 언급하고 있다. 아군이 이런 곳을 통과할 때 적군이 공격해 온다면 전멸당할 수밖에 없다. 그러나 아군이 미끼를 던져 적을 이와 같은 지형으로 유인한다면 대승을 거둘 수 있는 것이다.

軍行有 險阻 潢井 葭葦 山林 翳薈者
군 행 유   험 조   황 정   겸 가   산 림   예 회 자

군대 주변에, 험하고 막힌 곳이나 웅덩이와 우물, 갈대숲, 산림, 풀이 무성한 곳이 있으면

***

(行)행 : 두루 방. 곁. 근처.
(險阻)험조 : 험준한 곳.
(潢井)황정 : 웅덩이.
(蒹葭)겸가 : 갈대.
(翳薈)예회 : 나무와 풀이 무성한 곳.

풀이 군대가 행군을 하는 전방에 험준한 산지, 소택지, 갈대가 우거진 곳, 산림지대, 초목이 얽혀 있는 곳이 있으면 반드시 거듭 수색해야 한다. 이는 적의 복병이 숨어 있기에 알맞은 곳이기 때문이다.

9 행군편 - 62죽

必謹 覆索之 此伏姦之所處也.
필근　복색지　차복간지소처야

반드시 조심하여, 반복해서 수색한다. 여기는 복병이나 첩자가 있는 곳이다.

***

복색(覆索) : 거듭 수색함.
복간(伏姦) : 복병이나 정탐군.

풀이 험난한 곳이나 웅덩이, 갈대밭, 초목이 무성한 곳을 행군할 때는 세심한 경계를 요한다. 왜냐하면 적의 복병이나 간첩이 숨어 있기에 알맞은 장소이기 때문이다. 따라서 본대가 접근하기에 앞서 정찰대를 보내어 거듭 수색해야 한다.

4. 적의 동태를 알아내는 법 33가지(1)

이번 항에서는 주변 상황을 통해 적의 동태를 알아내는 방법에 대해 설명하고 있다. 모두 33가지인데, 여기서는 먼저 11가지를 소개한다.

(1) 가까이 다가가도 조용한 적은 그들이 지세의 험준함을 믿고 있기 때문이다.
(2) 멀리서 도전해 오는 것은 이 편이 나오기를 바라는 것이다.
(3) 평탄한 곳을 점거함은 이로움이 있기 때문이다.
(4) 나무들의 움직임은 적이 다가오기 때문이다.
(5) 많은 풀로 가리고 있음은 아군을 의혹케 하려는 것이다.
(6) 새가 날아오름은 적의 복병이 있기 때문이다.
(7) 짐승이 놀라 달아남은 적의 기병(奇兵)이 숨어 있기 때문이다.
(8) 먼지가 높이 치솟고 있음은 적의 병거(兵車)가 오고 있는 것이다.
(9) 흙먼지가 낮고 넓게 퍼지고 있음은 보병부대가 오고 있는 것이다.
(10) 먼지가 흩어져 피어오름은 적군이 땔 나무를 하고 있는 것이다.
(11) 먼지가 적으면서도 여기저기 피어오름은 적군이 군영을 짓고 있는 것이다.

敵近而靜者 恃其險也.
적 근 이 정 자   시 기 험 야

적이 근처에 있는 데도 조용한 것은, 그 지형의 험난함을 믿기 때문이다.

***

(近而靜)근이정 : 가까이 있으면서 고요하다.
(恃其險)시기험 : 험준한 지형을 믿는다.

敵遠而其挑戰者 慾人之進也.
적 원 이 기 도 전 자　　욕 인 지 진 야

적이 멀리 있는 데도 싸움을 거는 것은, 아군의 진격을 유도하려는 것이다.

***

(遠而挑戰)원이도전 : 멀리 있으면서 싸움을 걸어온다.
(欲人之進)욕인지진 : 아군이 전진하기를 바란다. 이 편의 진격을 바람.

9 행군편 - 62, 63죽

其所居易者 利也.
기 소 거 이 자　　이 야

(적이) 머무는 곳이 평이하다면 얻을 수 있는, 이로움이 있기 때문이다.

***

(其所居易)기소거이 : 평탄한 곳에 머물고 있는 것.

衆樹動者 來也.
중 수 동 자　　내 야

많은 나무들이 움직이는 것은, (적이) 오는 것이고

***

(衆樹動)중수동 : 많은 나무들이 움직임.

衆草多障者 疑也.
　　중초다장자　의야

많은 풀들로 장애물을 만들어 놓은 것은, 의심을 불러 일으키려는 것이고

***

(衆草多障)중초다장 : 풀숲에 장애물을 많이 설치한 것.

鳥起者 伏也.
　조기자　복야

새가 날아 오르는 것은, (적이) 매복하는 것이고

***

(鳥起)조기 : 새가 날아오르다.
(伏)복 : 엎드릴 복. 숨다. 엎드리다.

獸駭者 覆也.
　수해자　복야

짐승이 놀라 움직이면, (적이) 수색하는 것이다.

***

(獸駭)수해 : 짐승 수. 놀랄 해. 짐승들이 놀라고 소란하다.
(覆)복 : 뒤집힐 복. 뒤집히다.

9 행군편 - 62, 63죽

塵高而銳者 車來也.
　진고이예자　거래야

먼지가 높고 날카롭게 일어나면, 전차가 오는 것이다.

行軍篇 第九

***

(塵高而銳)진고이예 : 먼지가 높고 날카롭게 솟아 오르다.

卑而廣者 徒來也.
비 이 광 자   도 래 야

먼지가 넓고 낮게 퍼지면, 보병이 오는 것이다.

***

(卑而廣)비이광 : 먼지가 낮고 넓게 퍼진다.
(徒)도 : 무리 도. 걷다. 보병

散而條達者 樵采也.
산 이 조 달 자   초 채 야

(먼지가) 분산되어 가닥으로 발생하면, 땔나무를 하는 것이다.

***

(散而條達)산이조달 : 먼지가 산발적으로 가는 줄기처럼 일어난다. 흩어져 피어오름.
(樵採)초채 : 땔감을 채취함.

少而往來者 營軍也.
소 이 왕 래 자   영 군 야

(적이) 소규모로 왔다 갔다하면, 군영(숙영)을 만드는 것이다.

***

(少而往來)소이왕래 : 먼지가 적고 왔다 갔다 한다.

<u>풀이</u> 새들과 초목의 움직임, 먼지가 피어나는 모양 등도 적정을 살피는 자료가 된다. 명장은 이와 같은 치밀한 관찰력으로 불리한 싸움도 승리로 이끄는 것이다.

5. 적의 동태를 알아내는 법 33가지(2)

(12) 사자(使者)의 말씨가 겸손하면서도 방비를 더 함은 진격하려는 것이다.

(13) 사자의 말씨가 강경하고 또한 진격 태세를 취함은 실은 철수하려는 것이다.

(14) 가벼운 전차가 군대 앞의 측면에 있는 것은 진(陣)을 펼치려는 것이다.

(15) 갑자기 휴전을 제안함은 음흉한 속셈이 있는 것이다.

(16) 적이 분주하게 움직이며 전차를 배치함은 결전을 시도하려는 것이다.

(17) 적이 반쯤 진격하였다가 반쯤 퇴각함은 이 편을 유인하려는 것이다.

辭卑而益備者 進也.
사 비 이 익 비 자　　진 야

(적이) 목소리를 낮추고 방비를 굳게 하는 것은, 진격하려는 것이다.

＊＊＊

(辭卑)사비 : 말을 낮춘다. 즉 말이 겸손하다.
(益備)익비 : 방비를 더욱 굳게 함.

辭强而進驅者 退也.
사 강 이 진 구 자　　퇴 야

(적이) 목소리를 높이고 몰아붙이는 것은, 후퇴하려는 것이다.

＊＊＊

(辭强)사강 : 말이 강경하다.
(進驅)진구 : 진격하다.

(退)퇴 : 물러날 퇴. 물러나다.

輕車先出居其側者 陳也.
경 거 선 출 거 기 측 자　　진 야

경전차(가벼운 병거) 가 먼저 나와 측면에 배치되는 것은, 진을 치는 것이다.

＊＊＊

(輕車)경거 : 가벼운 수레. 전투용 수레.
(居其側)거기측 : 양쪽에 배치되다.
(陳)진 : 늘어놓을 진. 진(陣)과 같음.

9 행군편 - 63, 64죽

無約而請和者 謨也.
무 약 이 청 화 자　　모 야

약속 없이 화친을 청하는 것은, 모략을 꾸미는 것이다.

＊＊＊

(請和)청화 : 화평을 청하다.
(謨)모 : 꾀 모. 계략.

奔走而陳兵車者 期也.
분 주 이 진 병 거 자　　기 야

분주히 돌아다니며 전차의 진형을 만드는 것은, 공격 시기를 기다리는 것이다.

＊＊＊

(陳)진 : 늘어놓을 진. 진(陣)과 같음.
(陳兵車)진병거 : 수레를 늘어놓음. 즉 배치하다.
(期)기 : 기약할 기. 기약하다. 결심하다. 결전을 시도함.

半進半退者 誘也.
반 진 반 퇴 자   유 야

반쯤 진격했다 반쯤 후퇴하는 것은, (아군을) 유인하려는 것이다.

* * *

반(半) : 반 반. 떨어진 한 조각.
진(進) : 나아갈 진. 나아가다.
퇴(退) : 물러날 퇴. 돌아가다.
유(誘) : 꾈 유. 유혹하다.

9 행군편 - 63, 64죽

5. 적의 동태를 알아내는 법 33가지(3)

(18) 지팡이를 짚고 서 있음은 굶주린 것이다.
(19) 물을 길어서 서둘러 마시는 것은 목이 말랐기 때문이다.
(20) 이익을 보고도 나아가지 않음은 피로한 것이다.
(21) 새가 모여드는 것은 군영이 비었기 때문이다.
(22) 밤 중에 서로 부르는 것은 겁에 질려 있기 때문이다.
(23) 군사들이 소란스러운 것은 장수가 위엄이 없기 때문이다.
(24) 군기가 흐트러져 있음은 대오가 혼란한 것이다.
(25) 장교들이 함부로 성내는 것은 지쳐 있기 때문이다.
(26) 말을 잡아먹는 것은 식량이 없기 때문이다.
(27) 밥그릇을 걸어두고 막사로 돌아가지 않음은 궁지에 몰린 것이다.

杖而立者 飢也.
장 이 립 자   기 야

(적이) 지팡이를 의지하여 서 있는 것은, 기아에 허덕이는 것이고

* * *

(杖)장 : 지팡이 장.
(杖而立)장이립 : 지팡이를 짚어야 일어서다.
(飢)기 : 주릴 기. 주리다.

汲而先飮者 渴也.
　　급 이 선 음 자 　 갈 야

급하게 물을 길어 마시려는 것은 갈증이 난다는 것이다.

＊＊＊

(汲而先飮)급이선음 : 물을 길으면서 자기가 먼저 마시다.
(渴)갈 : 목마를 갈. 목마르다.

9 행군편 - 64, 65죽

見利而不進者 勞也.
　　견 리 이 부 진 자 　 노 야

이로움을 발견하고도 진격하지 않는 것은, 피로하다는 것이다.

＊＊＊

(見利而不進)견리이부진 : 이로움을 보고서도 나아가지 않는다.
(勞)노 : 일할 노. 노력하다.

鳥集者 虛也.
　　조 집 자 　 허 야

새가 모여드는 것은, 그곳이 비어 있다는 것이며

＊＊＊

(鳥集)조집 : 새가 모여들다.
(虛)허 : 빌 허. 비다.

夜呼者 恐也.
　　야 호 자 　 공 야

야밤에 큰소리를 내는 것은, 공포에 떠는 것이다.

***

(夜呼)야호 : 밤에 소리쳐 부르다.
(恐)공 : 두려울 공. 두렵다.

軍擾者 將不重也.
　　군 요 자　　장 부 중 야

군이 시끄러운 것은, 장수가 무게가 (위엄이) 없다는 것이다.

***

(軍擾)군요 : 군대가 소란스럽다.
(擾)요 : 어지러울 요. 소란스러운 것. 떠들썩 한 것.
(不重)부중 : 무게가 없음. 위엄이 없음.

9 행군편 – 65죽

旌旗動者 亂也.
　　정 기 동 자　　난 야

정기(깃발)가 움직이는 것은, 혼란스럽다는 것이다.

***

(旌旗動)정기동 : 깃발이 마구 움직이다.
(亂)난 : 어지러울 난. 어지럽다.

吏怒者 倦也.
　　이 노 자　　권 야

장교가 분노하는 것은, 고달프기 때문이고

***

(吏)이 : 벼슬아치 이. 장교를 뜻함.
(吏怒)이노 : 관리가 노함. 즉 지휘관이 성을 내다.
(倦)권 : 게으를 권. 지쳐 있음.

行軍篇 第九　225

殺馬肉食者 軍無糧也.
살 마 육 식 자　군 무 량 야

말을 죽여 고기로 먹는 것은, 양식이 없기 때문이다.

***

(殺馬肉食者) 살마육식자 : 말을 죽여 고기로 먹는 것.
(軍無糧也) 군무량야 : 양식이 없기 때문이다.

9 행군편 – 65죽

軍無懸瓿 不返其舍者 窮寇也.
군 무 현 부　불 반 기 사 자　궁 구 야

군영에 질장군(취사도구)을 걸어놓은 것도 없고, 막사로 다시 반입하지 않는 것은, 궁지에 몰린 것이다.

***

(懸瓿不返其舍)현부불반기사 : (懸瓿)현부는 '밥솥을 아궁이에 걸다'라는 뜻. 즉 병사들이 밥을 해먹고 식기를 막사 안으로 들이지 않는다는 뜻.
(瓿)부 : 단지 부. 단지. 취사도구.
(不返)불반 : 돌아가지 않음.
(舍)사 : 집 사. 막사.
(窮寇)궁구 : 곤경에 빠진 적군. 궁지에 몰리다.

풀이 적이 드러내는 겉모습에는 이미 어쩔 수 없는 진실이 담겨 있게 마련이다. 따라서 지혜로운 장수는 그들의 일거수일투족(一擧手一投足)을 세밀히 살펴 이를 파악하는 것이다.

9 행군편 – 65, 66죽

5. 적의 동태를 알아내는 법 33가지(4)

(28) 장수가 온순하고도 은근하게 말함은 신망을 잃은 것이다.
(29) 자주 상을 주는 것은 사졸 통솔에 궁색해졌기 때문이다.
(30) 마구 벌을 내림은 지휘에 어려움이 많은 것이다.
(31) 먼저 사졸들을 난폭하게 다루다가 이윽고 그들의 이반을 두려워함은 통솔하는 방법이 졸렬한 것이다.
(32) 사자를 보내어 정중히 사과함은 쉴 틈을 얻으려는 것이다.
(33) 적군이 노기를 띠고 아군과 대치하면서도 정작 싸우지도 않고 물러가려고도 하지 않는다면 반드시 이를 잘 살펴야만 한다.

諄諄翕翕 徐與人言者 失衆也.
순순흡흡 　서여인언자　실중야

장수가 타이르듯, 천천히 병사들에게 말하는 것은, 위엄(신임)을 잃었기 때문이다.

*　*　*

(諄諄)순순 : 타이를 순. 성의 있고 간절한 모양.
(翕翕)흡흡 : 합할 흡. 온순하고 은근히 말하는 모습.
(諄諄翕翕)순순흡흡 : 간곡하게 말하는 모양세.
(徐言入入)서언입입 : 천천히 느릿하게 말하는 모양세.
(失衆)실중 : 사졸들의 신망을 잃음. 병사들에게 신망을 잃다.

數賞者 窘也.
삭상자　군야

자주 상을 주는 것은, 군색하다(가난하고 어렵다)는 것이고

*　*　*

(數賞)삭상 : 자주 상을 줌.
(窘)군 : 막힐 군. 군색하다. 어렵고 답답함. 거북하고 어색함.

9 행군편 – 66죽

數罰者 困也.
삭 벌 자 곤 야

자주 벌을 주는 것은, 괴롭다는 것이다.

***

삭벌(數罰) : 자주 벌을 내림. 삭(數)은 자주. 여러 번을 뜻함.

先暴而後畏其衆者 不精之至也.
선 폭 이 후 외 기 중 자   부 정 지 지 야

먼저 사납게 하고 이후에 병사들을 두려워하는 것은, 자질이 부족한 것이다.

***

(先暴而後畏其衆)선폭이후외기중 : 먼저 부하들을 난폭하게 다루다가 나중에 그들의 이반을 두려워함.
(不精之至)부정지지 : 매우 밝지 못함. 대단히 졸렬하다는 뜻임. 정통하지 못하고 지극히 어리석다.

來委謝者 欲休息也.
내 위 사 자   욕 휴 식 야

사자를 보내 인사하는 것은, 휴식을 얻고자 함이다.

***

(來委謝)내위사 : 사자가 와서 인사하다. 사자를 보내어 사과하면서 예물을 바침.
(欲休息)욕휴식 : 휴식을 취하고자 한다.

兵怒而相迎 久而不合
병 노 이 상 영   구 이 불 합

(적이) 분노하여 용병을 일으키고 서로 대치하였는데, 오랜 시간이 지나도 싸우지도 않고

***

(兵怒而相迎)병노이상영 : 군대가 노기를 띄고 서로 마주하다.
(久而不合)구이불합 : 오랫동안 싸우지 않음.

9 행군편 – 66죽

又不相去 必謹察之
우 불 상 거   필 근 찰 지

물러나지도 않을 때에는, 반드시 조심하여 (적의 정세를) 살펴야 한다.

***

(不相去)불상거 : 서로 물러가지도 않는다.
(必謹察之)필근찰지 : 반드시 조심하여 관찰한다.

풀이 손자는 이 행군편에서 30여 종의 적진 관찰법에 대해 언급하였다. 그중에는 장수가 병사들에게 신망을 얻지 못하거나, 부대를 통솔하지 못하는 경우를 지적한 것도 있다. 이런 군대는 단 한 번의 공격에도 쉽사리 무너질 것이다. 또한 적군이 사자를 보내어 예물을 바친다거나, 오랫동안 대치하면서도 결전을 미룰 수도 있다. 이런 적에 대해서는 사전에 철저히 경계해야만 그 계략을 막아낼 수 있는 것이다.

9 행군편 – 66죽

6. 명령은 문으로, 통제는 무로

병사가 많다고 반드시 이로운 것은 아니다.
용맹만을 믿고 함부로 진격함이 없이 힘을 합쳐서 적정을 헤아리고 적당한 인재를 쓰기만 하면 족한 것이다. 무릇 아무런 대책도 없이 적을 가볍게 여기는 자는 반드시 사로 잡히게 된다. 사졸이 믿고 따르기도 전에 벌을 주면 복종치 않을 것이요. 복종치 않으면 부리기가 어렵다. 또한 사졸이 이미 믿고 따르는 데도 벌주지 않으면 부릴 수가 없게 된다. 그러므로 그들을 가르쳐 부림에 있어서는 은덕으로써 하고, 질서 있게 통솔하는 데는 위엄으로써 한다. 이를 일컬어 반드시 싸움에서 이기는 군대라고 하는 것이다.

평소에 명령이 잘 시행되도록 백성들을 가르치게 되면 그들은 복종할 것이다. 그러나 평소에 명령이 시행되지 않음을 내버려 두었다면 백성들은 명령에 복종하지 않을 것이다. 평소부터 명령이 제대로 시행되었다는 것은 윗사람과 아랫사람의 뜻이 서로 화합했기 때문이다.

兵非益多也.
병 비 익 다 야

용병은 숫자가 많다고 유리한 것은 아니다.

* * *

(非益多)비익다 : 수가 많다고 유익한 것은 아니다.

9 행군편 – 66, 67죽

惟無武進 足以幷力料敵 取人而已
유 무 무 진   족 이 병 력 료 적   취 인 이 기

무력으로 진격하지 않고, 힘을 아우르고 적을 헤아려서, 사람을 취하면 충분할 따름이다.

* * *

(武進)무진 : 무력을 믿고 함부로 나간다. 용맹만을 믿고 진격함.
(幷力)병력 : 힘을 합친다는 뜻. 전투력을 집중함.

(料敵)요적 : 적의 정세를 살핀다. 적의 실정을 헤아림.
(併力料敵)병력요적 : 전력을 집중하고 적의 정세를 헤아린다.
(取人)취인 : (人)인은 적. 인재를 적당한 부서에 배치하여 쓰는 것.

夫惟無慮而易敵者 必擒於人
  부 유 무 려 이 이 적 자　　필 금 어 인

아무런 생각 없이 적을 쉽게 여기는 자는, 반드시 사로잡히게 된다.

　　　　　　　　＊＊＊

(無慮)무려 : 생각이 없다는 뜻.
(易敵)이적 : 적군을 가볍게 봄.
(無慮而易敵)무려이이적 : 아무런 대책 없이 적을 가볍게 보다.
(擒於人)금어인 : 적에게 사로 잡히다.

卒未親附而罰之 則不服
  졸 미 친 부 이 벌 지　　즉 불 복

不服則難用也.
  불 복 즉 난 용 야

병사들이 (아직 장수와) 친해지고 가까워지지 않았는데, 벌을 주면 복종하지 않고, 복종하지 않으면 활용하기가 어렵다.

　　　　　　　　＊＊＊

(卒未親附)졸미친부 : 병졸이 아직 가까이 따르지 않는다.
(不服)불복 : 복종하지 않는다.
(難用)난용 : 부리기 어렵다.

9 행군편 - 67, 68죽

卒已親附而罰不行 則不可用也.
  졸 이 친 부 이 벌 불 행　　즉 불 가 용 야

졸이 이미 장수와 친해지고 가까워졌는데 마땅한 벌을 행하지 않으면, 활용할 수가 없다.

***

(卒已親附)졸이친부 : 병졸이 이미 가까이 따른다.
(罰不行)벌불행 : 벌을 내리지 않는다.
(不可用)불가용 : 부릴 수가 없다.

故令之以文 齊之以武 是謂必取
고 영 지 이 문 제 지 이 무   시 위 필 취

그러므로 명령은 문으로써 하고, 통제는 무로써 하면, 반드시 승리를 취하게 된다.

***

(令之以文)영지이문 : 문덕으로서 명령함.
(文)문 : 덕, 예절 등을 말한다, 문덕(文德) 학문의 덕.
(齊之以武)제지이무 : 무위(힘, 법령 등을 말한다)로써 통제함.
(武)무 : 굳셀 무. 굳세다. 위엄. 엄하게 통솔함.
(必取)필취 : 반드시 승리함.

令素行以敎其民 則民服
영 소 행 이 교 기 민   즉 민 복

명령이 제대로 시행되고 이로써 병사들을 가르치면, 병사들이 복종한다.

***

(令素行)영소행 : 법령이 평소에 잘 시행된다.
(民服)민복 : 병사들이 복종한다.

9 행군편 – 68죽

令不素行以敎其民 則民不服
영 불 소 행 이 교 기 민   즉 민 불 복

명령이 제대로 시행되지 않는 상태에서 병사들을 가르치면, 병사들이 복종하지 않는다.

＊＊＊

(令不素行)영불소행 : 명령이 잘 시행되지 않는다.
(敎其民)교기민 : 병사들을 가리키다.
(民不服)민복 : 병사들이 복종하지 않는다.

令素行者 與衆相得也.
　영소행자　　여중상득야

명령이 제대로 시행되면, 장수와 병사들이 서로 이득을 얻는다.

＊＊＊

(令素行)영소행 : 명령이 잘 시행된다.
(與衆相得)여중상득 : 윗사람과 아랫사람의 뜻이 서로 맞음.

풀이 지휘관은 부하들을 잘 다스리고 그들의 마음을 사로 잡을 수 있어야 한다. 용병은 숫자가 많다고 유리한 것은 아니다. 무력으로 진격하지 않고 힘을 아우르고 적을 헤아려서 사람을 취하면 충분할 따름이다. 아무런 생각 없이 적을 쉽게 여기는 자는 반드시 사로잡히게 된다. 병사들이(아직 장수와) 친해지고 가까워지지 않았는데 벌을 주면 복종하지 않고 복종하지 않으면 활용하기가 어렵다. 졸이 이미 장수와 친해지고 가까워졌는데 마땅한 벌을 행하지 않으면 활용할 수가 없다.

그러므로 명령은 문으로써 하고 통제는 무로써 하면 반드시 승리를 취하게 된다. 명령이 제대로 시행되고 이로써 병사들을 가르치면 병사들이 복종한다. 명령이 제대로 시행되지 않는 상태에서 병사들을 가르치면 병사들이 복종하지 않는다. 명령이 제대로 시행되면 장수와 병사들이 서로 이득을 얻는다.

제10 지형편

地形篇 第十

"지형을 이용하라"

지형편(地形篇)은 통(通)·괘(挂)·지(支)·애(隘)·험(險)·원(遠)의 여섯 가지 지형을 예로 들어 설명하고 있다.

그리고 장수가 잘못 조치한 주(走)·이(弛)·함(陷)·붕(崩)·난(亂)·배(北)의 여섯 가지 잘못된 상황을 지적하고 있다.

지형을 알고 싸우는 자는 승리하고, 이를 모르고 싸우는 자는 패배한다. 전투에 있어서 지형적 조건은 기후적 요소와 함께 승패에 중요한 구실을 한다. 또한 장수의 전투에 대한 소신 있는 태도도 중요한 일이다.

그는 적의 실정을 살펴 진격과 후퇴를 스스로 결정해야 할 것이다. 이는 군주에 대한 항명이 아니라, 나라와 백성을 지키겠다는 그의 일념일 따름이다. 그러므로 군주는 장수의 전투에 대한 재량권에 제동을 걸어서는 아니 되며, 장수는 그 결과에 대한 책임 추궁을 두려워하지 말아야 한다.

1. 전술적인 면에서 본 여섯 가지 지형

손자가 말하였다.

지형에는 통하는 곳, 장애가 되는 곳, 갈라진 곳, 좁은 곳, 험준한 곳, 먼 곳이 있다.

첫째, 아군과 적군이 모두 쉽사리 나아갈 수 있는 곳을 통형(通形)이라고 한다. 여기서는 먼저 높고 햇볕이 잘 드는 데에 진을 치고 군량 보급로를 확보하면 적과 싸우기에 이롭다.

둘째, 나아가기는 쉬우나 물러나기가 어려운 곳을 괘형(掛形)이라고 한다. 이런 곳에서는 적이 수비를 굳히고 있지 않을 때 나아가 싸우면 이길 수 있으나, 이미 수비를 굳히고 있다면 나아가 싸워도 이기기 어렵고 또한 물러서기에도 불리하다.

셋째, 우리 편이 나아가서 싸워도 불리하고 적이 진격해도 불리한 지세를 지형(支形)이라고 한다. 이런 곳에서는 적이 비록 우리에게 이로움을 주더라도 공격해서는 아니된다. 군사들을 이끌고 뒤로 물러가는 체하여 적을 나오게 한 다음에 공격하면 이롭다.

넷째, 애형(隘形)은 우리가 먼저 그곳을 차지하면 수비에 충실한 채 적을 기다려야 한다. 만일 적이 먼저 그곳을 차지하여 그 수비가 충실하면 싸우지 말고, 수비가 허술하면 따라가서 싸워도 된다.

다섯째, 험형(險形)은 우리가 먼저 그곳을 점령하면 반드시 높고 햇볕이 잘 드는 곳에서 진을 치고 적의 공격을 기다려야 한다. 만일 적이 먼저 그곳을 점령 했으면 구사를 이끌고 철수 할 것이며, 쫓아가 싸워서는 아니 된다.

여섯째, 원형(遠形) 즉 멀리 떨어진 곳에서는 피아의 병력이 비등하다면 싸움을 걸기가 어렵고, 막상 싸워도 이롭지 못할 것이다. 대체로 이 여섯 가지는 지리의 원칙이다. 이를 교묘하게 운용함이 장수의 중요한 책무이므로 잘 살펴야 하는 것이다.

이 여섯 가지가 '지형을 이용하는 방법이다'

10 지형편 – 69죽

孫子曰 地形有通者 有挂者
　　손자왈　　지형유통자　　유괘자

有支者 有隘者 有險者 有遠者
　유지자　　유애자　　유험자　　유원자

손자가 말하였다. 지형에는 통형이 있고, 괘형이 있고, 지형이 있고, 애형이 있고, 험형이 있고, 원형이 있다.

　　　　　　　　＊ ＊ ＊

(通)통 : 통할 통. 사방으로 통하는 지형.
(挂)괘 : 걸 괘. 가기는 쉬우나 오기는 어려운 지형.
(支)지 : 가를 지. 서로 불리한 지형.
(隘)애 : 좁을 애. 길이 좁은 지형.
(險)험 : 험할 험. 험준한 지형.
(遠)원 : 멀 원. 멀다. 거리가 멀리 떨어져 있는 지형.

我可以往 彼可以來 曰通
　아 가 이 왕　　피 가 이 래　왈 통

아군이 갈 수도 있고, 적군이 올 수도 있는 곳이, 통형이다.

　　　　　　　　＊ ＊ ＊

(可以往)가이왕 : 가기가 쉽다.
(可以來)가이래 : 오기가 쉽다.

通形者 先居高陽 利糧道以戰則利
　통 형 자　　선 거 고 양　　이 량 도 이 전 즉 리

통형에서는, 높고 양지바른 곳을 선점하여 주둔하고, 보급로를 튼튼히 해두고 싸우면 유리하다.

　　　　　　　　＊ ＊ ＊

(先居高陽)선거고양 : 먼저 높고 양지 바른 곳에 자리 잡다.
(高陽)고양 : 지대가 높고 양지 바른 곳.

(利糧道)이량도 : 식량 보급로를 확보한다.
(以戰則利)이전즉리 : 싸움에서 유리하다.

10 지형편 - 69, 70죽

可以往 難以返 曰挂
가 이 왕   난 이 반   왈 괘

挂形者 敵無備 出而勝之
괘 형 자   적 무 비   출 이 승 지

나아갈 수는 있어도, 물러서기가 곤란한 곳이 괘형이다. 괘형에서는, 적의 방비가 없으면, 출격하여 승리할 수 있고,

***

(可以往)가이왕 : 가기가 쉽다.
(難以返)난이반 : 돌아오기가 어렵다.
(挂形)괘형 : 나아가기는 쉬우나 물러나기가 어려운 곳.
(敵無備)적무비 : 적이 방비함이 없다.
(出而勝之)출이승지 : 나가 싸우면 승리한다.

敵若有備 出而不勝 則難以返 不利
적 약 유 비   출 이 불 승   즉 난 이 반   불 리

만약 적이 대비하고 있다면, 출격하여 승리할 수 없으며, 후퇴가 곤란하기 때문에, 불리하다.

***

(出而不勝)출이불승 : 나가 싸워도 승리하지 못한다.

我出而不利 彼出而不利 曰支
아 출 이 불 리   피 출 이 불 리   왈 지

아군이 출격해도 불리하고, 적군이 출격해도 불리한 곳이, 지형이다.

***

(出而不利)출이불리 : 나가 싸우면 불리하다.

10 지형편 – 70, 71죽

支形者 敵雖利我 我無出也
　지 형 자　　적 수 리 아　　아 무 출 야

지형에서는, 적이 비록 이로움으로, 아군을 유인해도 출격해서는 안 된다.

***

(支形)지형 : 아군이 나아가서 싸워도 불리하고, 적이 진격해도 불리한 지형.
(敵雖利我)적수리아 : 비록 적이 이익으로 아군을 유인한다.
(利我)이아 : 아군에게 이득을 보여줌.
(我無出)아무출 : 아군이 출격해서는 안된다.

引而去之 令敵半出而擊之利
　인 이 거 지　　영 적 반 출 이 격 지 리

아군을 빼내어 후퇴하다가, 적이 반쯤 나오게 하여 공격하면 유리하다.

***

(引而去之)인이거지 : (유인하기 위하여)아군을 이끌고 떠나다.
(令敵半出)영적반출 : 적으로 하여금 반쯤 나오게 한다.

隘形者 我先居之 必盈之以待敵
　애 형 자　　아 선 거 지　　필 영 지 이 대 적

애형에서는, 아군이 선점하여 주둔하고, 반드시 양측에 병력을 배치하여 적을 기다린다.

***

(隘形)애형 : 들어오는 데는 좁고, 안쪽이 낭떠러지로 둘러싸인 지형.

(我先居之)아선거지 : 아군이 먼저 그곳을 점령한다.
(必盈之以待敵)필영지이대적 : 반드시 방비를 충실하게 하여 적이 오기를 기다린다.

若敵先居之 盈而勿從 不盈而從之
　　　약 적 선 거 지　　영 이 물 종　　불 영 이 종 지

만약 적이 선점하고 있다면, 진출하지 말고, (적이) 없다면 진출한다.

＊＊＊

(盈而勿從)영이물종 : 방비가 갖추어져 있으면 쫓아가지 않는다. 즉 공격하지 않는다.
(不盈而從之)불영이종지 : 방비가 갖추어져 있지 않으면 쫓아간다. 즉 공격한다.

10 지형편 - 71, 72죽

險形者 我先居之 必居高陽以待敵
　　험 형 자　　아 선 거 지　　필 거 고 양 이 대 적

험형에서는 아군이 선점하여 주둔하고, 반드시 높고 양지바른 곳에서 적을 기다린다.

＊＊＊

(險形)험형 : 작전이 어려운 험준한 지형.
(必居高陽以待敵)필거고양이대적 : 반드시 높고 양지 바른쪽을 점거하여 적이 오기를
　　　　　　　　　　　　　　　기다린다.

若敵先居之 引而去之 勿從也.
　　　약 적 선 거 지　　인 이 거 지　　물 종 야

만약 적이 선점하여 주둔한다면, 아군을 인솔하여 퇴각하고, 진격하지 않는다.

＊＊＊

(若敵先居之)약적선거지 : 만약 적이 선점하여 주둔한다.
(引而去之)인이거지 : 아군을 인솔하여 퇴각하고

(勿從也)물종야 : 진격하지 않는다

遠形者 勢均 難以挑戰 戰而不利
원형자 세균 난이도전 전이불리

원형에서는, 적과 세력이 균등하면, 싸우기가 곤란하고, 직접적인 전쟁은 불리하다.

※※※

(遠形)원형 : 피아(彼我)가 서로 멀리 떨어져 있는 곳.
(勢均)세균 : 세력이 비슷하다. 양쪽의 병력이 비등함.
(難以挑戰)난이도전 : 싸움을 걸기가 어렵다.

10 지형편 – 72죽

凡此六者 地之道也.
범차육자 지지도야

將之至任 不可不察也.
장지지임 불가불찰야

무릇 이 여섯 가지가, 지형을 이용하는 법이다. 장수가 임명을 받으면, 세심히 살피지 않을 수 없다.

※※※

(六者)육자 : (通形)통형, (挂形)괘형, (支形)지형, (隘形)애형, (險形)험형, (遠形)원형
의 여섯가지 지형을 말한다.
(地之道)지지도 : 지형을 이용한 방법. 지리(地利)를 싸움에 이용하는 방법.
(將之至任)장지지임 : 장수의 중요한 임무. 장수 지상(至上)의 책무.

10 지형편 – 72, 73, 74죽

2. 패배에 이르는 여섯 가지 길

싸움에서 패배하는 군대의 유형에는 주병(走兵), 이병(弛兵), 함병(陷兵), 붕병(崩兵), 난병(亂兵), 배병(北兵) 등 여섯 가지가 있다. 모름지기 이 여섯 가지 유형은 하늘이 내리는 재앙이 아니라 장수의 과실에서 비롯되는 것이다.

첫째, 아군과 적군의 병력이 비슷한데 한 명의 병사가 열 명의 적군과 상대하여 싸우도록 하면 그 군대는 도주할 수밖에 없다. 이런 군대를 주병이라 한다.

둘째, 병졸은 강한데 지휘관이 약하면 군기가 해이해질 수밖에 없다. 이런 군대를 이병이라 한다.

셋째, 지휘관은 강한데 병졸들이 약하면 적의 함정에 빠지기 쉽다. 이런 군대를 함병이라 한다.

넷째, 장교가 화를 참지 못해 장수의 명령에 불복하고 적과 만나서는 원망하는 마음으로 제멋대로 싸우는데도 장수가 이러한 장교의 성품과 능력을 알지 못한다면 그 군대는 기강이 무너졌다고 밖에 볼 수 없다. 이런 군대를 붕병이라고 한다.

다섯째, 장수가 나약하여 위엄이 없고, 교육과 훈련도 명확하지 못하고, 지휘관과 병졸들 간에 법도가 없고 전투배치가 제대로 되지 않으면 그 군대는 어지러울 수 밖에 없다. 이런 군대를 난병이라고 한다.

여섯째, 장수가 적의 정세를 헤아리지 못하여 소병력으로 대병력에 맞서 싸우고, 약한 전투력으로 강한 전투력의 적을 공격하고, 앞장설 정예병이 없다면 그 군대는 패배할 수 밖에 없다. 이런 군대를 배병이라고 한다.

이상의 여섯 가지 유형은 패배에 이르는 길이요, 장수된 자의 중대 임무이니 잘 살피지 않으면 안 된다.

10 지형편 – 72, 73죽

故兵 有走者 有弛者 有陷者
고병　유주자　유이자　유함자

有崩者 有亂者 有北者
유붕자　유란자　유배자

그러므로 용병에는 도주하는 자가 있고, 해이한 자가 있으며, 빠지는 자가 있고, 무너지는 자가 있으며, 어지러운 자가 있고, 패하는 자가 있다.

＊＊

(走)주 : 달릴 주.
(弛)이 : 늦출 이. 해이하다.
(陷)함 : 빠질 함. 함정에 빠지다.
(崩)붕 : 무너질 붕. 무너지다.
(亂)난 : 어지러울 난. 어지럽다.
(北)배 : 패하여 달아나다.

凡此六者 非天地之災 將之過也.
범차육자　　비천지지재　장지과야

이러한 여섯 가지는, 천지의 재앙이 아니라, 장수의 과실이다.

＊＊

(六者)육자 : (走)주. (弛)이. (陷)함. (崩)붕. (亂)난. (北)배.
(非天之災)비천지재 : 하늘이 내린 재앙이 아니다.
(將之過)장지과 : 장수의 잘못.

夫勢均 以一擊十曰走
부세균　이일격십왈주

무릇 세가 비슷한 경우, 하나로 열을 공격하는 것을 주(走)라 한다.

＊＊

(以一擊十)이일격십 : 한 명의 병사가 열 명의 적병을 상대로 싸운다는 뜻.

卒强吏弱曰弛 吏强卒弱曰陷
졸 강 리 약 왈 이   이 강 졸 약 왈 함

병졸은 강하지만 장교들이 약한 것을 이(弛)라 한다. 장교는 강한데 병졸이 약한 것을 함(陷) 이라 한다.

***

(卒强吏弱)졸강이약 : 병졸은 강하고 장교는 약하다.
(吏)이 : 벼슬아치 이. 장교. 중간 지휘관.
(吏强卒弱)이강졸약 : 장교는 강하고 병졸은 약하다.

大吏怒而不服 遇敵懟而自戰
대 리 노 이 불 복   우 적 대 이 자 전

將不知其能 曰崩
장 부 지 기 능   왈 붕

장교가 분노하면 복종하지 않고, 적병과 조우하여 대적할 때 스스로 전투를 하며, 장수가 그 장교의 능력을 알지 못하는 것을, 붕(崩)이라 한다.

***

(大吏)대리 : 고급장교.
(怒而不服)노이불복 : 성내며 장수에게 복종하지 않는다.
(遇敵)우적 : 적을 만남. 적병과 조우함.
(懟)대 : 원망할 대. 원망함.
(懟而自戰)대이자전 : 원망하며 제멋대로 싸우다.
(將不知其能)장부지기능 : 장수가 장교의 능력을 알지 못한다.

10 지형편 – 73, 74죽

將弱不嚴 敎道不明 吏卒無常
장 약 불 엄   교 도 불 명   이 졸 무 상

陳兵縱橫 曰亂
진 병 종 횡   왈 란

장수가 나약하고 엄하지 않아, 교육과 훈련이 안되며, 장교와 병졸의 위계질서가 없고, 용병의 진영이 좌충우돌하는 것을 난(亂)이라 한다.

* * *

(將弱不嚴)장약불엄 : 장수의 심지가 약하고 위엄이 없다.
(敎道不明)교도불명 : 병사에 대한 교육과 훈련이 명확치 않다.
(吏卒無常)이졸무상 : 장교와 병사간에 법도가 없다.
(陳兵縱橫)진병종횡 : 진을 칠 때 제멋대로이다. 여기서는 무질서 하다는 뜻.

將不能料敵 以少合衆 以弱擊强
장 불 능 료 적   이 소 합 중   이 약 격 강

兵無選鋒 曰北
병 무 선 봉   왈 배

장수가 적을 헤아리지 못해 (아군의), 소수 병력으로 (적의) 많은 병력과 싸우고, (아군의) 약함으로 (적의) 강함을 공격하여, 용병에서 선봉에 서는 병사가 없는 것을 배(北)라 한다.

* * *

(不能料敵)불능요적 : 능히 적의 정세를 헤아리지 못하다.
(以少合衆)이소합중 : 적은 병력으로 많은 병력과 마주쳐 싸운다.
(以弱擊强)이약격강 : 약함으로 강함을 공격하다.
(兵無選鋒)병무선봉 : 군대에 가려 뽑은 정예병이 없다.
(選鋒)선봉 : 골라 뽑은 날래고 용감한 병사.

地形篇 第十   247

10 지형편 – 74죽

凡此六者 敗之道也
범 차 육 자　패 지 도 야

將之至任 不可不察也.
장 지 지 임　불 가 불 찰 야

이 여섯 가지는, 패배하는 길이다. 장수가 임명을 받으면, 세심히 살피지 않을 수 없다.

***

(六者)육자 : (走)주. (弛)이. (陷)함. (崩)붕. (亂)난. (北)배.
(敗之道)패지도 : 패배에 이르는 길.

10 지형편 – 74, 75죽

3. 병사들을 보호하고, 군주의 이익을 구하라

지형(地形)은 용병의 훌륭한 조력자이다.
적의 정세를 파악하여 승리를 이끌어내고 험난함과 좁음, 멀고 가까움을 헤아려 판단하는 것은 장수가 해야 할 일이다.
이것을 잘 알고 싸우는 사람은 반드시 승리할 것이요, 이것을 알지 못하고 싸우는 사람은 반드시 패할 것이다.
그러므로 전쟁에서 승리할 수 있다는 판단이 서면 군주가 싸우지 말라고 해도 반드시 싸워야 하며, 전쟁에서 승리할 수 없다는 판단이 서면 군주가 싸우라고 해도 싸우지 않아야 한다.
장수는 진격할 때 명예를 얻고자 해서는 안 되며 후퇴할 때 처벌받는 것을 피하려 하지 말 것이로되, 오로지 병사들을 보호하는 데 힘쓰고 군주의 이익에 부합되게 해야 한다.

이런 장수야말로 국가의 보배이다.

夫地形者 兵之助也. 料敵制勝
부 지 형 자　　병 지 조 야　　　요 적 제 승

計險阨遠近 上將之道也.
계 험 액 원 근　　 상 장 지 도 야

무릇 지형은, 용병을 도우는 것이다. 적을 헤아려 승리를 얻고 지형의 험난함과 위험, 멀고 가까움을 계산하는 것이 상장군이 해야할 일이다.

***

(兵之助)병지조 : 전쟁에서 도움이 됨. 보조 역할. 조력자.
(料敵制勝)요적제승 : 적의 정세를 헤아려 승리를 이끌어낸다.
(險阨)험액 : 지형이 험하고 좁다. 험하고 막힌 곳.
(上將)상장 : 상장군. 우두머리 장수. 최고 사령관. 총사령관.

10 지형편 – 74, 75죽

知此而用 戰者必勝
지 차 이 용　　 전 자 필 승

不知此而用 戰者必敗
부 지 차 이 용　　 전 자 필 패

이를 알고, 전쟁을 하는 자는 반드시 승리하고 이를 알지 못하고, 전쟁을 하는 자는 반드시 패배한다.

***

(用戰)용전 : 싸움을 하다.

故戰道必勝 主曰無戰 必戰可也.
고 전 도 필 승　　주 왈 무 전　　필 전 가 야

그러므로 전쟁에서 승리가 확실하다면, 군주가 전쟁을 하지 말라고 명령해도, 전쟁을 할 수 있다.

***

(戰道)전도 : 전쟁의 원리. 용병의 원리.
(主曰無戰)주왈무전 : 군주가 싸우지 말라고 한다.
(必戰可)필전가 : 반드시 싸워야 한다.

戰道不勝 主曰必戰 無戰可也.
전 도 불 승　　주 왈 필 전　　무 전 가 야

전쟁에서 승리할 수 없으면, 군주가 전쟁을 하라고 명령해도, 전쟁을 하지 않을 수 있다.

***

(戰道)전도 : 전쟁의 원리. 용병의 원리.

10 지형편 – 74, 75죽

故進不求名 退不避罪
고 진 불 구 명　　퇴 불 피 죄

그러므로 나아가서는 명예를 구하지 않고, 물러서서는 죄를 피하지 않으며

***

(進不求名)진불구명 : 진격하여 이름을 얻고자 하지 않는다.
(退不避罪)퇴불피죄 : 후퇴함에 죄를 피하고자 하지 않는다.

惟人是保 而利合於主 國之寶也.
유 인 시 보　　이 리 합 어 주　　국 지 보 야

오직 백성을 보호하고, 군주를 이롭게 하니, 나라의 보배이다.

* * *

(惟人是保)유인시보 : 오로지 병사들을 보호함에 힘쓴다.
(利合於主)이합어주 : 군주에게 이롭게 하다.
(主)주 : 임금.
(國之寶)국지보 : 나라의 보배.

10 지형편 – 76죽

4. 병사 다루는 법

장수는 병사들을 갓난아기처럼 돌보아야 한다. 그래야 함께 깊은 골짜기에도 들어가는 것이다. 장수는 병사들을 사랑하는 자식처럼 아껴야 한다. 그래야 기꺼이 함께 죽을 수도 있는 것이다.

그러나 너무 후대하면 마음대로 부릴 수 없으며, 너무 아끼면 명령에 따르지 않으며, 너무 어지럽게 굴어도 다스리기가 어려우니, 비유하면 교만한 자식과도 같아서 아무짝에도 쓸모가 없게 된다.

視卒如嬰兒 故可與之赴深溪
　시 졸 여 영 아　　고 가 여 지 부 심 계

병사를 어린아이처럼 대하면, 함께 깊은 골짜기에 갈 수 있다.

* * *

(視卒如嬰兒)시졸영어아 : 병사 돌보기를 갓난아이 보는 듯하다.
(嬰兒)영아 : 갓난아이 영. 아이 아. 젖먹이. 간난아이.
(可與之赴深溪)가여지부심계 : 함께 깊은 계곡으로 들어갈 수 있다.
(赴)부 : 나아갈 부. 나아가다. 알리다. 다다르다. 이르러 닿다.

視卒如愛子 故可與之俱死
　시 졸 여 애 자　　고 가 여 지 구 사

地形篇 第十　251

병사를 사랑하는 자식처럼 대하면, 함께 죽을 수 있다.

***

(視卒如愛子)시졸여애자 : 병사를 사랑하는 자식처럼 대하면
(可與之俱死)가여지구사 : 함께 죽을 수 있다.

10 지형편 – 76죽

厚而不能使 愛而不能令 亂而不能治
후이불능사　애이불능령　난이불능치

후덕하면 부릴 수 없고, 사랑하면 명령을 내릴 수 없으며, 어지러우면 다스릴 수 없다.

***

(厚而不能使)후이불능사 : 너무 후대하면 부릴 수 없다.
(愛而不能令)애이불능령 : 너무 사랑하면 명령에 따르지 않는다.
(亂而不能治)난이불능치 : 너무 어지럽게 굴면 다스리기가 어렵다.

譬如 驕子 不可用也.
비여　교자　　불가용야

교만한 자식처럼, 쓸모가 없다.

***

(譬如驕子)비여교자 : 비유하면 교만한 자식과 같다.
(驕子)교자 : 버릇없는 자식.
(不可用)불가용 : 쓸 수 없다.

풀이 병사를 어린아이처럼 대하면 함께 깊은 골짜기에 갈 수 있고 병사를 사랑하는 자식처럼 대하면 함께 죽을 수 있다. 후덕하면 부릴 수 없고 사랑하면 명령을 내릴 수 없으며 어지러우면 다스릴 수 없으니 교만한 자식처럼 쓸모가 없다.

10 지형편 – 76, 77죽

5. 땅을 알고 하늘을 알면 완전한 승리

아군병사들이 적을 공격할 수 있는 자신의 능력만을 알고 적이 만반의 방비 태세를 갖추고 있다는 것을 알지 못한다면 승리는 반반이다.

적에게 헛점이 있어 공격해도 된다는 것만 알고 아군병사들이 적을 공격할 만한 능력이 없다는 것을 알지 못한다면 승리는 반반이다.

적에게 헛점이 있어 공격해도 되는 것을 알고 아군병사들에게 그러한 능력이 있다는 것을 알아도, 지형상 싸우기에 부적합하다는 것을 알지 못한다면 승리는 반반이다.

그러므로 병법을 잘 아는 장수는 이동할 때 갈팡질팡하지 않고 싸움이 벌어져도 궁지에 몰리지 않는다.

이에 손자는 말한다.

"적을 알고 나를 알면 위태로움 없이 승리할 것이요, 하늘을 알고 땅을 알면 완전한 승리를 거둘 수 있는 것이다."

知吾卒之可以擊 而不知敵之不可擊
지 오 졸 지 가 이 격　　이 불 지 적 지 불 가 격

勝之半也.
승 지 반 야

아군의 병졸로 공격이 가능하다는 것을 알지만, 적의 상태가 공격을 해서는 안된다는 것을 알지 못하면, 승리의 확률은 반이다.

＊＊＊

(吾卒之加以擊)오졸지가이격 : 아군병사들이 공격할 수 있는 능력.
(敵之不可擊)적지불가격 : 적을 공격할 수 없다.
(勝之半)승지반 : 승리의 반. 승패가 반반이라는 뜻.

地形篇 第十　253

10 지형편 - 76, 77죽

知敵之可擊 而不知吾卒之
지 적 지 가 격　　이 부 지 오 졸 지

不可以擊 勝之半也.
불 가 이 격　승 지 반 야

적을 공격할 때를 알지만, 아군의 병졸 상황이 공격하기에 불가능하다는 것을 알지 못하면 승리의 확률은 반이다.

***

(敵之可擊)적지가격 : 적을 공격할 수 있다.
(吾卒之不加以擊)오졸지불가이격 : 아군병사들이 공격할 수 없는 능력.
(勝之半)승지반 : 승리의 반. 승패가 반반이라는 뜻.

知敵之可擊 知吾卒之可以擊
지 적 지 가 격　　지 오 졸 지 가 이 격

적을 공격할 때를 알고 아군의 병졸 상황이 공격이 가능하다는 것을 알지만

***

(敵之可擊)적지가격 : 적을 공격할 수 있다.
(吾卒之加以擊)오졸지가이격 : 아군병사들이 공격할 수 있는 능력.

而不知地形之 不可以戰 勝之半也.
이 부 지 지 형 지　불 가 이 전　승 지 반 야

지형이 공격하기에, 가능하다는 것을 알지 못하면, 승리의 확률은 반이다.

***

(地形之不可以戰)지형지불가이전 : 지형상 싸울 수 없음. 지형상 싸우기에 불리하다.
(勝之半)승지반 : 승률이 반이라는 뜻임. 반은 이긴다.

10 지형편 – 77, 78죽

故知兵者 動而不迷 擧而不窮
<small>고 지 병 자　동 이 불 미　거 이 불 궁</small>

그러므로 군사를 아는 자는, 움직일 때는 헷갈리지 않고, 일어날 때는 막히지 않는다.

***

(知兵)지병 : 용병(用兵)을 앎.
(動而不迷)동이불미 : 군대를 움직임에 있어 미혹됨이 없다.
(擧而不窮)거이불궁 : 군대를 일으켜도 궁지에 몰리지 않는다.

故曰 知彼知己 勝乃不殆
<small>고 왈　지 피 지 기　승 내 불 태</small>

그러므로, 적을 알고 나를 알면, 승리하고 위태롭지 않으며

***

(知己知彼)지기지피 : 나를 알고 적을 안다.
(不殆) : 위태롭지 않음.
(勝乃不殆)승내불태 : 위태로움 없이 승리한다.

知天知地 勝乃可全
<small>지 천 지 지　승 내 가 전</small>

땅을 알고 하늘을 알면, 승리하고 온전할 수 있다.

***

(知天知地)지천지지 : 천시(天時)를 알고 지리(地利)를 앎.
(勝乃可全)승내가전 : 완전한 승리를 얻게 된다는 뜻.

제11 구지편

九地篇 第十一

11 구지편 – 79죽

"지형에 따라 전술을 바꿔라"

구지편(九地篇)에서는 아홉 가지의 전략적 지형을 설명하고 있다. 즉, 산지(散地)·경지(輕地)·쟁지(爭地)·교지(交地)·구지(衢地)·중지(重地)·비지(圮地)·위지(圍地)·사지(死地)가 그것이다.

그리고 국경 안에서의 전투와 국경 밖에서의 전투에 대해 설명하고 있다. 구지(九地)는 손자병법 13편 중에서 가장 길다.

모두 천여 자(字)로서, 구변(九變)·행군(行軍)·지형(地形) 등과 함께 전쟁터에서의 지형(地形)과 지물(地物) 이용에 대한 총결편이다.

11 구지편 – 79죽

1. 싸움터의 특성에 따른 아홉 가지 특성

손자가 말하였다.

전쟁을 함에 있어 싸움터의 특성에 따라 지역을 분류하면 산지(散地), 경지(輕地), 쟁지(爭地), 교지(交地), 구지(衢地), 중지(重地), 비지(圮地), 위지(圍地), 사지(死地) 등 아홉 가지로 나눌 수 있다.

① 산지(散地) : 제후가 스스로 자기 땅 안에서 싸우게 되면 이를 산지라 한다.
② 경지(輕地) : 남의 땅에 침입했어도 깊이 들어가지 않으면 이를 경지라 한다.

③ 쟁지(爭地) : 아군이 차지해도 이롭고 적군이 차지해도 이로운 데를 쟁지라 한다.
④ 교지(交地) : 우리가 갈 수도 있고 상대방이 올 수도 있는 데를 교지라 한다.
⑤ 구지(衢地) : 제후의 땅이 우리와 적과 제3국에 접하고 있어서 먼저 이르면 천하의 무리를 자기편으로 만들 수 있는 곳.
⑥ 중지(重地) : 남의 영토에 깊숙이 쳐들어가 많은 성과 고을을 등지는 곳을 중지라 한다.
⑦ 비지(圮地) : 산림·험준한 땅·늪지대와 같이 행군하기 어려운 길을 비지라 한다.
⑧ 위지(圍地) : 들어가는 길이 좁아서 돌아올 때에는 우회해야 하며 적이 적은 수로도 우리의 많은 병력을 칠 수 있는 곳.
⑨ 사지(死地) : 죽기를 각오하고 싸우면 살아남지만 그렇지 않으면, 섬멸당하는 곳을 사지라 한다.

그러므로 산지에서는 싸우지 말고, 경지에서는 주둔하지 말며, 쟁지에서는 공격을 해서는 아니 된다.

교지에서는 연락이 끊겨서는 안 되며, 구지에서는 제3국과의 외교를 돈독히 하며 중지에서는 물자를 현지 조달해야 한다.

비지에서는 빨리 통과하고 위지에서는 계략으로 벗어나며, 사지에서는 오직 목숨을 걸고 싸워야 한다.

11 구지편 – 79, 80죽

孫子曰, 用兵之法 有散地, 有輕地,
손자왈   용병지법   유산지   유경지

有爭地, 有交地, 有衢地, 有重地,
　　유쟁지　　유교지　　유구지　　유중지

有圮地, 有圍地, 有死地.
　　유비지　　유위지　　유사지

손자가 말하였다. 용병의 법에는 산지, 경지, 쟁지, 교지, 구지, 중지, 비지, 위지, 사지가 있다.

諸候自戰其地者 爲散地
　　제후자전기지자　　위산지

제후가 자국의 땅에서 싸우는 것을, 산지라 하고,

* * *

(自戰其地)자전기지 : 자기나라 영토에서 싸움.

入人之地而不深者 爲輕地
　　입인지지이불심자　　위경지

적의 영토를 공격하지만 깊이 들어가 있지 않는 곳을, 경지라 하고,

* * *

(入人之地)입인지지 : 남의 나라 영토 안으로 들어가다.

我得則利 彼得亦利者 爲爭地
　　아득즉리　　피득역리자　　위쟁지

아군이 점령하면 아군에게 유리하고, 적이 점령하면 적에게도 유리한 곳을 쟁지라 한다.

* * *

(我得則利)아득즉리 : 아군이 얻으면 이롭다.
(彼得亦利)피득역리 : 적이 얻어도 역시 이롭다.

11 구지편 – 79, 80죽

我可以往 彼可以來者 爲交地
아가이왕　피가이래자　위교지

아군이 갈 수도 있고, 적이 올 수도 있는 곳을, 교지라 한다.

＊＊＊

(我可以往)아가이왕 : 아군이 갈 수 있다.
(彼可以來)피가이래 : 적군이 올 수 있다.

諸候之之三屬 先至而得天下之衆者 爲衢地
제후지지삼속　선지이득천하지중자　위구지

제후의 영토로 여러나라가 접하고 있어, 선점하면 천하의 백성들을 모으게 될 곳을, 구지라 한다.

＊＊＊

(三屬)삼속 : 세나라 국경이 인접해 있는 것.즉 교통이 편리한.
(先至)선지 : 먼저 차지하다.

入人之地深 背城邑多者 爲重地
입인지지심　배성읍다자　위중지

적의 영토에 깊숙이 들어가, 많은 성읍을 등지고 있는 곳을, 중지라 하고,

＊＊＊

(入人之地深)입인지지심 : 남의 나라 영토 안으로 깊숙이 들어가다.
(背城邑多)배성읍다 : 성과 읍을 많이 등지고 있다.

11 구지편 – 80, 81죽

行山林險阻沮澤 凡難行之道者 爲圮地
행산림험조저택　범난행지도자　위비지

산림이 험하고 늪이 많은 택지로, 행군하기 곤란한 곳을, 비지라 한다.

***

(沮澤)저택 : 늪지. 소택지.
(難行之道)난행지도 : 행군하기 어려운 길.
(險阻)험조 : 험준한 지형.

所由入者隘 所從歸者迂 彼寡可以擊
소 유 입 자 애　　소 종 귀 자 우　　피 과 가 이 격

我之衆者 爲圍地
아 지 중 자　　위 위 지

진입하는 곳이 좁아서, 그곳에서 되돌아 나오려면 우회해야 하며, 적이 소수의 병력으로 아군의 많은 병력을 공격할 수 있는 곳을, 위지라 한다.

***

(所由入者隘)소유입자애 : 들어가는 길이 좁다.
(迂)우 : 멀 우. 멀리 돌아서 감.
(彼寡)피과 : 소수의 적군 병력.
(我之衆)아지중 : 다수의 아군 병력.

疾戰則存 不疾戰則亡者 爲死地
질 전 즉 존　　부 질 전 즉 망 자　　위 사 지

속전속결 하면 생존하고, 속전속결하지 않으면 멸망하는 곳을, 사지라 한다.

***

(疾戰則存)질전즉존 : 빨리 싸우면 생존한다.
(不疾戰則亡)부질전즉망 : 빨리 싸우지 않으면 멸망한다.

11 구지편 - 81, 82죽

是故散地則無戰 輕地則無止
　　시 고 산 지 즉 무 전　　경 지 즉 무 지

爭地則無攻
　쟁 지 즉 무 공

그러므로 산지에서는 전투를 하지 않고, 경지에서는 머무르지 않고, 쟁지에서는 공격하지 않고,

＊ ＊ ＊

(無戰)무전 : 싸우지 말아야 한다.
(無止)무지 : 주둔하지 말아야 한다. 머무르지 말아야 한다.
(無攻)무공 : 공격하지 말아야 한다.

交地則無絶 衢地則合交 重地則掠
　교 지 즉 무 절　　구 지 즉 합 교　　중 지 즉 략

교지에서는 (부대의 연락을) 끊지 않고, 구지에서는 외교적 수단을 쓰고 중지에서는 약탈하고

＊ ＊ ＊

(無絶)무절 : 끊어지지 말아야 한다.
(合交)합교 : 외교를 잘해야 한다.
(掠)약 : 노략질 할 약(략). 약탈함. 즉 현지에서 조달해야 한다.

11 구지편 - 82, 83죽

圮地則行 圍地則謀 死地則戰
　비 지 즉 행　　위 지 즉 모　　사 지 즉 전

비지에서는 신속하게 통과하고, 위지에서는 모략을 이용하고, 사지에서는 싸운다.

***

(行)행 : 갈 행. 행군함. 즉 빨리 지나간다.
(謨)모 : 꾀 모. 계략을 쓰다. 꾀를 냄.
(戰)전 : 싸울 전. 싸움. 결전을 벌이다.

풀이 지형은 전투의 보조 수단이다. 손자는 그것을 아홉 가지로 구분하여 적절한 작전을 구사할 것을 시사하고 있다.

사실 사졸들은 싸움터의 지형적 조건에 따라 미묘한 심리적 변화를 보이게 된다. 예컨대 산지나 경지에서는 가족이나 고국에 대한 생각으로 제대로 싸우지 못하는 경우가 있다. 그러나 사지에 놓이게 되면 살아남기 위해 죽을 힘을 다해 싸우기도 하는 것이다. 그러므로 장수된 이는 지형과 사졸들의 심리적 움직임의 상관관계를 잘 살펴 전투력 발휘에 차질이 없도록 해야 할 것이다.

11 구지편 – 82, 83죽

2. 적이 가장 소중히 여기는 것을 먼저 탈취하라

옛날부터 용병을 잘한다고 하는 사람은 적으로 하여금 전후방 부대가 서로 연락하지 못하게 하고, 대부대와 소부대가 서로 믿지 못하게 하고, 장교와 병졸들이 서로 구원하지 못하게 하고, 상급부대와 하급부대가 서로 돕지 못하게 하고, 병사들을 흐트러뜨려놓고 모이지 못하게 하고, 집합해도 통제할 수 없게 한다.

또한 유리하면 움직이고 불리하면 즉시 중지한다.

그렇다면 적군이 대열을 정비하여 쳐들어온다면 장차 어떻게 대처할 것인가?

답은 간단하다.

"먼저 적이 가장 소중히 여기는 것을 탈취하라. 그러면 아군의 의도대로 할 수 있다"

전쟁에서의 정세 파악은 신속함을 으뜸으로 치니 적이 미치지 못한 약점을 알아내 적이 생각지 못한 길을 따라 경계하지 않은 곳을 공격해야 하는 것이다.

11 구지편 - 82, 83죽

所謂古之善用兵者 能使敵人前後
소 위 고 지 선 용 병 자   능 사 적 인 전 후

不相及衆寡不相恃
불 상 급 중 과 불 상 시

이른바 옛날부터 용병을 잘 하는 자는, 적으로 하여금 전후방이 서로 연합하여 도울 수 없게 하고

* * *

(前後不相及)전후불상급 : 앞뒤가 서로 미치지 못함. 즉 전방부대와 후방부대가 서로 연락이 닿지 못하게 하다.
(不相及)불상급 : 서로 연락이 닿지 못하게 함.
(衆寡不相恃)중과불상시 : 대부대와 소부대가 서로 믿지 못하게 한다.
(恃)시 : 믿을 시. 믿고 의지함.

貴賤不相救 上下不相收
귀 천 불 상 구   상 하 불 상 수

상급자와 하급자가, 서로 받아 들이지 못하게 하며,

* * *

(貴賤)귀천 : 상급자와 하급자. 귀는 장수. 천은 병졸.
(貴賤不相救)귀천불상구 : 장수와 병졸이 서로 구원하지 못하게 한다.
(上下不相收)상하불상수 : 상급부대와 하급부대 사이에 서로 돕지 못하게 한다.

卒離而不集 兵合而不齊
졸리이부집 병합이부제

병졸들을 분리하여 모이지 못하게 하고, 모이더라도 통제할 수 없게 한다.

＊＊＊

(卒離而不集)졸리이부집 : 적의 병졸들을 흩뜨려놓고 다시 집합하지 못하게 한다.
부제(不齊) : 정돈치 못하게 함. 편성치 못하게 함.

11 구지편 - 82, 83죽

合於利而動 不合於利而止
합어리이동 불합어리이지

(상황이) 이로움에 부합하면 (아군을) 움직이고, 이로움이 없으면 움직이지 않는다.

＊＊＊

(合於利而動)합어리이동 : 이익에 부합되면 움직임. 즉 유리하면 움직인다.
(不合於利而止)불합어리이지 : 이익에 부합되지 않으면 멈춘다. 즉 불리하면 중지한다.

풀이 이른바 옛날부터 용병을 잘 하는 자는 적으로 하여금 전후방이 서로 연합하여 도울 수 없게 하고, 상급자와 하급자가 서로 받아 들이지 못하게 하며, 병졸들을 분리하여 모이지 못하게 하고, 모이더라도 통제할 수 없게 한다. 상급자와 하급자가 서로 받아 들이지 못하게 하며, 병졸들을 분리하여 모이지 못하게 하고, 모이더라도 통제할 수 없게 한다.

敢問, 敵衆整而將來 待之若何
감문 적중정이장래 대지약하

감히 묻는다. 적의 대군이 전열을 정비하고 공격해 오면, 어찌 대처해야 하는가?

***

(敢問)감문 : 감히 감. 물을 문. 감히 묻는다.
(敵衆整而將來)적중정이장래 : 적의 대부대가 대열을 정비하여 장차 공격해 온다.
(待之若何)대지약하 : 어떻게 대치할 것인가?

曰 先奪其所愛 則聽矣
　왈　　선 탈 기 소 애　　즉 청 의

답을 말한다. 먼저(적이) 아끼는 것을 빼앗으면, (적이 반응을 하고) 쫓는다.

***

(先奪其所愛)선탈기소애 : 먼저 아끼는 것을 빼앗는다.
(所愛)소애 : 아끼는 것. 소중하게 여기는 것.
(聽)청 : 들을 청. 듣다. 즉 나의 뜻대로 되다.

11 구지편 – 83죽

兵之情主速 乘人之不及
　병 지 정 주 속　　승 인 지 불 급

용병의 실정(원칙)은 속도를 중시하여, 적이 미치지 못하는 틈을 노리고

***

(兵之情)병지정 : 용병의 실상. 작전의 핵심.
(主速)주속 : 신속함이 으뜸임.
(兵之情主速)병지정주속 : 군대의 정세 파악은 빠름을 으뜸으로 한다.
(乘人之不及)승인지불급 : 적이 미치지 못함을 틈타다.

由不虞之道 攻其所不戒也.
　유 불 우 지 도　　공 기 소 불 계 야

(적이) 생각하지 못하는 길을 따라(방법으로) 지나가며, (적이) 경계하지 못하는 곳을 공격한다.

***

(由不虞之道)유불우지도 : 생각 못한 길을 따라가다.
(不虞)불우 : 예상치 못함.
(攻其所不戒)공기소불계 : 경계하지 않는 곳을 공격하다.

<u>풀이</u> 감히 묻는다. 적의 대군이 전열을 정비하고 공격해 오면 어찌 대처해야 하는가? 답을 말한다. 먼저 (적이) 아끼는 것을 빼앗으면 (적이 반응을 하고) 쫓는다. 용병의 실정(원칙)은 속도를 중시하여 적이 미치지 못하는 틈을 노리고 (적이) 생각하지 못하는 길을 따라 (방법으로) 지나가며 (적이) 경계하지 못하는 곳을 공격한다.

11 구지편 – 84, 85, 86죽

3. 적지에서 싸우는 법

무릇 적의 영토에 들어가서 싸우게 될 경우에는 깊이 쳐들어가면 아군이 싸움에 전념하게 되어 그 나라의 군대는 이겨내지 못한다.

풍요한 들판을 약탈하면 삼군의 식량이 넉넉해진다. 삼가 군대를 보양하고 피로하지 않도록 하며, 사기를 떨치게 하고 그 힘을 축적한다. 사졸을 움직이고 계략을 씀에 있어서는 남들이 헤아리지 못하게 하고, 군대를 벗어날 수 없는 데로 몰아넣으면 싸우다 죽는 한이 있어도 달아나지 않는다. 목숨이 위태롭게 되면 어찌 사졸들이 힘을 다하지 않겠는가?

사졸들은 위험한 지경에 빠지게 되면 오히려 두려워 하지 않고, 달아날 데가 없으면 서로 굳게 단결하며, 적지에 깊이 들어가면 얽매여 어쩔 수 없이 싸우게 된다. 그러므로 그 병사는 훈련을 하지 않아도 자신이 알아서 경계하고, 요구하지 않아도 뜻대로 움직이며, 권하지 않아도 서로 친밀해지고, 명령을 내리지 않아도 규율을 지킨다.

길흉에 대한 예언을 금하고 의심과 두려움을 없애면 죽는 한이 있어도 싸움터를 떠나지 않을 것이다. 우리 병사들이 여분의 재물이 없음은 재물을 싫어해서가 아니며, 삶에 집착하지 않음은 오래 살기가 싫어서 그런게 아니다. 출동 명령이 내리는 날에는 병사들 중에서 앉은 자는 눈물이 옷깃을 적시고, 누운 자는 눈물이 턱밑으로 흐르게 된다. 그들을 벗어날 수 없는 곳으로 몰아 넣으면 전제와 조귀와 같이 용감하게 싸우는 것이다.

11 구지편 - 84죽

凡爲客之道 深入則專 主人不克
범위객지도 심입즉전 주인불극

무릇 원정군으로서 용병의 법은, (적의 영토) 깊숙이 침입해서 싸움에 집중하여, 적군이 이기지 못하게 한다.

***

(爲客)위객 : 나그네가 됨. 침략자가 되어 적의 영토에 쳐들어간다는 뜻.
(道)도 : 길 도. 도리. 방법.
(爲客之道)위객지도 : 적의 영토 안으로 들어간 군대가 나아갈 길.
(深入則專)심입즉전 : 깊이 들어갈수록 전념한다.
(專)전 : 오로지 전. 싸우는 일에만 마음을 씀.
(主人)주인 : 침략을 당하는 사람을 뜻함.
(克)극 : 이길 극. 이겨내다.
(主人不克)주인불극 : 주인이 이기지 못한다. 즉 적이 이기지 못한다.

掠於饒野 三軍足食
약어요야 삼군족식

謹養而勿勞 幷氣積力

근양이물로　　병기적력

적지의 풍요로운 들을 약탈하여, 삼군의 식량을 충족하면, (병사들을) 삼가 길러서 피로하지 않게 하여, 기운을 아울러 힘을 축적하고

＊＊＊

(掠於饒野)약어요야 : 적의 풍요로운 들판에서 약탈함. 물자를 현지에서 조달한다는 뜻임.
(三軍足食)삼군족식 : 삼군, 즉 모든 군대가 풍족하게 먹는다.
(足食)족식 : 식량이 넉넉함.
(謹養而勿勞)근양이물로 : 조심스럽게 휴양시켜 피로하지 않게 하다.
(倂氣)병기 : 사기를 아우르다. 사기가 오름.
(積力)적력 : 전투를 해낼 수 있는 힘을 축적함.
(倂氣積力)병기즉력 : 사기가 합쳐지고 힘이 쌓이다.

11 구지편 - 84, 85죽

運兵計謨 爲不可測
　운병계모　　위불가측

投之無所往 死且不北
　투지무소왕　　사차불배

용병을 운용하는 모략을 세워, 추측하지 못하게 하고, 갈 곳이 없는 곳에 투입하면, 죽을지라도 달아나지 않고

＊＊＊

(運兵)운병 : 병사를 움직임.
(運兵計謨)운병계모 : 병사들을 움직여 계략을 꾸미다.
(爲不可測)위불가측 : 예측하지 못하게 하다. 꾀하는 바를 헤아리지 못하게 함.
(投之無所往)투지무소왕 : 갈 곳이 없는 곳으로 몰아넣는다.
(死且不北)사차불배 : 죽는 한이 있어도 달아나지 않는다.
(不北)불배 : 달아나지 않음.

死焉不得 士人盡力 兵士甚陷則不懼
　사언부득　　사인진력　　병사심함즉불구

죽으면 얻을 것이 없으니, 병사들이 힘을 다해 싸운다. 병사들은 위기에 처하면 두려워 하지 않고 더 이상 갈 곳이 없으면 (결의가)굳어진다.

* * *

(死焉不得士人盡力)사언부득사인진력 : 죽음을 앞에 두고 병사들이 어찌 힘을 다하지 않겠는가.
(焉不得)언부득 : 어찌…하지 않겠는가?
(甚陷則不懼)심함즉불구 : 매우 위험한 지경에 빠지면 두려워하지 않는다.
(甚陷)심함 : 매우 위험한 지경에 빠짐.
(懼)구 : 두려워 할 구. 두려워 함.

11 구지편 - 84, 85죽

無所往則固 深入則拘 不得已則鬪
　　무 소 왕 즉 고　　심 입 즉 구　　부 득 이 즉 투

갈 곳이 없으면 굳게 단결하고, (적지에) 깊숙이 들어가면 구속되어 부득이 하게 싸울 수밖에 없다.

* * *

(無所往則固)무소왕즉고 : 갈 곳이 없으면 굳게 단결한다.
(深入則拘)심입즉구 : 깊이 들어가면 마음대로 행동할 수 없다는 뜻.
(拘)구 : 잡을 구. 잡히다.

是故其兵不修而戒 不求而得
　　　시 고 기 병 불 수 이 계　　불 구 이 득

不約而親 不令而信
　　불 약 이 친　　불 령 이 신

그러므로 그 용병은 다스리지 않아도 경계하고, 구하지 않아도 얻어 내며 함께 두지 않아도 친해지며, 명령하지 않아도 신뢰한다.

* * *

(不修而戒)불수이계 : 훈련하지 않아도 경계한다.
(不求而得)불구이득 : 요구하지 않아도 얻어진다.
(得)득 : 얻을 득. 뜻대로 움직임.
(不約而親)불약이친 : 억지로 묶지 않아도 친해진다.
(不令而信)불령이신 : 명령하지 않아도 믿고 복종한다.

禁祥去疑 至死無所之
　　금 상 거 의　　지 사 무 소 지

미신을 금지하고 의심을 없애면, 죽음에 이르러도 동요하지 않는다.

＊＊＊

(禁祥)금상 : 길흉에 대한 예언을 금지함.
(禁祥去疑)금상거의 : 앞날에 대한 예언을 금지하고 의심하는 마음을 제거한다.
(至死無所之)지사무소지 : 죽음에 이르러도 오로지 싸움에 전념한다는 뜻.

11 구지편 – 85, 86죽

吾士無餘財 非惡貨也
　　오 사 무 여 재　　비 오 화 야

無餘命 非惡壽也.
　　무 여 명　　비 오 수 야

아군의 병사에 남겨진 재물이 없는 것은 (재물을 탐내지 않는 것은) 재물을 싫어해서가 아니며, 남겨진 목숨이 없는 것은, (목숨을 아끼지 않는 것은) 오래사는 것을 싫어해서가 아니다.

＊＊＊

(無余財)무여재 : 남은 재물이 없다. 즉 재물에 욕심이 없다.
(非惡貨)비오화 : 재물을 싫어해서가 아니다.
(惡貨)오화 : 재물을 싫어함.
(無餘命)무여명 : 남은 목숨이 없다. 목숨을 아끼지 않음.
(非惡壽)비오수 : 오래 살기 싫어서가 아니다.
(惡壽)오수 : 오래 살기를 싫어함.

令發之日 士卒坐者涕霑襟
　영 발 지 일　　사 졸 좌 자 체 점 금

偃臥者淚交頤
　언 와 자 루 교 이

명령이 내려지는 날에, 앉은 자는 눈물로 옷깃을 적시고 누운 자는 눈물이 뺨에서 교차한다.

***

(令發之日)영발지일 : 전투명령이 내려지는 날.
(坐者涕霑襟)좌자체점금 : 앉아 있는 자는 눈물이 옷깃을 적신다.
(涕)체 : 눈물 체. 눈물. (霑)점 : 젖을 점. 젖다. 적시다.
(襟)금 : 옷깃 금. 옷깃.
(偃臥者淚交頤)언와자누교이 : 누워 있는 자는 눈물이 턱에서 교차한다.
(偃臥者)언와자 : 누운 사람.
(淚交頤)루교이 : 눈물이 턱 밑까지 흘러내림.

11 구지편 - 86죽

投之無所往者 則諸劌之勇也.
　투 지 무 소 왕 자　　즉 제 귀 지 용 야

이상 갈 곳이 없는 상황에 던져지면, (專諸)전제와 (曹劌)조귀의 용맹을 발휘한다.

***

(投之無所往)투지무소왕 : 갈 곳이 없는 곳에 투입됨. 즉 결전의 장소에 투입된다.
(投)투 : 던질 투. 몰아 넣음. 투입함.
(無所往)무소왕 : 목숨을 걸고 싸우는 외에는 달리 취할 방도가 없음.
(諸劌之勇)제귀지용 : (專諸)전제와 (曹劌)조귀 : 전제는 (吳)오나라의 사람으로 공자 (光)광의 밀명을 받고 당시 오나라의 왕인 (僚)요를 (魚腸劍)어장검으로 찔러 죽인 후 자신도 그 자리에서 살해당했다. 그 덕분에 공자 광이 오 왕에 오르니, 그가 곧 오 왕 (闔閭)합려이다. 이후 전제는 오나라 제일의 용사로 추앙 받았다.
(曹劌)조귀는 노나라의 사람이다. 당시 노나라는 (齊)제나라 환공과의 전쟁에서 패배한

후 땅을 떼어 주고 굴욕적인 강화조약을 맺게 되었는데, 조귀는 위험을 무릎쓰고 제나라의 환공을 단도로 위협하여 노나라 영토를 다시 찾아 주었다. 이후 노나라 사람들은 조귀를 노나라 제일의 용사로 추앙하기 시작했다. 따라서 제귀지용이란 전제와 조귀의 용맹이라는 뜻이다.

풀이 무릇 원정군으로서 용병의 법은 (적의 영토) 깊숙이 침입해서 싸움에 집중하여 적군이 이기지 못하게 한다. 적지의 풍요로운 들을 약탈하여 삼군의 식량을 충족하면, (병사들을) 삼가 길러서 피로하지 않게 하여 기운을 아울러 힘을 축적하고 용병을 운용하는 모략을 세워 추측하지 못하게 하고 갈 곳이 없는 곳에 투입하면 죽을지라도 달아나지 않고 죽으면 얻을 것이 없으니 병사들이 힘을 다해 싸운다. 병사들은 위기에 처하면 두려워 하지 않고 더 이상 갈 곳이 없으면 (결의가) 굳어진다. (적지에) 깊숙이 들어가면 구속되어 부득이하게 싸울 수밖에 없다. 그러므로 그 용병은 다스리지 않아도 경계하고 구하지 않아도 얻어 내며 함께 두지 않아도 친해지며 명령하지 않아도 신뢰한다. 미신을 금지하고 의심을 없애면 죽음에 이르러도 동요하지 않는다. 아군의 병사에 남겨진 재물이 없는 것은 (재물을 탐내지 않는 것은) 재물을 싫어해서가 아니며 남겨진 목숨이 없는 것은 (목숨을 아끼지 않는 것은) 오래 사는 것을 싫어해서가 아니다. 명령이 내려지는 날에 앉은 자는 눈물로 옷깃을 적시고 누운 자는 눈물이 뺨에서 교차한다. 이상 갈 곳이 없는 상황에 던져지면 전제와 조귀의 용맹을 발휘한다.

11 구지편 – 86, 87죽

4. 오월동주(吳越同舟)

그러므로 용병에 뛰어난 이는, 비유컨대 솔연(率然)과 같다.
솔연은 상산(常山)의 뱀이다.

九地篇 第十一

그 머리를 치면 꼬리가 덤비고, 그 꼬리를 때리면 머리로 달려들며, 그 허리를 치면 머리와 꼬리로 한꺼번에 덤벼드는 것이다.

감히 여쭈어 보건대 사졸들을 솔연처럼 부릴 수가 있습니까?

물론 할 수 있다. 오나라 사람과 월나라 사람은 본 시 서로 미워하는 사이이다.

그러나 그들이 함께 배를 타고 강을 건너다가 폭풍우를 만나면 서로 돕기를 좌우의 손처럼 할 것이다.

이런 까닭에 후퇴하지 못하도록 말들을 네모 모양으로 엮고 수레바퀴를 땅속에 묻어둔다 하더라도 족히 믿을 것이 못된다.

군사들의 용맹을 하나처럼 통제하기 위해서는 다스림의 도(道)가 필요하고, 강한과 유연함의 이로움을 모두 얻어내기 위해서는 지형의 이치를 살려야 한다.

그러므로 용병을 잘하는 장수는 손잡고 가듯 군대를 하나로 움직이게 하는데, 이것은 그렇게 될 수밖에 없게 했기 때문이다.

11 구지편 - 86, 87죽

故善用兵者 譬如率然
고 선 용 병 자   비 여 솔 연

率然者 常山之蛇也.
솔 연 자   상 산 지 사 야

그러므로 용병을 잘하는 자는, 솔연에 비유한다. 솔연은 상산의 뱀이다.

***

(善用兵者)선용병자 : 용병을 잘하는 사람.
(譬如率然)비여솔연 : 비유하면 솔연과 같다. 솔연은 상산에 사는 전설의 뱀.

(率然)솔연 : 본문에서는 뱀을 뜻 함. 재빨리. 갑자기.
(常山)상산 : 산의 이름. 중국 큰산 (五岳)오악중 하나. 절강성 상산현 동쪽에 있으며 하북성에 있다. (恒山)항산이라고도 한다.

擊其首則尾至 擊其尾則首至
격 기 수 즉 미 지　　격 기 미 즉 수 지

擊其中身則首尾俱至
격 기 중 신 즉 수 미 구 지

그 머리를 공격하면 꼬리로 덤비고, 그 꼬리를 공격하면 머리로 덤비며, 그 중간을 공격하면 머리와 꼬리로 덤빈다.

＊＊＊

(擊其首則尾至)격기수즉미지 : 머리를 치면 꼬리가 덤빈다.
(擊其尾則首至)격기미즉수지 : 꼬리를 치면 머리가 덤빈다.
(擊其中身則首尾俱至)격기중신즉수미구지 : 몸의 중심을 치면 머리와 꼬리가 함께 덤빈다.

11 구지편 – 87죽

敢問 兵可使如率然乎 曰可
감 문　　병 가 사 여 솔 연 호　　왈 가

감히 묻는다. 용병을 솔연처럼 할 수 있는가?, 그렇다고 말한다.

＊＊＊

솔연(率然) : 본문에서는 뱀을 뜻 함. 재빨리. 갑자기.

夫吳人與越人相惡也.
부 오 인 여 월 인 상 오 야

무릇 오나라와 월나라 사람은 서로 미워하지만

＊＊＊

九地篇 第十一

(吳人與越人相惡)오인여월인상오 : (오)오나라 사람과 (월)월나라 사람이 서로 미워하는 것. 오나라는 지금의 강소성 일대이고, 월나라는 지금의 절강성 일대이다. 두 나라는 춘추시대에 서로 원수가 되어 오랫동안 싸움을 벌였다.

當其同舟而濟遇風 其相救也 如左右手
당 기 동 주 이 제 우 풍　　기 상 구 야　여 좌 우 수

같은 배를 탔다가 바람을 만나는 상황이 되면, 서로를 구하는 것이, 양손과 같다.

***

(同舟而濟)동주이제 : 같은 배를 타고 건넘. (吳越同舟)오월동주라는 말은 여기에서 비롯되었다.
(遇風)우풍 : 풍랑을 만나다.
(其相救)기상구 : 서로 돕다. 서로를 구하다.
(如左右手)여좌우수 : 왼손과 오른손이 하나인 듯함. 즉 서로 돕는다는 뜻.

풀이 오나라 사람과 월나라 사람들은 대를 이어가며 싸워 서로 적개심이 강하였다. 그러나 이 들도 만약 한배를 타고 가다가 풍랑을 만나게 되면 서로 도울 게 틀림이 없다. 적지에 투입된 군대도 위급한 처지에 놓이게 되면 단결하여 목숨을 걸고 싸우는 것이다. 강한 자와 약한 자를 한결같이 부릴 수 있음은 지형의 이치를 활용하기 때문이다. 그러므로 용병에 능한 이가 한 사람의 손을 이끌 듯이 군대를 움직임은 그렇게 할 수밖에 없도록 조처하기 때문이다.

---

11 구지편 - 86, 87죽

是故方馬埋輪 未足恃也
시 고 방 마 매 륜　　미 족 시 야

그러므로 말을 묶어놓고 수레바퀴를 묻어 놓아도, 족히 믿을 수 없다.

***

(方馬)방마 : 말을 고삐로 연결시켜 네모 모양으로 엮음. 즉 서로 따로 움직이지 못하게
하다. 나란히 매어 놓음.
(埋輪)매륜 : 수레의 바퀴를 흙 속에 묻는 것. 곧 수레를 움직이지 못하게 한 것이다.
(未足恃)미족시 : 족히 믿을 수가 없다.
(恃)시 : 믿을 시. 믿다. 의지하다.

齊勇若一 政之道也.
제 용 약 일   정 지 도 야

剛柔皆得 地之理也.
강 유 개 득   지 지 리 야

용맹을 통제하여 하나로 일치시키는 것이, 다스림의 도이고 강함과 유연함을 모두 얻는 것이, 지형의 이치이다.

***

(齊勇若一)제용약일 : 용맹을 가지런히 하여 하나처럼 한다. 모든 사졸들을 하나같이 용
감하게 만드는 것.
(政之道)정지도 : 다스림의 방법.
(剛柔皆得)강유개득 : 강함과 유연함을 모두 얻음. 강함의 유리함과 유연함의 유리함을
모두 전투에 사용한다는 뜻.
(地之理)지지리 : 지형의 이치.

11 구지편 – 87, 88죽

故善用兵者 携手若使一人 不得已也.
고 선 용 병 자   휴 수 약 사 일 인   부 득 이 야

그러므로 용병을 잘하는 자가, 마치 한 사람을 다루듯(병사들을) 이끄는 것은, 그렇게 할 수밖에 없도록 만드는 것이다.

***

(善用兵者)선용병자 : 용병을 잘하는 사람.

(携手若使一人)휴수약사일인 : 손을 잡아 한 사람을 부리는 것 같이 한다.
(不得已)부득이 : 하지 않을 수 없다. 마지 못하여. 하는 수 없이.

<u>풀이</u> 군대도 사람의 모임인지라 용감한 자도 있고 겁 많은 자도 있게 마련이다. 이런 사람들을 마치 한 사람의 손을 이끌 듯이 통솔한다는 것은 결코 쉬운 일이 아니다. 명장은 지세의 잇점을 잘 활용하며, 사졸들을 목숨을 걸고 싸울 수밖에 없는 상황에 몰아넣어 완벽한 승리를 거두는 것이다.

11 구지편 - 88, 89, 90죽

5. 장수의 임무

장수는 조용하고 바르게 일을 처리해야 한다.

그는 사졸의 귀와 눈을 어리석게 만들어 아는 게 없도록 하고, 그 일을 바꾸고 계략을 고치되 남들이 알지 못하게 하며, 주둔지를 옮기고 길을 멀리 돌아가되 남들이 미처 깨닫지 못하게 해야 한다.

장수가 사졸들과 더불어 작전할 때는 그들을 높은 곳에 올려놓고서 사닥다리를 치우듯이 해야 한다.

또한 장수가 사졸들과 더불어 제후의 땅에 깊이 쳐들어 갔을 때는 쇠뇌를 쏘듯이 신속히 움직여야 한다.

그는 마침 양떼를 모는 것처럼 몰고 왔다가 몰고 가지만 사졸들은 그 가는 데를 알지 못하는 것이다.

삼군의 무리를 모아 험한 곳으로 몰아넣는 게 바로 장수가 해야 할 일이다.

그는 아홉 가지 지형의 변화와 물러감과 나아감의 득실과 상황에 따른 인간 심리의 변화 등을 제대로 살피지 않으면 아니 되는 것이다.

將軍之事 靜以幽 正以治
장군지사　정이유　정이치

能愚士卒之耳目
능우사졸지이목

군대를 책임진 장수의 일은, 고요하고 그윽하여, 다스림으로 바르게 하고, 능히 병사들의 눈과 귀를 어리석게 하여 그것을 알지 못하도록 하며,

＊＊＊

(將軍之事)장군지사 : 장수가 해야 할 일.
(靜以幽)정이유 : (靜)정은 고요하고 침착한 것. (幽)유는 그윽하고 과묵한 것. 고요함으로써 그윽하게 함. 조용함으로써 그 속을 알지 못하게 하다.
(能愚士卒之耳目)능우사졸지이목 : 병사들의 눈과 귀를 어리석게 한다.

11 구지편 - 88, 89죽

使之無知 易其事 革其謀
사지무지　역기사　혁기모

使人無識 易其居
사인무식　역기거

병사들이 알지 못하게 하며, 그 일을 바꾸고, 그 모략을 변경하는 것을, 사람이 알아채지 못하도록 한다, 머무르는 곳을 바꾸고,

＊＊＊

(使之無知)사지무지 : 병사들로 하여금 알지 못하게 함. (之)지는 병사를 가리킨다.
(易其事)역기사 : 일을 바꾸다.
(革其謀)혁기모 : 계략을 고치다.
(易其居)역기거 : 주둔지를 바꾸다. 옮김.

迂其途 使人不得慮
우기도　사인부득려

帥輿之期如登 高而去其梯
　　　수 여 지 기 여 등　　　고 이 거 기 제

길을 우회하여, 사람의 생각이 미치지 못하게 하고, (군대를) 지휘하여 결전을 벌일 때는 마치 높은 곳에 올라가게 하고, 사다리를 치워버리는 것과 같이 한다.

＊＊＊

(迂其途)우기도 : 길을 멀리 돌아감. 길을 돌아가다.
(使人不得慮)사인부득려 : 남들로 하여금 헤아리지 못하게 함.
(帥輿之期)수여지기 : 결전의 각오를 한다는 뜻. 장수와 병사들이 더불어 기약하다. 사
　　　　　　　　　졸들과 함께 작전을 개시한다는 뜻.
(登高而去其梯)등고이거기제 : 높은 곳에 오르게 하고 사다리를 치운다.
(梯)제 : 사다리 제. 사닥다리.

11 구지편 - 89, 90죽

帥輿之深入諸候之地 而發其機
　　　수 여 지 심 입 제 후 지 지　　　이 발 기 기

(군대를) 지휘하여 제후의 땅(적진)에 깊숙이 들어가, 작전을 펼칠 때는

＊＊＊

(帥輿之深入)수여지심입 : 깊숙이 들어가 결전의 각오를 한다는 뜻.
(諸候之地)제후지지 : 제후의 땅. 적국의 영토.
(發其機)발기기 : 쇠뇌를 발사함. 쇠뇌의 방아쇠를 당긴다.

焚舟破釜 若驅群羊 驅而往 驅而來
　　　분 주 파 부　　　약 구 군 양　　　구 이 왕　　　구 이 래

(타고 온)배를 불태우고 솥을 부수며, 마치 양떼를 몰 듯, 왔다 갔다 해도

＊＊＊

(焚舟破釜)분주파부 : 배를 불사르고 솥을 부순다.
(若驅群羊)약구군양 : 양떼를 모는 것 같다.

莫知所之 聚三軍之衆 投之於險
　막 지 소 지　　취 삼 군 지 중　　투 지 어 험

此謂將軍之事也.
　차 위 장 군 지 사 야

　가는 곳을 모르게 하여, 삼군의 병력을 모아, 험지에 투입한다. 이것을 일러 군대를 책임진 장수의 일이라 한다.

＊＊＊

(莫知所之)막지소지 : 가는 곳을 알지 못한다.
(聚)취 : 모일 취. 모으다.
(投之於險)투지어험 : 위험한 곳으로 몰아넣다.

11 구지편 – 90죽

九地之變 屈伸之利 人情之理
　구 지 지 변　　굴 신 지 리　　인 정 지 리

不可不察也.
　불 가 불 찰 야

　구지의 변화, 굴신(상황의 변화)의 이로움, 인정의 원리 (사람의 심리)를, 세심히 살피지 않을 수 없다.

＊＊＊

(九地之變)구지지변 : 아홉가지 지형의 변화.
(屈伸之利)굴신지리 : 공격과 후퇴의 이로움. 물러감과 나아감의 이점. (屈)굴은 굽힌다는 뜻으로 여기서는 후퇴를 의미한다. (伸)신은 편다는 뜻으로 여시서는 공격을 의미한다.
(人情之理)인정지리 : 병사들의 감정 이치. 인간의 심리.

풀이 아무리 완벽한 작전 계획이라 하더라도 사전에 누설된다면 큰 일을 그르칠 수밖에 없다. 따라서 장수된 이는 이의 보안 유지에 남다른 수완을 지녀야 한다. 또한 그는 사졸들을 도주할 수 없는 곳으로 몰아넣은 후 결사적으로 싸우도록 유도하며, 신속하고 과감한 용병술로 적군을 제압하는 것이다. 장수는 늘 지형에 대한 정확한 지식과 진격과 후퇴에 따르는 이익과 손실 그리고 인간 심리에 대해 예리한 통찰력을 지녀야 할 것이다.

11 구지편 - 90, 91죽

6. 싸움터에 따른 용병술

무릇 남의 나라에 침입할 경우, 깊숙이 들어가면 사졸들이 단결하고, 얕게 들어가면 그들의 마음이 흩어진다.

자기 나라를 떠나 국경을 넘어서 원정함은 곧 절지(絶地)에 놓이는 것을 뜻함이요.

사방으로 통하는 곳은 구지(衢地)가 된다. 적지로 깊이 들어가면 중지요. 얕게 들어가면 경지가 된다.

험고한 데를 등지고 앞이 좁은 곳은 위지요. 도망할 길이 없으면 사지가 된다. 따라서 산지에서는 사졸들의 마음을 하나로 뭉치도록 하고, 경지에서는 아군끼리 연락을 긴밀히 하여야 한다.

쟁지에서는 적의 배후로 달려가 공격하고, 교지에서는 수비에 허점이 없도록 한다.

구지에서는 제3국과의 결속을 공고히 하고, 중지에서는 군량 보급이 이어지도록 한다.

비지에서는 행군을 재촉하며, 위지에서는 도주할 틈을 막아야 한다.

또한 사지에서는 사졸들에게 살 수 없음을 보이고 결사적으로 싸우게 해야 한다.

사졸들의 심리는 포위를 당하면 방어에 전력을 다하게 되고, 어쩔 수가 없게 되면 목숨을 걸고 싸우며, 위기에 몰리게 되면 명령을 따르는 것이다.

凡爲客之道 深則專 淺則散
　범 위 객 지 도　심 즉 전　천 즉 산

무릇 (원정하여) 다른 나라를 공격할 때는, (적진) 깊이 침입하면 (병사들이 전투에) 전념하고, 깊이 침입하지 않으면 분산되어 흩어진다.

＊＊＊

(爲客)위객 : 손님이 됨. 고국을 떠나 남의 나라로 쳐들어가는 군대를 뜻함.
(深則專)심즉전 : 깊이 들어가면 싸움에 전념한다.
(淺則散)천즉산 : 얕게 들어가면 마음이 흩어진다.

11 구지편 – 90, 91죽

去國越境而師者 絶地也.
　거 국 월 경 이 사 자　절 지 야

四達者 衢地也. 入深者 重地也.
　사 달 자　구 지 야　입 심 자　중 지 야

入淺者 輕地也. 背固前隘者 圍地也.
　입 천 자　경 지 야　배 고 전 애 자　위 지 야

無所往者 死地也.
　무 소 왕 자　사 지 야

나라를 떠나서 국경을 넘어 군대를 지휘하는 것을 절지라 한다.
사방으로 통하는 교통의 요지가 구지이고,
깊이 진입한 것은 중지이며, 얕게 침입한 것은 경지이고,
배후가 막히고 앞이 좁은 곳이 위지이고, 왕래할 수 없는 곳이 사지

이다.

***

(去國越境而師)거국월경이사 : 자기 나라 떠나 국경을 넘어 적의 영토에서 싸우는 것.
(師)사 : 스승 사. 군대. 전쟁.
(四達)사달 : 길이 사방으로 통함. 어느 방향으로나 통함. 교통이 편리하다.
(背固)배고 : 험하고 견고한 데를 등짐.
(前隘)전애 : 전방이 좁은 길임.
(背固前隘)배고전애 : 뒤는 견고하고 앞은 좁다.

是故 散地 吾將一其志
시고 산지 오장일기지

그러므로 아군의 장수는, 산지에서는, (아군의) 의지를 하나로 만들고,

***

(一其志)일기지 : 병사들의 뜻을 하나로 하다. 사졸들의 마음을 하나로 뭉치게 함.

11 구지편 - 91, 92죽

輕地 吾將使之屬
경지 오장사지촉

경지에서는, (아군을) 배속하여 흩어지지 않게 하고,

***

(使之屬)사지촉 : 흩어지지 않고 결속하게 하다. 아군끼리 연락을 긴밀히 함.

爭地 吾將趨其後
쟁지 오장추기후

쟁지에서는, 배후에서 적을 공격하고,

***

(趨其後)추기후 : 적의 뒤를 공격하다. 적의 배후로 돌아가 갑자기 들이침.

交地 吾將謹其守
교 지　오 장 근 기 수

교지에서는, 수비를 엄하게 하고,

*　*　*

(謹其守)근기수 : 수비를 신중하게 하다. 수비에 허점이 없도록 애씀.

衢地 吾將固其結
구 지　오 장 고 기 결

구지에서는, 외교적인 결합을 견고히 하고,

*　*　*

(固其結)고기결 : 결속을 단단히 함. 즉 외교관계를 공고히 하다. 3국과의 외교관계를 돈독히 함.

重地 吾將繼其食
중 지　오 장 계 기 식

중지에서는, 식량이 계속 이어지게 하고,

*　*　*

(繼其食)계기식 : 식량을 계속적으로 공급하다. 군량 보급이 이어지도록 함.

11 구지편 - 92죽

圮地 吾將進其塗
비 지　오 장 진 기 도

비지에서는, 가던 길을 계속 진격하게 하고,

*　*　*

(進其途)진기도 : 가던 길을 신속히 지나가다. 빨리 지나감. 행군을 재촉함.

圍地 吾將塞其闕
위 지　오 장 색 기 궐

위지에서는, 도망갈 길을 막아 용감히 싸우게 하고,

***

(塞其闕)색기궐 : 퇴로를 막다. 적군이 튀어 놓은 퇴로를 막아 아군이 달아나지 못하게 한 후 용감하게 싸우도록 함.

死地 吾將示之以不活
사 지　오 장 시 지 이 불 활

사지에서는, 활로가 없음을 보여준다.

***

(示之以不活)시지이불활 : 살아날 길이 없음을 보여주다. 목숨을 버릴 각오를 보임.

故兵之情 圍則御 不得已則鬪 過則從
고 병 지 정　위 즉 어　부 득 이 즉 투　과 즉 종

그러므로 용병의 실상은 (실정)은, 포위 당하면 방어하고, 불가피한 상황에 직면하면 싸우고, (상황이) 지나치게 위험하면 명령에 복종한다.

***

(兵之情)병지정 : 사졸들의 심리. 병사들의 심리.
(圍則御)위즉어 : 포위당하면 방어한다.
(不得已則鬪)부득이즉투 : 어쩔 수 없게 되면 싸운다.
(過則從)과즉종 : 위험이 지나치면 복종한다. 위기에 몰리면 장수의 명령에 복종함.

풀이 고국을 떠난 원정군은 지형의 변화에 의해 싸우고자 하는 의욕도 달라지게 마련이다. 예컨대 적지에 얕게 침입한 군대는 고향 생각에 정신이 산만해지고, 깊이 침투하게 되면 어쩔 수 없이 싸움에만 전념하는 것이다. 또한 수비에 치중할 경우와 기습을 해야 될 때도 있다. 따라서 장수는 지형의 변화에 따라 작전을 달리해야 한다. 그리고 아군이 적에게 포위를 당할 경우, 퇴로를 막고 결사적으로 싸우게 하는 것이다. 목숨을 내놓고 싸우는 병사는 그 만큼 강력한 전투력을 발휘할 수가 있다. 장수된 이는 어떠한 지형과 상황에서도 자유자재로 용병의 묘를 살리는 능력을 지녀야 할 것이다.

11 구지편 – 92, 93죽

7. 패왕(覇王)의 군대

따라서 제후의 계략을 알지 못하는 자는 미리 외교 관계를 맺을 수 없다. 산림, 험준한 곳, 늪과 못의 지형을 알지 못하는 자는 사졸들을 행군시킬 수 없다. 그 고장 사람을 길잡이로 쓰지 않는 자는 지형의 이로움을 얻을 수 없다.

이 아홉 가지 가운데 하나만 몰라도 패왕의 군대가 될 수 없다.

무릇 패왕의 군대가 대국을 치게 되면 그 나라는 미처 사졸들을 집결시키지 못하고, 적에게 위압을 가하면 그 나라는 다른 나라의 도움을 받을 수 없게 된다.

그러므로 이 편은 다른 나라와의 외교적 결속에 신경을 쓰지도 않으며, 천하의 패권을 차지하려고 다투지 않으면서 자기의 힘만으로 적에게 위압을 가하는 것이다. 따라서 적의 성을 함락시킬 수 있고 그 나라를 무너 뜨릴 수 있는 것이다.

싸움에 임하여서는 법에도 없는 상을 내리고, 정령에도 없는 명령을 내려서 전군을 움직이기를 마치 한 사람을 부리듯 한다. 사졸들은 일로써 움직이게 하고 말로써 알려서는 아니 된다. 이로움은 알리되 해로움은 알려서는 아니 된다. 그들은 멸망의 땅에 빠드린 후에야 살아날 수 있다. 무릇 사졸들은 극한 상황에 빠진 후에야 능히 승부를 가리는 것이다.

是故 不知諸侯之謀者 不能預交
시고　부지제후지모자　불능예교

그러므로, 제후의 모략을 알지 못하는 자는, 미리 사귈 수가 없고

* * *

(諸侯之謀)제후지모 : 이웃 나라 제후들의 계략. 속마음. 진의.
(預交)예교 : 미리 외교관계를 맺어둔다.

11 구지편 - 92, 93죽

不知山林 險阻 沮澤之形者 不能行軍
부지산림　험조　저택지형자　불능행군

산림, 험조, 저택의 지형을 알지 못하는 자는, 군대를 진격시킬 수 없고,

不用鄕導者 不能得地利
불용향도자　불능득지리

향도(그 지역 길잡이)를 사용하지 않는 자는, 지형의 이로움을 얻을 수 없다.

* * *

(鄕導)향도 : 그 지역의 길 안내인.

四五者 不如一 非霸王之兵也.
사오자　부여일　비패왕지병야

이 네다섯 가지 중, 하나라도 알지 못하면, 패왕의 용병이 아니다.

***

(四五者)사오자 : 사와 오. 곧 아홉. 여기서는 구지를 말한다. 구지(九地)를 뜻함.
(霸王)패왕 : 천하를 군사력으로 제패한 임금. 제후들의 우두머리.
(霸王之兵)패왕지병 : 패왕의 군대.

夫霸王之兵 伐大國 則其衆不得聚
부 패 왕 지 병 벌 대 국 즉 기 중 부 득 취

무릇 패왕의 용병은, 대국을 징벌할 때는, 그 무리(많은 병력)가 모이지 않게 하고,

***

(霸王)패왕 : 천하를 군사력으로 제패한 임금. 제후들의 우두머리.
(霸王之兵)패왕지병 : 패왕의 군대.
(伐大國)벌대국 : 큰 나라를 정벌하다.
(其衆不得聚)기중부득취 : 병사들이 모이지 못한다. 집결시키지 못함.

11 구지편 – 93, 94죽

威加於敵 則其交不得合
위 가 어 적 즉 기 교 부 득 합

적에게 위협을 가할 때에는, (적의) 외교적 노력이 효과가 없도록 한다.

***

(威加於敵)위가어적 : 적에게 위압을 가하다.
(其交不得合)기교부득합 : 교류가 맺어지지 못하다.

是故 不爭天下之交 不養天下之權
시 고 부 쟁 천 하 지 교 불 양 천 하 지 권

그러므로, 천하(주변 나라)와 외교를 맺으려고 경쟁하지 않고, 천하

의 권력을 확보하려고 애쓰지 않고,

***

(不爭天下之交)부쟁천하지교 : 천하의 모든 제후들과 관계를 맺으려고 하지 않는다.
(不養天下之權)불양천하지권 : 천하 제일의 권력을 지니려고 힘을 기르지 않는다.

信己之私 威加於敵
　신 기 지 사　 위 가 어 적

자기 자신을 믿고, 적에게 위압을 가한다.

***

(信己之私)신기지사 : 자기 자신만의 힘을 편다. 자기의 실력만을 믿음.
(威加於敵)위가어적 : 적에게 위압을 가하다.

故其城可拔 其國可隳
　고 기 성 가 발　 기 국 가 휴

그러므로 적의 성을 함락할 수 있고, 적국을 멸망시킬 수 있다.

***

(其城可拔)기성가발 : 적의 성을 빼앗을 수 있다. 함락시킬 수 있음.
(其國可隳)기국가휴 : 적을 멸망시킬 수 있다.

11 구지편 - 94, 95죽

8. 병사들을 다루는 법

　규정에 없는 큰 상을 베풀기도 하고 규정에 없는 엄한 명령을 내리면 전 군대를 마치 한 사람이 움직이듯이 할 수 있다.
　병사를 움직일 때는 임무만 부여할 뿐 그 이유를 설명하지 말아야 한다. 이로운 점만을 알려주어 움직이게 할 뿐 해로운 점은 말해주지 않는다.

병사들은 위험한 처지에 빠져야 악착같이 싸워 패배를 면하고, 사지(死地)에 빠진 후에야 목숨을 걸고 싸워 살아남는다. 무릇 병사들이란 위험한 상황에 처한 다음에야 승패를 걸고 싸우기 마련인 것이다.

施無法之賞 懸無政 之令
시 무 법 지 상　현 무 정　지 령

犯三軍之衆 若使一人
범 삼 군 지 중　약 사 일 인

법에도 없는 상을 베풀고, 판례에 없는, 명령을 내림으로써 전군을 통제하는 것이, 마치 한 사람을 다루는 것처럼 한다.

* * *

(施)시 : 베풀 시. 주다. 베풀다.
(無法之賞)무법지상 : 법규에 없는 상.
(無政之令)무정지령 : 정령(政令)에도 없는 명령을 내림. 규정에 없는 엄격한 명령.
(犯三軍之衆)범삼군지중 : 전군을 마음대로 움직임.
(若使一人)약사일인 : 한 사람 부리듯 하다.

11 구지편 - 94, 95죽

犯之以事 勿告以言
범 지 이 사　물 고 이 언

犯之以利 勿告以害
범 지 이 리　물 고 이 해

일로 움직이고, 말로 고하지 않으며, 이로움으로 움직이고, 해로움으로 고하지 않는다.

* * *

(犯)범 : 범할 범. 움직이다. 일으키다.

(犯之以事)범지이사 : 일로써 움직임. 임무만 수행하게 한다는 뜻.
(勿告以言)물고이언 : 말로써 알리지 않는다.
(犯之以利)범지이리 : 이로움으로써 움직인다.
(勿告以害)물고이해 : 해로운 점을 알리지 않는다. 작전의 불리한 점은 알려서는 아니 됨.

投之亡地 然後存 陷之死地 然後生
투 지 망 지   연 후 존   함 지 사 지   연 후 생

멸망의 땅에 던져진 후에야, 보존할 수 있고, 죽음의 땅에 빠진 후에야, 살 수 있다.

※ ※ ※

(投之亡地)투지망지 : 멸망할 곳에 투입된다.
(陷之死地)함지사지 : 죽을 곳에 빠지다.

11 구지편 – 95죽

夫衆陷於害 然後能爲勝敗
부 중 함 어 해   연 후 능 위 승 패

무릇 무리는 해로운 상황에, 빠진 후에야 능히 승패를 이룬다.

※ ※ ※

(能爲勝敗)능위승패 : 승패를 걸고 싸움.

풀이 그러므로 제후의 모략을 알지 못하는 자는 미리 사귈 수가 없고 산림, 험조, 저택의 지형을 알지 못하는 자는 군대를 진격시킬 수 없고, 향도(그 지역 길잡이)를 사용하지 않는 자는 지형의 이로움을 얻을 수 없다. 이 네다섯 가지 중 하나라도 알지 못하면 패왕의 용병이 아니다. 무릇 패왕의 용병은 대국을 징벌할 때는 그 무리(많은 병력) 가 모이지 않게 하고 적에게 위협을 가 할 때에는 (적의) 외교적 노력이 효과가 없도록 한다. 그러므로 천하(주변 나라)와 외교를 맺으려고 경쟁하지 않고 천하의 권력을 확보하려고 애쓰지 않고 자기 자신을 믿고 적에게 위압을 가한다. 그러므로 적의 성을 함락할 수 있고 적국을 멸망시킬 수 있다. 법에도 없는 상을 베풀고 판례에 없는 명령을 내림으로써 전군을 통제하는 것이 마치 한 사람을 다루는 것처럼 한다. 일로 움직이고 말로 고하지 않으며 이로움으로 움직이고 해로움으로 고하지 않는다. 멸망의 땅에 던져진 후에야 보존할 수 있고 죽음의 땅에 빠진 후에야 살 수 있다. 무릇 무리는 해로운 상황에 빠진 후에야 능히 승패를 이룬다.

11 구지편 - 95, 96, 97죽

9. 교묘하게 승리하는 법

그러므로 용병이란 적의 꾀하는 바를 자세히 알아내어 막상 적과 맞서게 되면, 천리 밖에 있는 적장도 능히 죽일 수 있어야 한다.

이를 교묘히 성취하는 일이라고 말하는 것이다.

따라서 선전 포고를 하는 날에는 국경의 관문을 막고 통행증을 폐기하여 사절의 왕래를 중지시키며, 조정에서는 중신들에게 각기 맡은 일에 책임을 지운다.

만약 적의 동정에 틈이 보이면 재빨리 첩자를 들여보내 먼저 요인이 아끼는 자와 만나 밀약을 맺게 한다.

그리고 정해진 계획을 실천하면서 적의 움직임에 따라 작전을 행한다. 그러므로 처음에는 얌전한 처녀처럼 보여 적이 마음 놓고 문을 열면, 나중에는 달아나는 토끼처럼 재빨리 달려 나가 적이 미처 막아낼 겨를을 주지 않는 것이다.

故爲兵之事 在於順祥敵之意
　　고 위 병 지 사　　재 어 순 상 적 지 의

그러므로 용병의 일은, 적이 의도하는 바를 살펴 따르며,

*　*　*

(爲兵之事)위병지사 : 전쟁을 행하는 일. 전쟁에서 해야 할 일.
(順祥)순상 : 자세히 살피다. 적의 의도를 상세하게 파악함.

11 구지편 - 95, 96죽

幷敵一向 千里殺將
　병 적 일 향　　천 리 살 장

此謂巧能成事者也.
　차 위 교 능 성 사 자 야

적과 같은 방향으로, 천 리를 행군하여 적장을 살해하는 것이다. 이것을 교묘함으로 능히 일을 이루는 것이라고 한다.

*　*　*

(幷敵一向)병적일향 : 적을 한 방향으로 움직이게 하다.
(千里殺將)천리살장 : 천리 밖의 장수를 죽이다.
(巧能成事)교능성사 : 교묘하게 일을 이르다.

是故政擧之日 夷關折符 無通其使
　시 고 정 거 지 일　　이 관 절 부　　무 통 기 사

그러므로 군대를 동원하는 날이 되면, 관문을 막고 부절(통행증)을 폐기하며 (적의) 사신을 통과시키지 않고

*　*　*

(政擧之日)정거지일 : 조정에서 전쟁하기로 결정한 날. 선전 포고를 하는 날.

(夷關)이관 : 관문을 막음.
(折符)절부 : 관문 통과를 허락하는 부절을 폐기함.
(夷關折符)이관절부 : 국경의 관문을 폐쇄하고 통행증을 없애다.
(無通其使)무통기사 : 사신을 통과시키지 않는다.

勵於廊廟之上 以誅其事
　　여 어 낭 묘 지 상　　이 주 기 사

조정에 모여 힘써서, 그 일(적의 책임)을 질책한다.

＊＊＊

(勵於廊廟之上)여어낭묘지상 : 조정의 대신들이 군사회의를 열다.
(廊廟)낭묘 : 조정.
(誅其事)주기사 : 책임을 지게함. 전쟁의 책임 장수를 임명하여 전쟁계획을 수립하다.

11 구지편 – 96, 97죽

敵人開闔 必亟入之 先其所愛
　적 인 개 합　　필 극 입 지　　선 기 소 애

적군이 성문을 열고 닫을 때, 반드시 재빠르게 침입하여, 적의 요충지를 선점하고

＊＊＊

(敵人開闔)적인개합 : 적이 성문이나 관문을 열고 닫다.
(必亟入之)필극입지 : 필히 재빠르게 들어가다. 재빨리 첩자를 적지에 들여보냄.
(先其所愛)선기소애 : 소중하게 여기는 것을 먼저 살피다.

微與之期 踐墨隨敵 以決戰事
　　미 여 지 기　　천 묵 수 적　　이 결 전 사

결전을 벌일 시기를 숨긴 채, 은밀하게 적을 따라 움직이다가, 결전을 치른다.

＊＊＊

(微與之期)미여지기 : 은밀히 기다리다.
(踐墨隨敵)천묵수적 : 적의 정세에 따라 규칙대로 움직임. 먹줄로 그린 선처럼 정해진 계획을 실행함.

是故始如處女 敵人開戶
시 고 시 여 처 녀　　적 인 개 호

後如脫兎 敵不及拒
후 여 탈 토　　적 불 급 거

그러므로 처녀처럼 (느리고 천천히) 시작하다가, 적이 빈틈을 보이면 달아나는 토끼처럼, 적이 미처 막지 못하게 한다.

* * *

(始如處女)시여처녀 : 처음에는 처녀처럼 신중하게 움직임.
(敵人開戶)적인개호 : 적이 문을 열어놓음. 즉 방심한다는 뜻.
(脫兎)탈토 : 덫에서 벗어나 달아나는 토끼. 재빨리 적에게 기습을 가한다는 뜻.
(不及拒)불급거 : 항거할 겨를을 주지 않음.

<u>풀이</u> 근대적인 총력전의 개념이 없었던 옛날에도 전시에는 온 나라를 동원체제로 이끌어야만 승리할 수 있었다. 그러므로 선전 포고를 하는 날에는 관문을 폐쇄하고 사절의 왕래를 막아 보안을 유지하며, 조정 대신들에게는 적절한 업무를 맡겨 책임을 지운다. 또한 적의 요인의 측근에는 우리의 첩자를 침투시켜 고급 정보를 빼내고, 유능한 장수는 우리 측을 겁 많고 무능한 존재로 보이게 해 적을 안심시킨 후, 결정적인 순간이 오면 단 한 번의 기습으로 이를 섬멸하는 것이다.

제12 화공편

火攻篇 第十二

12 화공편 – 98, 99죽

"불로 공격하라"

화공편(火攻篇)에서는 불로 공격을 돕는 방법을 설명하고 있다.

고대 전쟁에서의 방어는 대나무, 등나무, 가죽 등을 이용하는 방법이 대부분이었다.

이것은 모두 불에 잘 타는 것들이다.

화공은 위력이 강한 공격 방법이다. 적절히 배치하면 엄청난 효과를 거둘 수 있다.

그래서 손자는 화공을 한 장(章)으로 나누어 화력(火力)의 응용을 설명하고 있는 것이다.

불로써 적군을 공격하려면 지형과 날씨와 바람의 방향을 자세히 살펴야 한다.

또한 물로써 적의 병참선을 차단하고 고립시킬 수 있으나 모든 것을 잿더미로 만드는 화공만큼 파괴적이지는 못하다.

그리고 임금은 노여움 때문에 선전 포고를 해서는 아니 되며 장수는 성이 난다고 해서 전투해서는 아니 된다.

전쟁으로 인하여 망한 나라는 다시 일어설 수 없고 빼앗긴 목숨은 다시 살릴 수 없기 때문이다.

12 화공편 – 98, 99죽

1. 대상물에 따른 다섯 가지 화공법

손자가 말하였다.

무릇 불에 의한 공격에는 다섯 가지 방법이 있다.
첫째, 사람을 불태우는 것이다.
둘째, 적이 쌓아둔 것을 불사르는 것이다.
셋째, 적의 수송 차량을 불태우는 것이다.
넷째, 적의 창고를 불 지르는 것이다.
다섯째, 부대나 진영을 불태우는 것이다.
불을 사용하는 데에는 반드시 일정한 조건이 있고,
불을 붙이는 장비는 반드시 평소에 갖추어야 한다.
불을 놓는 데는 적절한 때가 있고,
불이 일어나는 데는 적절한 날이 있다.
적절한 때란 날씨가 건조한 때를 말함이요.
적절한 날은 달이 기(箕), 벽(壁), 익(翼), 진(軫)에 있는 날을 뜻한다.
무릇 이 네 별자리의 날은 바람이 일어난다.

孫子曰 凡火攻有五
손자왈 범화공유오

손자가 말하였다. 화공에는 다섯 가지가 있다.

***

(火攻)화공 : 불로 공격하다.

12 화공편 - 98, 99죽

一曰火人 二曰火積 三曰火輜
일왈화인 이왈화적 삼왈화치

四曰火庫 五曰火隊
사왈화고 오왈화대

첫째는 적군을 불태우는 것이고, 둘째는 적의 군수물자를 불태우는 것이고, 셋째는 적의 병참 수송 차량을 불태우는 것이고, 넷째는 적의 군수창고를 불태우는 곳이고, 다섯째는 적의 부대를 불태우는 것이다.

* * *

(火人)화인 : 사람을 태움. 즉 적의 병사를 불태운다.
(火積)화적 : 적이 쌓아 놓은 식량이나 군수물자 등을 불태운다.
(火輜)화치 : 짐수레 치. 적의 수송용 수레를 불태운다. 군수품을 실어나르는 짐수레나 그 수송부대를 뜻함.
(火庫)화고 : 적의 창고를 불태운다. 곳집 고. 창고.
(火隊)화대 : 대 대. 적의 진영을 불태운다. 진영. 부대.

行火必有因 煙火必素具
행 화 필 유 인　　연 화 필 소 구

화공을 실행할 때는 반드시 (필요한) 조건이 있으며 불을 연소시킬 수 있는 재료는 반드시 갖추어야 한다.

* * *

(行火)행화 : 불을 붙이다.
(必有人)필유인 : 반드시 이유가 있다.
(煙火)연화 : 불을 붙이는 데 필요한 도구와 재료. 불을 피울 때 쓰는 재료. 불쏘시개.
(必素具)필소구 : 반드시 평소에 갖추어야 함.

12 화공편 - 98, 99죽

發火有時 起火有日
발 화 유 시　　기 화 유 일

불을 지르는 데는 때가 있고, 불이 일어나는 데는 날이 있다.

* * *

(發火有時)발화유시 : 불을 지르는 데는 때가 있다.
(起火有日)기화유일 : 불이 일어나는 데는 날이 있다.

時者 天之燥也.
　시 자　천 지 조 야

日者 月在 箕,壁,翼,軫也.
　일 자　월 재　　기 벽 익 진 야

(알맞은) 때란 천지의 날씨가 건조할 때이다. (알맞은) 날이란 달의 운행이 기, 벽, 익, 진의 별자리에 있을 때이다.

＊＊＊

(天之燥)천지조 : 날씨가 건조하다.
(箕壁翼軫)기벽익진 : 28宿(수), 즉 28개의 별자리 중 네 별. 달이 이 방향에 있으면 바람이 인다고 한다. (箕)기는 동쪽하늘, (壁)벽은 북쪽하늘, (翼)익과 (軫)진은 남쪽하늘에 위치한다.

凡此四宿者 風起之日也.
　범 차 사 수 자　　풍 기 지 일 야

무릇 이 네 별자리는, 바람이 일어날 수 있는 날이다.

＊＊＊

(風起之日)풍기지일 : 바람이 일어날 수 있는 날.

<u>풀이</u> 손자가 말하였다. 화공에는 다섯 가지가 있다. 첫째는 적군을 불태우는 것이고, 둘째는 적의 군수물자를 불태우는 것이고,

셋째는 적의 병참 수송 차량을 불태우는 것이고, 넷째는 적의 군수창고를 불태우는 곳이고, 다섯째는 적의 부대를 불태우는 것이다.

화공을 실행할 때는 반드시 (필요한) 조건이 있으며 불을 연소시킬 수 있는 재료는 반드시 갖추어야 한다.

불을 지르는 데는 때가 있고 불이 일어나는 데는 날이 있다. (알맞은) 때란 천지의 날씨가 건조할 때이다. (알맞은) 날이란 달의 운행이 기, 벽, 익, 진의 별자리에 있을 때이다.

2. 전술에 따른 화공의 다섯 가지 원칙

화공은 반드시 다섯 가지 불의 변화에 따라 알맞게 대처해야 한다.

첫째, 불이 적의 진영 안에서 일어나면 즉시 밖에서 이에 호응해야 한다. 둘째, 불이 나도 적의 진영이 조용하면 기다리고 있다가 불길이 사나워졌을 때 공격 여부를 결정한다. 셋째, 적진 밖에서 불을 지를 수 있다면 적진 안에서 불이 일어나기를 기다리지 말고 제때에 질러야 한다. 넷째, 바람이 불어오는 쪽에서 불이 일어날 때에는 바람맞이에서 공격해서는 아니 된다. 다섯째, 낮에 바람이 오래 불면 밤에는 바람이 그치게 된다.

무릇 군대는 반드시 다섯 가지 불의 변화를 파악하고, 이를 술수(術數)로 하여 스스로를 지켜야 한다.

凡火攻 必因五火之變而應之
범 화 공　　필 인 오 화 지 변 이 응 지

무릇 화공은, 필히 이 다섯 가지 방법으로 인하여 일어나는 상황의 변화에 대응한다.

＊＊＊

(五火之變)오화지변 : 다섯 가지 화공법의 변화.

火發於內 則早應之於外
화 발 어 내　　즉 조 응 지 어 외

(적진) 내부에서 발화가 되면, 즉시 밖에서 호응한다.

＊＊＊

(火發於內)화발어내 : 적의 진영 안에서 불이 일어난다.
(早應之於外)조응지어외 : 빨리 밖에서 호응하여 공격한다.

12 화공편 - 99, 100죽

火發其兵靜者 待而勿攻 極其火力
화 발 기 병 정 자　　대 이 물 공　　극 기 화 력

발화가 되었는 데도 적진이 고요하면, 기다리며 공격하지 않고, 화력이 극에 이르렀을 때

***

(其兵靜)기병정 : 적병들이 조용하다.
(待而勿攻)대이물공 : 기다리며 공격하지 않는다.
(極其火力)극기화력 : 그 화력이 가장 왕성할 때. 불이 극도에 이르다.

可從而從之 不可從而止
가 종 이 종 지　　불 가 종 이 지

공격이 가능하다면 공격하고, 그렇지 않다면 공격을 중지한다.

***

(可從而從之)가종이종지 : 공격할 수 있으면 공격한다.
(不可從而止)불가종이지 : 공격할 수 없으면 중지한다.
(從)종 : 좇을 종. 불길에 따라 공격함.

火可發於外 無待於內 以時發之
화 가 발 어 외　　무 대 어 내　　이 시 발 지

밖에서 발화할 수 있을 때는, (적의) 내부 상황에 개의치 말고, 적당한 때에 불을 지른다.

***

(火可發於外)화가발어외 : 불을 밖에서 붙일 수 있다.
(無待於內)무대어내 : 안에서 기다리지 않는다.
(以時發之)이시발지 : 때에 맞춰 불을 지르다.

12 화공편 - 99, 100죽

火發上風 無攻下風 晝風久 夜風止
화 발 상 풍   무 공 하 풍   주 풍 구   야 풍 지

화공은 바람이 위로 (적의 방향으로) 불 때 사용하고 바람이 아래로 불 때(바람을 안고) 공격하지 않는다. 낮에 바람이 오래 불면, 야간에는 바람이 그친다.

* * *

(火發上風)화발상풍 : 불이 바람 불어오는 위쪽에서 일어난다.
(無攻下風)무공하풍 : 바람 아래쪽. 즉 바람을 안고 공격해서는 안된다.
(晝風久)주풍구 : 낮에 바람이 오래 분다.
(夜風止)야풍지 : 밤에 바람이 그친다.

凡軍必知 有五火之變 以數守之
범 군 필 지   유 오 화 지 변   이 수 수 지

무릇 군대는 반드시, 다섯 가지 화공법의 변화가 있음을 알고, 이를 헤아려 지킨다.

* * *

(以數守之)이수수지 : 계책으로써 알맞게 대처한다.
(數)수 : 셀 수. 꾀. 술계(術計). 술수(術數).

풀이 무기가 발달하기 이전에는 불의 파괴력을 직접 전투에 이용하는 경우가 많았다. 그러나 불도 여느 무기처럼 피아가 다 같이 이용할 수 있다. 따라서 손자는 화공과 아울러 적의 그것에 대비하는 요령에 관해서도 언급하였다.

그러므로 불로써 공격을 도울려면 슬기로워야 하고, 물로써 공격을 도울려면 강인해야 한다. 수공으로는 적을 차단할 수 있지만 빼앗을 수는 없다.

3. 화공과 수공의 차이

故以火佐攻者明 以水佐攻者强
고 이 화 좌 공 자 명   이 수 좌 공 자 강

그러므로 화공을 이용하여 공격을 돕는 것은 (효과가) 분명하고, 물 (수공)로써 공격을 돕는 것은 (효과가) 강력하다.

***

(以火佐攻者)이화좌공자 : 불로써 공격을 도움. 곧 화공을 말한다.
(以水佐攻者)이수좌공자 : 물로써 공격을 도움. 곧 수공을 말한다.
(佐攻)좌공 : 공격을 도움. 공격을 보조함.
(明)명 : 밝을 명. 총명함.
(强)강 : 굳셀 강. 강인함.

水可以絶 不可以奪
수 가 이 절   불 가 이 탈

물(수공)은 (적을) 차단할 수 있지만, 제거할 수는 없다.

***

(水可以絶)수가이절 : 물은 적의 이동통로나 통신통로를 끊을 수 있다.
(不可以奪)불가이탈 : 적군의 생명이나 재물 등을 빼앗을 수 없다.
절(絶) : 끊을 절. 차단함. 가로막음.
탈(奪) : 빼앗을 탈. 빼앗음. 탈취함.

풀이 물을 공격의 보조 수단으로 삼으면 적을 고립시키고 병참선을 차단할 수 있다. 그러므로 화공을 이용하여 공격을 돕는 것은 (효과가) 분명하고 물(수공)로써 공격을 돕는 것은 (효과가) 강력하다. 물(수공)은 (적을) 차단할 수 있지만 제거할 수는 없다.

4. 나라를 안전하게 하고 군대를 온전하게 보존하는 법

싸워서 이기고 공격하여 탈취했는데도 그 공을 다스리지 않는 것은 매우 안 좋은 일이다. 이것은 국비를 낭비하고 병사들을 전쟁터에 남겨두는 행위이니, 이름하여 비류(費留)라고 한다.

그러므로 총명한 군주는 승리의 결과를 깊이 생각하고 훌륭한 장수는 그 승리를 잘 마무리한다. 또한 유리하지 않으면 움직이지 않고, 얻는 것이 없으면 용병하지 않고 위태롭지 않으면 싸우지 않는 것이다.

군주는 분노에 사로잡혀 군대를 일으켜서는 안 되고 장수는 성난다고 해서 전투를 벌여서는 안 된다. 모든 상황이 유리하게 돌아갈 때 군대를 움직이되 상황이 유리하지 않게 돌아가면 움직임을 멈춰야 한다. 분노는 다시 즐거움으로 변할 수 있고, 성냄은 다시 기쁨으로 변할 수 있지만, 한 번 멸망한 나라는 다시 존립할 수 없고, 죽은 자는 다시 살아날 수 없기 때문이다.

그러므로 총명한 군주는 전쟁을 신중히 하고, 훌륭한 장수는 전쟁을 경계한다. 이것이 나라를 안전하게 하고 군대를 온전히 보존하는 길인 것이다.

夫戰勝攻取 而不修其功者凶
부 전 승 공 취　　이 불 수 기 공 자 흉

命曰 費留
명 왈　비 류

무릇 전쟁에 승리하고 공격하여 취하더라도, 그 공을 다스리지 못하는 자는 흉하니 이를 이름하여, 비류(처러야 할 비용이 아직 남음) 라 한다.

***

(戰勝攻取)전승공취 : 싸움에서 이기고 공격하여 빼앗다. 적의 거점을 쳐서 탈취함.
(不修其功)불수기공 : 그 공을 다스리지 않음. 승리에 대한 마무리를 잘하지 못한다.
(費留)비류 : 치러야 할 비용이 아직 남음.

12 화공편 – 101죽

故曰 明主慮之 良將修之
고 왈   명 주 려 지   양 장 수 지

그러므로, 현명한 군주는 이것을 고려하고, 훌륭한 장수는 이것을 다스릴 수 있어야 한다.

***

(明主慮之)명주려지 : 현명한 군주는 승리의 결과를 깊이 생각한다.
(良將修之)양장수지 : 훌륭한 장수는 승리를 잘 마무리한다.

非利不動 非得不用 非危不戰
비 리 부 동   비 득 불 용   비 위 부 전

이로움이 없으면 움직이지 않고, 소득이 없으면 쓰지 않고, 위태롭지 않으면 싸우지 않는다.

***

(非利不動)비리부동 : 이로움이 없으면 움직이지 않는다.
(非得不用)비득불용 : 얻는 것이 없으면 사용하지 않는다.
(非危不戰)비위부전 : 위태롭지 않으면 싸우지 않는다.

풀이 통치권자는 장병들이 싸움터에서 세운 공로에 대해 적절히 포상하는 도량과 슬기를 지녀야 한다. 만일 이문제를 소홀히 다룬다면 그들의 사기가 저하되고 이탈할 수도 있을 것이다. 또한 그는 국가에 얻는 바가 없으면 싸우지 말아야 하고 그 존립이 위협당하지 않는 한 선전 포고를 해서는 아니 된다. 왜냐하면 군국주의적 성향으로 치닫는 나라는 표면적인 성공에도 불구하고 결국은 스스로의 무덤을 파게 되는 것이다.

12 화공편 - 101죽

主不可以怒而興師　將不可以慍而致戰
　주 불 가 이 노 이 흥 사　　장 불 가 이 온 이 치 전

군주는 노여움으로 군사를 일으켜서는 안 되며, 장수는 성내어 전쟁을 해서는 안 된다.

＊ ＊ ＊

(以怒而興師)이노이흥사 : 노여움으로써 군대를 일으킨다.
(以慍而致戰)이온이치전 : 성냄으로써 전쟁을 치른다.
(興師)흥사 : 군사를 일으킴.
(慍)온 : 성낼 온. 노여워함. 성냄.

合於利而動　不合於利而止
　합 어 리 이 동　　불 합 어 리 이 지

이로움에 합하면 움직이고, 이로움에 합하지 않으면 움직이지 않는다.

＊ ＊ ＊

(合於利而動)합어리이동 : 이익에 부합되면 움직임. 즉 유리하면 움직인다.
(不合於利而止)불합어리이지 : 이익에 부합되지 않으면 중지한다.

怒可以復喜　慍可以復悅
　노 가 이 부 희　　온 가 이 부 열

분노는 다시 기쁨이 될 수 있고, 성냄은 다시 즐거움이 될 수 있지만

＊ ＊ ＊

(怒可以復喜)노가이부희 : 노여움은 다시 즐거움이 될 수 있다.
(慍可以復悅)온가이부열 : 성냄은 다시 기쁨이 될 수 있다.
(悅)열 : 기쁠 열. 즐거워함.

亡國不可以復存 死者不可以復生
망 국 불 가 이 부 존   사 자 불 가 이 부 생

망한 나라는 다시 존재할 수 없고, 죽은 자는 다시 살아날 수 없다.

***

(亡國)망국 : 멸망한 나라.
(不可以復存)불가이부존 : 다시 존립할 수 없다.
(不可以復生)불가이부생 : 다시 살아날 수 없다.

12 화공편 - 102죽

故明君愼之 良將警之
고 명 주 신 지   양 장 경 지

그러므로 뛰어난 군주는 이를 신중히 하고, 훌륭한 장수는 이를 경계한다.

***

(愼之)신지 : 전쟁을 삼간다.
(良將)양장 : 훌륭한 장수.
(警之)경지 : 전쟁을 경계한다.

此安國全軍之道也.
차 안 국 전 군 지 도 야

이것이 국가를 편안하게 하고 군대를 온전하게 하는 방법이다.

***

(安國全軍)안국전군 : 나라를 안전하게 하고 군대를 온전히 보존한다.
(全軍)전군 : 군대를 보전함.

풀이 전쟁으로 인한 인명과 물자의 손실은 나라에 큰 부담이 된다. 따라서 현명한 군주와 훌륭한 장수는 이를 삼가고 경계하였다. 사실 여러 차례 전쟁을 하여 승리를 얻어도 이익을 얻는 나라는 적었고 도리어 피폐해진 나라는 많았다. 그만큼 승리를 지킨다는 것은 어렵고 또한 소모전으로 이어져 끝내 나라를 망하게 하는 것이다. 그러므로 정책의 수단으로서의 전쟁이라는 그릇된 주장은 버려야 하며, 군국주의가 지닌 자살적·파멸적 성격을 예사로이 보아서는 아니 된다.

제13 용간편

用間篇 第十三

13 용간편 - 103, 104죽

"첩자를 활용하라"

용간편(用間篇)은 『손자병법』의 마지막 편이다.

「시계편」은 전쟁의 총체적인 견해와 계산이기 때문에 맨 앞에 둔 것이며, 「용간편」은 적을 염탐하고 알아내는 수단인 동시에 승리를 거두게 하는 중요한 요소이기 때문에 맨 마지막에 두었다.

손자는 적의 실정(實情)을 모르는 자는 불인(不仁)하다고 하였다.

이것은 정보 공작의 중요성을 강조한 것이다.

만약 적의 실정을 알지 못해 실수하게 되면, 모든 노력이 수포로 돌아갈 뿐만아니라, 백성들의 생명과 재산만 헛되이 희생시킬 뿐이다.

그래서 손자는 불인(不仁)이라고 한 것이다.

군대의 첩보활동은 전시나 평화시를 막론하고 참으로 중요한 일이다. 적의 실정을 제대로 파악해야만 필승의 전략을 구상할 수 있기 때문이다. 그러나 첩보원을 부리고 이용하는 이는 사람을 알아보고 그 심리를 꿰뚫어 보는 통찰력의 소유자이어야만 한다.

옛날의 뛰어난 장수들은 모두 첩보 활동의 중요성을 깊이 인식하고 그 일의 추진에 성의를 다했던 것이다.

13 용간편 - 103, 104죽

1. 사람을 통해 정보를 얻어라

손자가 말하였다.

무릇 10만의 군사를 동원하여 천 리를 원정하자면 백성의 비용이나 정부의 군사비가 하루에 천금이 소비된다. 또 한나라의 안팎이 소란스레 움직이며, 백성들 중에는 물자 수송에 지치고 생업에 종사하지 못하는 이가 70만 호나 된다. 이런 상태로 버티기를 수년 동안 해도 승패는 단 하루 만에 결판이 난다. 그럼에도 불구하고 벼슬과 봉록으로 주는 백금을 아끼어 적정을 알지 못한다면 이는 매우 어질지 못한 짓이다. 이런 사람은 남의 장수일 수가 없고, 임금을 보필할 수도 없으며, 승리의 주체일 수도 없는 것이다. 따라서 지혜로운 임금과 훌륭한 장수가 기동하여 적에게 승리하고 남보다 탁월한 공로를 이룸은 먼저 적정을 알기 때문이다. 먼저 적정을 안다는 것은 귀신에게서 물어서 될 일도 아니며, 다른 경험에서 본받는 것도 아니며, 다른 법칙에 따라 파악되는 것도 아니다. 이는 반드시 적에게서 얻고, 적의 실정을 아는 이를 통하여 알아내야 하는 것이다.

孫子曰 凡興師十萬 出征千里
손자왈　범흥사십만　출정천리

손자가 말하였다. 무릇 십만의 대군을 동원하여, 천 리를 출정하게 되면

***

(興師十萬)흥사십만 : 10만 군사를 일으키다.

13 용간편 – 103, 104죽

百姓之費 公家之奉 日費千金
백성지비　공가지봉　일비천금

백성이 부담하는 비용과, 국세가, 하루에 천금이 소비되고

***

(百姓之費)백성지비 : 백성들이 부담하는 비용.
(公家之奉)공가지봉 : 나라가 부담해야 하는 비용. 제후 및 그 인척들의 부담비용.
(日費千金)일비천금 : 하루에 천금이 든다.

內外騷動 怠於道路
　　내 외 소 동　　태 어 도 로

不得操事者 七十萬家
　　부 득 조 사 자　　칠 십 만 가

나라의 안팎에 소동이 일어나며, 도로(보수)에 게으르고, 일(생업)을 꾸리지 못하는 집이, 칠십만 호에 이르게 된다.

＊＊＊

(內外騷動)내외소동 : 나라 안팎이 소란하다.
(怠於道路)태어도로 : 군용물자를 운반하느라고 기운이 빠짐.
(不得操事)부득조사 : 생업에 종사하지 못함.
(七十萬家)칠십만가 : 8가구가 한 조로 1가구에서 종군하면 나머지 7가구가 그 집안의 생업을 도와야 했다. 따라서 10만 명이 징집되면 70만 가구는 본업의 종사에 어려움이 많았다.

相守數年 以爭一日之勝
　　상 수 수 년　　이 쟁 일 일 지 승

서로 수년을 대치함으로써, 하루의 승리를 다툰다.

＊＊＊

(相守數年)상수수년 : 서로 대치하기를 수년 동안 하다.
(相守)상수 : 서로 마주 대하여 버팀.
(以爭一日之勝)이쟁일일지승 : 하루의 승리를 다툰다.

13 용간편 - 104, 105죽

而愛爵祿百金 不知敵之情者
　　이 애 작 록 백 금　　부 지 적 지 정 자

그러므로 작위, 봉록, 돈을 아까워하여, 적의 실상(정세)을 알지 못하면

***
(愛爵綠百金)애작록백금 : 벼슬과 봉록과 백금을 아낌. 백금은 많은 돈이라는 뜻.
(不知敵之情)부지적지정 : 적의 정세를 알지 못하다.

不仁之至也 非人之將也
불 인 지 지 야　　비 인 지 장 야

이것은 어질지 못함의 극치이며, 다른 사람의 장수가 될 수 없고

***
(不仁之至)불인지지 : 지극히 현명하지 못하다.
(非人之將)비인지장 : 병사들을 거느린 장수가 아님. 장수의 자격이 없다는 뜻.

非主之佐也 非勝之主也.
비 주 지 좌 야　　비 승 지 주 야

군주의 보좌가 될 수 없으며, 승리의 주인도 될 수 없다.

***
(非主之佐)비주지좌 : 군주의 보좌가 아님. 군주를 보좌할 자격이 없다는 뜻.
(非勝之主)비승지주 : 승리의 주역이 아니다.

故明君賢將 所以動而勝人
고 명 군 현 장　　소 이 동 이 승 인

그러므로 뛰어난 군주와 현명한 장수가, 움직여 적을 이기고

***
(明君賢將)명군현장 : 명석한 군주와 현명한 장수.
(所以)소이 : 까닭.
(動而勝人)동이승인 : 움직이면 적을 이긴다.

13 용간편 – 104, 105죽

成功出於衆者 先知也.
　성공출어중자　선지야

(적의) 무리(많은 병력)보다 뛰어나게 공을 이루는 이유는, 먼저 알기 때문이다.

＊＊＊

(成功出於衆)성공출어중 : 남들보다 뛰어나게 공을 이루다.
(先知)선지 : 먼저 안다. 적의 실정을 먼저 안다.

善知者 不可取於鬼神
　선지자　불가취어귀신

먼저 아는 것은, 귀신에게서 얻을 수 없고

＊＊＊

(不可取於鬼神)불가취어귀신 : 귀신에게 물어서도 알 수 없다.

不可象於事 不可驗於度
　불가상어사　　불가험어도

일에서 유추할 수 있는 것도 아니며, 경험으로도 알 수 없고

＊＊＊

(不可象於事)불가상어사 : 다른 경험에서 본받을 수 있는 게 아님. 전에 있었던 일에서 본받을 수 없다.
(不可驗於度)불가험어도 : 법칙에 의해 나타날 수 없다. (度)도는 하늘의 운행이치를 말한다.

必取於人 知敵之情者也.
　필취어인　지적지정자야

반드시 사람에게서, 적의 실상(정세)을 아는 것이다.

＊＊＊

用間篇 第十三　　321

(必取於人)필취어인 : 반드시 사람에게서 취한다.

<u>풀이</u> 전쟁은 이미 첩보전에서 그 승패가 판가름이 난다고 해도 지나친 말은 아닐 것이다. 왜냐하면 적의 실정을 제대로 파악한 후에야 필승의 전략을 꾸밀 수 있기 때문이다. 그러므로 강대국일수록 첩보활동에 심혈을 기울이며, 거기에 드는 비용을 아끼지 않는다. 유능한 첩보원이 빼낸 적의 일급 비밀은 전시 수많은 아군의 생명을 구할 수도 있고, 또한 수십만의 원군 못지 않는 위력을 지닌 것일 수도 있다. 사실 역사상 유명한 장군들의 승리도 알고 보면 첩보활동에 크게 의존했던 것이다.

13 용간편 - 105, 106죽

2. 다섯 가지 종류의 첩자

따라서 간첩을 쓰는 방도에는 다섯 가지가 있으니, 향간(鄕間), 내간(內間), 반간(反間), 사간(死間), 생간(生間)이 그것이다.

다섯 가지 간첩을 한꺼번에 활동케 해도 적은 그 사실을 알지 못한다.

이를 신령스러운 경륜이라 하며, 임금의 보배다.

첫째, 향간(鄕間)은 그 고을 사람을 꾀어내어 이용하는 것이다.

둘째, 내간(內間)은 그 관리를 꾀어내어 이용하는 것이다.

셋째, 반간(反間)은 적의 간첩을 꾀어내어 역이용하는 것이다.

넷째, 사간(死間)은 거짓 정보를 아군의 간첩에게 믿게 하여 이를 적에게 전하도록 하는 것이다.

다섯째, 생간(生間)은 적지에 들어갔다가 되돌아와 보고하는 것이다.

故用間有五 有鄕間 有內間
고용간유오　유향간　유내간

有反間 有死間 有生間
유반간　유사간　유생간

그러므로 간첩을 이용하는 것에는 다섯 가지가 있는데, 향간이 있고, 내간이 있고, 반간이 있고, 사간이 있고, 생간이 있다.

***

(用間)용간 : 첩자를 이용하다.

13 용간편 - 105, 106죽

五間俱起 莫知其道
오간구기　막지기도

是謂神紀 人君之寶也.
시위신기　인군지보야

다섯 가지 유형의 간첩을 함께 활용하되, (적이) 그 방법을 알지 못하니 이것을 신기(神紀)라 하며, 백성과 군주의 보배이다.

***

(五間俱起)오간구기 : 다섯 가지 첩자의 유형을 한꺼번에 사용하다.
(莫知其道)막지기도 : 그 방법을 알지 못한다.
(神紀)신기 : 신처럼 다스린다는 뜻. 간첩을 부리는 재주가 교묘하다는 뜻.

因間者 因其鄕人而用之
인간자　인기향인이용지

간첩으로, 적의 고을 사람을 첩자로 쓴다.

***

(因其鄕人而用之)인기향인이용지 : 적의 고을 사람을 첩자로 쓴다.

鄕間者 因其鄕人而用之
　　향간자　　인기향인이용지

향간은, 향인(적국의 사람)을 유인하여 활용하는 것이고,

＊＊＊

(因其鄕人而用之)인기향인이용지 : 적의 고을 사람을 첩자로 쓴다.

內間者 因其官人而用之
　　내간자　　인기관인이용지

내간은, 관인(적국의 관리)을 포섭하여 이를 활용하는 것이며,

＊＊＊

(因其官人而用之)인기관인이용지 : 적의 관리를 첩자로 쓴다.
(官人)관인 : 적의 관리.

13 용간편 – 105, 106죽

反間者 因其敵間而用之
　　반간자　　인기적간이용지

반간은, 적의 간첩을 포섭하여 (이중간첩으로) 활용하는 것이고,

＊＊＊

(因其敵間而用之)인기적간이용지 : 적의 첩자를 이용하여 쓴다.

死間者 爲誑事於外
　　사간자　　위광사어외

令吾間知之 而傳於敵 間也
　　영오간지지　　이전어적　간야

사간은, 허위사실을 외부에 유포하여 아군의 간첩이 알게 하고, 적의 간첩에 전달하는 것이고

***

(爲誑事於外)위광사어외 : 허위사실을 꾸며낸다. 밖에서 거짓 일을 만든다.
(令吾間知之)영오간지지 : 우리 첩자로 그것을 알게 한다.
(傳於敵)전어적 : 적에게 사로잡혀 고문을 받을 때 그 사실을 적에게 실토한다는 뜻.

生間者 反報也.
생 간 자   반 보 야

생간은, (적진에서) 돌아와 (적의 실상을) 보고하는 것이다.

***

(反報)반보 : 돌아와 보고한다.

13 용간편 – 106, 107죽

3. 첩자의 운용은 비밀스럽게

그러므로 군대 일 중에서 첩자와의 관계보다 더 친밀해야 하는 것은 없고, 첩자에게 주는 포상보다 더 후한 상은 없어야 하며, 첩자의 운용보다 더 비밀스러운 것은 없다.

뛰어난 지혜가 없는 자는 첩자를 운용할 수가 없고 어질고 의롭지 않은 자는 첩자를 부릴 수가 없으며, 첩보의 진실을 구분하지 못하는 자는 첩자의 실효를 거둘 수가 없다.

미묘하고도 미묘하도다. 전쟁에서 첩자가 이용되지 않는 곳은 없다. 첩자가 알아온 정보가 발표되기 전에 먼저 그 소식이 알려지면 그 첩자와 정보를 알려준 자를 모두 죽여야 한다.

故三軍之事 交莫親於間
　고 삼 군 지 사　　교 막 친 어 간

賞莫厚於間 事莫密於間
　상 막 후 어 간　　사 막 밀 어 간

그러므로 삼군의 일에는, 간첩보다 친밀한 것이 없고, 간첩에게 주는 상보다 후한 상이 없고, 간첩보다 비밀스러운 일이 없다.

***

(三軍之事)삼군지사 : 군대를 다스리는 일.
(交莫親於間)교막친어간 : 사귐이 첩자와의 관계보다 친밀한 것이 없다.
(莫親)막친 : 더 친밀한 사람은 없다.
(賞莫厚於間)상막후어간 : 상이 첩자에게 보다 더 후함이 없다.
(事莫密於間)사막밀어간 : 일이 첩자보다 더 비밀스러움이 없다.

풀이 그러므로 삼군의 일에는 간첩보다 친밀한 것이 없고 간첩에게 주는 상보다 후한 상이 없고 간첩보다 비밀스러운 일이 없다.

13 용간편 - 106, 107죽

非聖智不能用間 非仁義不能使間
　비 성 지 불 능 용 간　　비 인 의 불 능 사 간

성인의 지혜(뛰어난 지혜)가 아니면 간첩을 활용할 수가 없고, 인의가 아니면 간첩을 부릴 수 없고

***

(聖智)성지 : 뛰어난 지혜. 성인(聖人)처럼 뛰어난 슬기와 깊은 사려를 갖춘 이.
(非聖智不能用間)비성지불능용간 : 뛰어난 지혜가 없는 자는 첩자를 운용할 수 없다.
(非仁義不能使間)비인의불능사간 : 어질고 의롭지 않은 자는 첩자를 부릴 수 없다.

非微妙不能得間之實
　비 미 묘 불 능 득 간 지 실

미묘하지 않으면 간첩을 이용한 실익을 거둘 수 없다.

* * *

(非微妙不能得間之實)비미묘불능득간지실 : 명민하고 미묘하지 못한 자는 첩자의 실효를 얻을 수 없다.
(得間之實)득간지실 : 간첩이 수집한 정보에 의거하여 작전을 행한다는 뜻.

微哉微哉 無所不用間也.
   미 재 미 재   무 소 불 용 간 야

미묘하고 미묘하다. 간첩을 쓰지 않는 곳이 없다.

* * *

(微哉)미재 : 미묘하다는 감탄사.
(無所不用間)무소불용간 : 첩자가 쓰이지 않는 곳이 없다.

13 용간편 – 107, 108죽

間事未發而先聞者 間與所告者皆死
   간 사 미 발 이 선 문 자   간 여 소 고 자 개 사

간첩의 일(활동)이 시작하지 않았는데 미리 알려지면, 간첩과 더불어 그 정보를 알린 자도 모두 죽인다.

* * *

(間事)간사 : 첩자가 알아 온 정보, 기밀.
(未發而先聞)미발이선문 : 사전에 누설되다. 보고하기 전에 먼저 듣다.
(間與所告者)간여소고자 : 첩자와 정보를 제공한 사람.
(皆死)개사 : 모두 죽인다.

풀이 적의 형편을 정탐하는 일에는 어차피 희생이 따르게 마련이다. 따라서 첩보활동에 종사하는 사람들이 사명감과 보람을 느낄 수 있도록 그 책임자는 지원과 배려를 아끼지 말아야 한다. 그리고 수집

된 정보의 진위를 분석하는 일에도 남다른 지혜와 판단력이 요구되는 것이다. 왜냐하면 적이 일부러 흘린 거짓 정보나 조작 정보도 있기 때문이다. 또한 적의 첩보망을 일망타진하고 우리 측의 기밀이 새어 나가지 않도록 조처하는 것도 중요한 일이다. 이런 업무의 책임자는 뛰어난 두뇌와 수완을 갖추어야 할 것이다.

13 용간편 – 108죽

4. 첩자의 임무와 이중첩자의 활용법

모름지기 공격하고자 하는 군대, 공략하고자 하는 성, 죽이고자 하는 사람에 대해서는 반드시 먼저 그곳을 수비하는 장수와 좌우 측근과, 심부름꾼, 문지기, 일하는 자 등의 신상을 알아야 하는데, 바로 이러한 것들을 아군의 첩자에게 명하여 탐색해 알아내도록 하는 것이다. 아군 쪽에 와서 정보를 수집하는 적의 첩자는 반드시 찾아내되 이익으로 매수하여 포섭한 후 적지로 다시 놓아 보내면 반간으로 역이용할 수 있다. 아울러 이로 인해 적의 실정을 알 수 있게 되어 향간이나 내간도 얻어 부릴 수 있는 것이다. 또 이로 인해 적의 실정을 알 수 있으므로 사간을 통해 허위사실을 적에게 퍼뜨릴 수 있는 것이다. 또 이로 인해 적을 알 수 있으므로 생간을 계획한 대로 부릴 수 있는 것이다.

이 다섯 종류의 첩자 활동은 군주가 반드시 알고 있어야 하는데, 이 모든 것은 반간에 의해서 가능하다. 그러므로 반간은 후대하지 않으면 안 된다.

凡軍之所欲擊 城之所欲攻
범 군 지 소 욕 격 　성 지 소 욕 공

무릇 공격하고자 하는 군대, 공략하려는 성,

***

(軍之所欲擊)군지소욕격 : 공격하고자 하는 군대.
(城之所欲攻)성지소욕공 : 공격하고자 하는 성.

13 용간편 – 108죽

人之所欲殺 必先知其守將
　인 지 소 욕 살　　필 선 지 기 수 장

죽이고자 하는 사람에 대해서는, 반드시 그 수장과

***

(人之所欲殺)인지소욕살 : 죽이고자 하는 사람.
(守將)수장 : 지키는 장수.

左右 謁者 門者 舍人之姓名
　좌 우　알 자　 문 자　사 인 지 성 명

좌우 측근과, 연락병, 수문장, 사인의 이름을 먼저 알아야 한다.

***

(左右)좌우 : 주변에 있는 측근. 부관.
(謁者)알자 : 군주나 장수의 심부름꾼. 연락관. 당번병.
(門者)문자 : 문지기.
(舍人)사인 : 집안 일을 돌보는 사람. 잡역에 종사하는 일꾼.

令吾間必索知之
　영 오 간 필 색 지 지

아군의 간첩으로 하여금 반드시 찾아 알리게 한다.

***

(五間)오간 : 다섯 가지 종류의 첩자.

(索知)색지 : 조사하여 안다.

풀이 공격하고자 하는 부대, 공략하고자 하는 요새, 죽이고자 하는 인물에 대해서는 사전에 철저한 정보수집과 작전 계획을 짜야 한다. 무릇 공격하고자 하는 군대, 공략하려는 성, 죽이고자 하는 사람에 대해서는 반드시 그 수장과 좌우 측근과 연락병, 수문장, 사인의 이름을 먼저 알아야 한다. 아군의 간첩으로 하여금 반드시 찾아 알리게 한다.

13 용간편 - 108, 109죽

必索敵人之間來間我者
필 색 적 인 지 간 내 간 아 자

아군을 염탐하러 온 적국의 간첩을 반드시 수색하여 찾아내면

***

(來間我者)내간아자 : 아군쪽에 와서 첩자 활동을 하는 사람. 엿보는 자.

因而利之 導而舍之
인 이 리 지   도 이 사 지

故反間可得而用也.
고 반 간 가 득 이 용 야

친하게 지내고 이로움을 제공하여, 설득해서 편의를 제공함으로써 반간을 얻어 활용할 수 있다.

***

(因而利之)인이리지 : 간첩을 찾아내어 이익으로 유인함.
(導而舍之)도이사지 : 잘 인도하여 적지로 놓아 보낸다는 뜻.
(反間可得而用)반간가득이용 : 이중첩자로 활용할 수 있다.

因是而知之 故鄕間內間 可得而使也.
　　인 시 이 지 지　　고 향 간 내 간　　가 득 이 사 야

이를 통하여 (적의 실상을) 알 수 있으므로, 향간과 내간을, 얻어 부릴 수 있는 것이다.

***

(因是而知之)인시이지지 : 반간으로 인하여 적의 실정을 알게 됨.
(因是)인시 : 이로 인하여.
(知之)지지 : 적의 실정을 안다.
(可得而使)가득이사 : 얻어서 부릴 수 있다.

13 용간편 - 108, 109죽

因是而知之 故死間爲誑事 可使告敵
　　인 시 이 지 지　　고 사 간 위 광 사　　가 사 고 적

이를 통하여 (적의 실상을) 알 수 있으므로, 사간이 허위 정보를 만들어 적에게 잘못된 정보를 줄 수 있다.

***

(因是而知之)인시이지지 : 반간으로 인하여 적의 실정을 알게 됨.
(爲誑事)위광사 : 거짓 정보를 알게 함. 허위 정보를 제공한다는 뜻.
(可使告敵)가사고적 : 적에게 고할 수 있다.

因是而知之 故生間可有使如期
　　인 시 이 지 지　　고 생 간 가 유 사 여 기

이를 통하여 (적의 실상을) 알 수 있으므로, 생간을 필요한 시기에 부릴 수 있다.

***

(因是而知之)인시이지지 : 반간으로 인하여 적의 실정을 알게 됨.
(爲誑事)위광사 : 거짓 정보를 알게 함. 허위 정보를 제공한다는 뜻.

(如期)여기 : 기일 내에 돌아와 적의 실정을 보고케 함.

五間之事 君必知之 知之必在於反間
오간지사　군필지지　　지지필재어반간

다섯 가지 간첩에 대한 일은, 군주가 필히 알아야 하고, (적의 실상을) 아는 것은 반드시 반간에 달려 있으므로

* * *

(五間)오간 : 다섯 가지 종류의 첩자.
(君必知之)군필지지 : 군주가 반드시 그것을 알아야 한다.

故反間不可不厚也.
고 반 간 불 가 불 후 야

반간은 후하게 대우하지 않으면 안된다.

* * *

(不可不厚)불가불후 : 후대하지 않으면 안 된다.
(厚)후 : 후하게 대우함.

풀이 적의 간첩을 찾아내어 이익으로 꾀어내고 우리 편이 되도록 지도해야 한다. 이런 반간을 이용하면 적측에 우리의 첩보망을 만들 수도 있고, 적의 대응 태세에 혼란과 차질을 일으키게 할 수도 있다. 사간을 통하여 적에게 허위정보를 제공하는 일이나, 생간에 의한 정보수집의 성공 여부도 반간이 그 열쇠를 쥐고 있는 셈이다. 그러므로 임금과 장수는 이들에 대한 보수와 배려에 소홀함이 있어서는 아니 된다.

13 용간편 - 110죽

5. 첩자의 운용이 곧 병법의 요체

옛날 은나라가 일어날 때 이지(伊摯)는 하나라에 있었고, 주나라가

일어날 때 여아(呂牙)는 은나라에 있었다. 따라서 영명한 임금과 현명한 장수만이 능히 뛰어난 슬기로써 간첩을 부리어 큰 공을 이룬다.

이것이 곧 "용병의 요체(要諦)"이며, 전 군대가 믿고 움직이는 바가 된다.

昔殷之興也 伊摯在夏
　　석 은 지 흥 야　　이 지 재 하

周之興也 呂牙在殷
　주 지 흥 야　　여 아 재 은

옛날에 은나라가 흥하게 될 때, 이지가 하나라에 있었고, 주나라가 흥하게 될 때, 여아가 은나라에 있었다.

＊＊＊

(昔)석 : 예 석. 옛날.
(伊摯)이지 : 상(商)나라 탕왕(湯王)의 제상 이윤(伊尹)을 말함. 탕왕이 백성을 괴롭히는 하나라의 걸왕을 치게 되자 그는 탕왕을 보좌하여 큰 공을 세움.
(夏)하 : 중국 상고시대의 나라 이름. 요순시대 다음 왕조.
(呂牙)여아 : 강태공 여상(姜太公 呂尙)을 말함. 주(周)나라의 문왕이 위수에서 낚시질하는 그를 만나 군사(軍師)로 모심. 문왕의 뒤를 이은 무왕이 폭정을 일삼는 은나라 주왕을 멸할 때, 그는 종횡무진한 기략으로 많은 공을 세움. 중국 병법의 효시인 육도는 그의 저술로 알려져 있음. 한 때 은나라 시장에서 백정 노릇을 하며 고기를 판 적이 있다.

13 용간편 – 110, 111죽

故惟明君賢將 能以上智爲間者
　고 유 명 군 현 장　　능 이 상 지 위 간 자

必成大功
　필 성 대 공

그러므로 명석한 군주와 현명한 장수만이, 능히 뛰어난 지혜로써 간첩을 이용하여, 반드시 큰 공을 세울 수 있는 것이다.

＊＊＊

(上智)상지 : 뛰어난 지혜.
(爲間者)위간자 : 첩자로 삼다.
(必成大功)필성대공 : 반드시 큰 공을 이루다.

此兵之要 三軍之所恃而動也.
차 병 지 요　　삼 군 지 소 시 이 동 야

이것이 용병의 요체이고, 삼군이 의지하여 (군대를) 움직이게 하는 것이다.

＊＊＊

(兵之要)병지요 : 용병의 요점. 요체.
(所恃而動)소시이동 : 믿고 움직임.

풀이 상나라 탕왕이 하나라의 걸왕을 정벌할 때 참모 이윤은 큰 공을 세운다. 그는 원래 하나라 출신으로 그쪽의 실정을 잘 파악하고 있었던 것이다. 주나라 무왕이 은나라 주왕을 멸할 때 참모 여상은 큰 역할을 한다. 그는 본디 은나라 사람으로 그쪽의 내막을 잘 알고 있었다. 걸왕과 주왕은 사람을 알아보는 안목이 없었으므로 끝내 큰 인물을 적대세력에 넘겨주고 만 셈이다. 임금이나 장수는 뛰어난 지혜로써 유능한 첩보원을 기용하여 정보를 수집해야 한다. 이는 최소의 희생과 비용으로 최대의 전과를 거두는 방도일 것이다. 따라서 손자는 첩보활동을 용병의 핵심으로 보고 있는 것이다.

『손자병법』의 영향을 받은 영웅들

『손자병법』은 2500여 년 동안 최고의 병법서로 시대와 국가를 초월해 많은 군사가들에게 큰 영향을 끼쳤다. 무엇보다 힘으로 공격하고 몸으로 싸우는 것만이 아닌, 과학적이고 체계적이며 심리적인 용병술을 가르쳤기 때문이다.

『삼국지』의 주역 중 한 사람인 조조를 비롯해, 병법과 지략의 대가인 제갈량, 임진왜란의 영웅 이순신 등이 『손자병법』에 능통했으며, 세계사의 주역이었던 나폴레옹과 마오쩌둥도 『손자병법』의 영향을 받은 대표적인 인물이다.

조조 (曹操, 155~220)

『손자병법』의 가장 오래된 주석서가 바로 삼국시대 위나라 조조가 만든 『위무주손자』이다. 그는 일찍이 "내가 용병에 관한 책을 두루 읽어 보았으나 손무의 책이 가장 깊다"라고 감탄했다. 그가 원소를 무찌르고 중원의 패권을 잡은 관도전투도 '적을 알고 나를 알면 백 번 싸워도 위태롭지 않다'라는 『손자병법』의 기본원칙을 충실하게 따른 것이라 할 수 있다. 원소의 병력이 많더라도 오합지졸이고 아군은 정예부대라는 것을 알았던 것이다. 조조는 특히 손자가 강조한 '모공'의 전술을 가장 충실하게 이행한 장수이며, 그 때문에 모략가의 대명사로 불리게 되었다고 할 수 있다.

제갈량 (제갈량, 181~234)

유비의 '삼고초려'로 유명한 제갈량은 상황에 따른 전략, 전술, 모략, 심리전 등에 모두 탁월했던 병법의 천재였다. 그러나 제갈량의 병법에는 춘추전국시대 이래의 병법가들이 주장하는 '부득이한 경우에만 전쟁을 한다'는 관념이 나타나 있다.

그는 '전쟁은 부득이한 경우에만 하며, 전쟁을 하더라도 잘 다스리는 자는 군사를 일으키지 않으며, 잘 다스리는 자는 진을 치지 않으며, 잘 다스리는 자는 싸우지 않으며, 잘 다스리는 자는 패하지 않으며, 패하지 않는 자는 망하지 않는다'고 하였다.

이런 제갈량의 병법은 싸우지 않는 것이 가장 잘 싸우는 것이라는 손자의 병법과 같은 것이라고 할 수 있다. 제갈량의 병법들은 『손자병법』을 바탕으로 실전에서 더욱 실용적으로 응용 발전시킨 것이었다.

이순신(李舜臣, 1545~1598)

세계 해전사에 빛나는 이순신의 병법은 『손자병법』의 영향을 받은 것이다.

이순신은 무과시험을 볼 때도 『손자병법』을 공부했고, 그 후에도 『손자병법』을 자신의 전투에서 실제적으로 사용했다. 가히 『손자병법』에 능통했다고 할 수 있다.

23전 23승의 이순신의 전략은 『손자병법』의 제승전략이다.

제승전략은 싸우기 전에 승리할 수 있는 형세들을 여러 겹 갖추어 놓는 것을 말한다. 『손자병법』 제6편 '허실'의 무형에서 나온 것이다.

이렇게 특정한 한 가지 형태에 의존하지 않고 무형으로 적에게 승리하면 적군은 물론 아군 또한 어떻게 이겼는지 알 수 없다. 몇몇 장수들만 어렴풋이 눈치 챌 수 있지만 정확히 알지는 못한다. 이것이 이 전략의 묘미이다.

낟가리를 쌓아놓고 강강수월래를 함으로써 군사의 숫자를 많아 보이게 하는 전략 등도 『손자병법』에서 중시했던 심리전의 탁월한 적용이라 하겠다.

마오쩌둥(모택동(毛澤東), 1893~1976)

중국을 통일시킨 마오쩌둥이 평생 간직했던 책은 바로 『손자병법』이다.

1949년 중국 대륙 통일을 눈앞에 두고 사람들은 마오쩌둥에게 난징 공략의 계책에 대해 물었다. 그러자 마오쩌둥은 "별다른 계책은 없다, 그저 손자의 '적을 알고 나를 알면 백 번 싸워도 위태롭지 않다'는 구절이 있을 뿐이다"라고 말했다고 한다.

북경에 있는 마오쩌둥 유물관에 가면 그가 쓰던 침대 위에 몇 권의 책이 놓여 있는데, 그중의 한 권이 바로 『손자병법』이다. 마오쩌둥이 죽을 때까지 손에서 놓지 않았던 『손자병법』은 병법서만이 아니라 정치적 지침서 역할도 했던 것이다.

나폴레옹(Napoleon Bonaparte, 1769~1821)

서방에 『손자병법』이 전해진 것은 1772년이다.

북경에 선교사로 갔던 프랑스 신부 아미오가 『손자병법』을 가지고 와서 프랑스 파리에서 처음으로 출간하게 되었다.

『손자병법』은 시대와 국가를 초월해, 군신으로 불리며 수많은 전쟁터에서 승리한 프랑스의 나폴레옹에게도 영향을 미쳤다.

나폴레옹 군대의 가장 큰 특징은 과감한 집중력과 빠른 속도였다.

『손자병법』은 멀리 원정을 가는 군대에게 유용한 내용이 많다. 따라서 나폴레옹에게는 더할 수 없이 좋은 지침서가 되었던 것이다. 아군은 모으되 적은 분산시키며, 식량은 적의 땅에서 구한 것 역시 손자가 강조한 것이다.

항상 오랜 전투를 금지했던 손자의 말처럼 긴 전투를 하지 않았던 나폴레옹은 러시아와의 장기전에서 패하고 만다.

진차훈 박사의 오십에 읽는 손자병법

초판 1쇄 인쇄 2023년 3월 18일
초판 1쇄 발행 2023년 3월 20일

지은이 손무(孫武)
옮긴이 진차훈
펴낸이 장치혁

펴낸곳 마이북하우스   **출판등록** 제2012-000088호
홈페이지 www.mybookhouse.com
전화 0507-1328-7663   **팩스** 02-2179-8946
이메일 have2000@naver.com

값 18,000원
ISBN 979-11-982302-1-8 03370

* 잘못 만들어진 책은 구입하신 곳에서 교환해드립니다.
* 이 책의 전부 또는 일부 내용을 재사용하려면 사전에 저작권자와 마이북하우스의 동의를 받아야 합니다.